D1677563

Bielefelder Studien zur Entwicklungssoziologie

Herausgegeben für die

Arbeitsgruppe »Entwicklungsplanung und Entwicklungspolitik«, Fakultät für Soziologie, Universität Bielefeld

von
Prof. Dr. Hans-Dieter Evers, Dr. Georg Elwert, Dr. Renate Otto-Walter, Dr. Georg Stauth und Dr. Claudia von Werlhof

---

1 Betke, Friedhelm, Matthias Grunewald, Johannes Weitekämper: Partner, Pläne und Projekte – Die personelle Hilfe der Bundesrepublik Deutschland in West Malaysia. 1978. 433 S. DM 45,–. ISBN 3-88156-101-3.

2 Fett, Roland, Elenor Heller: »Zwei Frauen sind zuviel« – Soziale Konsequenzen technischer Innovationen im Übergang von der Subsistenz- zur Warenökonomie: Die Boko in Nordbénin (Westafrika). 1978. 250 S. DM 27,–. ISBN 3-88156-102-1.

3 Schwefringhaus, Judith: Funktionen der Landwirtschaft im Rahmen der neuen Weltwirtschaftsordnung. 1978. 124 S. DM 14,–. ISBN 3-88156-103-X.

4 Vesper, Michael: Misereor und die Dritte Welt. Zur entwicklungspolitischen Ideologie der katholischen Kirche. 1978. 204 S. DM 21,–. ISBN 3-88156-106-4.

Verlag **breitenbach** 6600 Saarbrücken, Memeler Straße 50

Aus dem
Praxisschwerpunkt Entwicklungsplanung
und Entwicklungspolitik

Fakultät für Soziologie · Universität Bielefeld

Roland Fett
Elenor Heller

»Zwei Frauen sind zuviel«

Soziale Konsequenzen technischer Innovationen
im Übergang von der Subsistenz- zur Warenökonomie:
Die Boko in Nordbénin (Westafrika).

Band 2

Bielefelder Studien zur Entwicklungssoziologie

Herausgegeben von Prof. Dr. Hans-Dieter Evers,
Dr. Georg Elwert, Dr. Renate Otto-Walter, Dr. Georg Stauth
und Dr. Claudia von Werlhof

Verlag **breitenbach** Saarbrücken 1978

ISBN 3-88156-102-1

© 1978 by Verlag **breitenbach,** 6600 Saarbrücken
Gestaltung des Umschlags: Franz Walter, 6601 Saarbr.-Ensheim
Gesamtherstellung: **aku**-Fotodruck GmbH, 8600 Bamberg

"Zwei Frauen sind zuviel. Dann muß
ich mehr Lebensmittel anbauen und
kann weniger Baumwolle verkaufen..!"

Biɔ, ein junger Mann aus Bensêkou

Georg Elwert:

Vorwort

<u>Zur Charakterisierung dieser Arbeit:</u> Dieses Buch ist
eine empirische Arbeit auf der Grundlage eigener Feld-
forschung der Autoren in einem bislang unerforschten Gebiet von Bénin (Dahomey). Ausgehend von einer Darstellung
der traditionellen gesellschaftlichen Organisation der
Wirtschaft wird der aktuelle Wandel dargestellt und werden die Bedingungen der Durchsetzung von Innovationen
analysiert.

Durch einen breiten Fächer von Methoden -bis hin zur
Aufnahme eines Dorfplanes als Erhebungsgrundlage- konnten
Heller und Fett trotz der Kürze des Aufenthaltes (drei
bzw. vier Monate) in weite Bereiche dieser Gesellschaft
Einblick erhalten. Besonders umfassend ist die Darstellung der Subsistenzökonomie. Dies ist vor allem deswegen zu beachten, weil über die Boko Bénins bisher
keinerlei soziologische oder ethnologische Forschungen
publiziert wurden.

Die Darstellung besticht durch die eingefügten Interpre-
tationen des Materials, ob es sich nun um demographische
Daten, das Phänomen der "heimlichen" Rinderherden, die
Brautgabe, oder die ökonomische Funktion des Prestiges
handelt. Durchgängig sprengt diese Studie den Rahmen der
traditionellen Dorfmonographie, indem der weitere sozio-
ökonomische Rahmen in die Analyse einbezogen wird. Die
bisher in der Entwicklungssoziologie unterbewerteten
endogenen Entwicklungsfaktoren werden so ins Blickfeld
gerückt.

Eine vollständige Literaturliste über dieses Gebiet und
das erste Glossar Boko-Deutsch, in phonetischer Trans-
kription, geben diesem Buch darüber hinaus auch dokumen-
tarischen Wert.

Die Problematik: "Traditionalismus" als Scheinerklärung
von Unterentwicklung

Entwicklungssoziologen und Entwicklungsökonomen haben sich
oft mit dem Phänomen auseinanderzusetzen, daß sehr sinn-
voll erscheinende technische Neuerungen oder marktökono-
mische Verhaltensweisen (technische und ökonomische Innovationen) von Bauern in der Dritten Welt nicht übernommen
werden. Es scheinen vor allem der Mangel auf dem pro-
duktionstechnischen Niveau und die der ("modernen") Markt-
logik widersprechenden "traditionellen ökonomischen Strukturen" zu sein, die eine ökonomische Entwicklung verhindern. Die Erklärung, die hier üblicherweise herangezogen
wird, um diese "irrationale" Abwehr zu erklären, lautet:
"Traditionalismus".

Was den Traditionalismus ausmacht, wird scheinbar sehr
genau angegeben; nämlich: Die Tatsache, daß die Bevölkerung traditionelle nicht-kapitalistische Verhaltens-
muster bewahrt und die von Entwicklungsagenten (Ärzten,
Landwirtschaftsberatern, Lehrern) propagierten Neuerungen nicht übernimmt. Über diese rein deskriptive und
rein extensionale Definition hinaus, gibt es aber keine
Theorie des Traditionalismus. Es kann sie auch nicht
geben, möchte ich behaupten, dann der Traditionalismus
ist eine jener von den Praktikern geschaffenen und von
den Sozialwissenschaftlern verfeinerten "black boxes",
die als Restkategorien des Unerklärbaren eine unvoll-
endete Erklärung sozialen Handelns dem Schein nach abschließen. Mit dem Konzept des Traditionalismus wird
nur beschrieben, wird nichts erklärt. Offen bleibt die
eigentlich brisante Frage, was denn nun die internen
Stabilitätsbedingungen dieses wandlungsresistenten
Systems sind. Wer diese Frage mit Hilfe von sozial-
und wirtschaftsanthropologischen Ansätzen –wie Heller
und Fett in ihrer Studie über die Boko– angeht, stellt
fest, daß der traditionelle Bereich einer inneren Rationalität folgend strukturiert ist.

Die Subsistenzproduktion, die den Kern dieses traditionellen Bereichs ausmacht, zeigt sich als ein außerordentlich komplex strukturiertes und sehr sinnvolles
System der Organisation von Arbeit und Verteilung von
Gütern. Bisher wurde z.B. die Bedeutung der subsistenzökonomischen Jagd sowohl als Quelle von Eiweiß als auch
für die Prospektierung fruchtbaren Feldbodens im Zusammenhang der ländlichen Produktion in Westafrika unter-
schätzt. Die Schilderung der Rollenvielfalt und der
differenzierten Arbeits- und Verteilungsregeln bei dem
Jagdkomplex der Boko in diesem Buch läßt erahnen, daß
das Festhalten an nicht-marktwirtschaftlichen Organisationsformen durchaus dem Überlebensinteresse von Savannenbauern entsprechen kann.

Traditionalismus als einer der theoretischen Pfeiler
einer bestimmten Entwicklungssoziologie wird vollends
brüchig, wenn man sich in der Form von Dorfmonographien
die Mikrostruktur des Entwicklungsprozesses ansieht.
Während die orthodoxe Innovationstheorie Entwicklung
nur als Funktion des Handelns von Innovationsagenten
und der Expansion moderner Strukturen (Massenkommuni-
kationsmedien, Marktwirtschaft, formalisiertes Bildungs-
wesen) sieht und den "traditionellen" Sektor als mehr
oder weniger statisch charakterisiert, zeigt die empirische Forschung, daß hier ein kontinuierlicher Wandel stattfindet, und daß auch die analphabetischen
subsistenzökonomischen Savannenbauern, wie z.B. die
hier dargestellten Boko, sehr innovationsfreudig sein
können, ohne daß es dazu in jedem Fall des klassischen
Inventars von Beratungswesen für Agrarentwicklung bedarf. Freilich folgt ihre Innovationsfreude nicht dem
Schema der prinzipiell innovationsgeneigten Persönlichkeit (einem rein statistischen Konstrukt), sondern
einem sehr klaren Verständnis von Gruppen und/oder
Kollektivinteressen. Die recht neue Übernahme des Islams
durch die Boko zeigt hier sehr deutlich, wie in diesem
Fall die Interessengegensätze Mann/Frau und Junge/Alte
als eigentliche Wandlungsfaktoren und Wandlungshemm-
nisse wirken.

Das Scheitern von Entwicklungsprojekten und die Nichtdurchsetzung von anscheinend plausiblen technischen
Innovationen (z.B. Ochsenpflug statt Hackbau) sind in
Afrika so dominante Erscheinungen, daß die Frage nach
ihren sekundären Effekten naheliegt. Unseres Erachtens
liegt nämlich die Frage nahe, ob nicht etwa technisch/
betriebswirtschaftlich durchaus sinnvolle Projekte nicht
auch einige langfristige sekundäre Effekte haben, die in
der Globalbilanz den so gewonnenen Entwicklungsbeitrag
wieder zunichtemachen. Solche -vor allem ökologische
und sozioökonomische- Effekte könnten nicht nur das
Scheitern von Projekten erklären, sondern wären auch
eine durchaus plausible Erklärung für ein generelles
Mißtrauen gegenüber den Entwicklungsanstrengungen staat-
licher Instanzen und ausländischer Entwicklungshilfe-
träger. Leider sind solche Studien sehr selten, daher
muß meist wieder die "black box" des Traditionalismus
herhalten, um den Opfern dieser Innovationsprojekte
die Schuld für das Scheitern zuzuschieben.

Wenn man die Auswirkungen einer einzelnen technischen
Innovation langfristig prognostizieren will, muß man die
Frage nach den direkten und indirekten Wirkungen auf
die Sozialstruktur (und die Ökostruktur, was hier leider
nicht vertieft werden kann) stellen. Keine von den im
Kontext der westafrikanischen Landwirtschaft propagierten Innovationen scheint so problemlos zu sein und
wird deswegen auch so heftig propagiert, wie der Ochsenpflug. Die Sozialstrukturanalyse von Fett und Heller
zwingt uns aber auch beim Ochsenpflug (siehe Kapitel
IV 2.3 des Buches) weitaus skeptischere Prognosen zu
stellen.

Eine Prognose über technische Innovationen setzt -und
das ist eigentlich banal- eine valide Analyse der zugrundeliegenden sozialen und ökonomischen Strukturen
und der Interessenzusammenhänge voraus. Der Typ von
Entwicklungsökonomie, der bis jetzt zumindest in Bénin/
Dahomey eingesetzt wurde, macht dabei nun unseres Erachtens einen schweren methodischen Fehler: Es wurde

fast ausschließlich die Warenökonomie berücksichtigt,
obwohl der größere Teil der Arbeitsleistungen in der
Subsistenzproduktion erfolgte. Diese Auslassung ist
umso bedenklicher, als die physische Reproduktion der
Arbeitskraft zum größeren Teil durch den Sektor der
Subsistenzproduktion gesichert wird. Der Zusammenhang
zwischen dem Sektor der Warenproduktion und dem Sektor
der Subsistenzproduktion (genau genommen setzen sich
beide Sektoren tatsächlich aus mehreren miteinander
verflochtenen und/oder konkurrierenden Sektoren zusammen) ist nun sehr komplex. Einigen Bielefelder Forschungen zufolge, zu denen auch dieses Buch gehört,
werden bei der wechselseitigen Verflechtung beider
Sektoren in den meisten Fällen systematisch Güter und
Leistungen aus dem subsistenzproduzierenden Sektor abgezogen und so die Subsistenzreproduktion, d.h. die
physischen Reproduktionsbedingungen der Arbeitskraft
langfristig geschädigt. Diese Schädigung der Subsistenz-
sicherung durch die Subsistenzproduktion findet meist
(zumindest in der Situation von Ländern der "Peripherie")
keine Kompensation durch die expandierende Warenproduktion. Die in diesem Buch aufgezeigten Mechanismen
der erzwungenen Geldwirtschaft, der Umorientierung von
Gebrauchswertmustern, der Verlagerung von Entscheidungs-
kompetenzen und der Individualisierung der ökonomischen
Entscheidung in der Agrarproduktion vermögen u.a. den
dokumentierten Rückgang der Nahrungsmittelproduktion
zu erklären. Und dieser ist wiederum ursächlich für die
auch in dieser Großregion häufiger werdenden Hungersnöte.

Strukturelle Phänomene wie Prozesse der sozialen Differenzierung, des sozialen Wandels und Mangelkrisen betreffen nun selbst nicht wieder Strukturen (das wäre
tautologisch), sondern Menschen und Menschengruppen.
Die Frage nach dem Einzel- und Gruppenschicksal sollte
demnach ein selbstverständlicher Teil sozialwissen-
schaftlicher Arbeit sein. Dem wird die Soziologie der
Entwicklungsplanung nicht immer gerecht. Besonders die
Arbeitskräfte, die fast ausschließlich in der Subsistenz-

produktion wirtschaften, werden nicht nur von der Statistik, sondern auch von den Analysen und Entwicklungs-
plänen unterschlagen. Diese Arbeitskräfte sind vor allem
die Frauen. Diese Untersuchung zeigt nun einen für viele
Regionen Afrikas charakteristischen Prozeß: Die Ökonomie
des Heiratssystems wird im Zuge der Expansion der Warenökonomie verhindert, die Anbindung der Frau an die Ge-
samtgemeinschaft scheint dabei die gleiche zu bleiben.
Jedoch verschlechtert sich die Position ihres ökonomischen Bereichs gegenüber den anderen Teilen der Wirtschaft. Durch restriktive innovative (!) Normen wird der
Frau eine ökonomische Neuorientierung auf andere produktive Bereiche verwehrt, und schließlich gehen die
technischen Innovationen an ihrer Arbeitstätigkeit vor-
bei. Die am stärksten betroffenen Opfer der Innovationsprozesse, die nur die Kosten der Entwicklung tragen,
sind also in Situationen dieses Typs (wie in dieser
Studie gezeigt) die Frauen.

Vorwort der Verfasser

Die vorliegende Arbeit basiert auf den Ergebnissen eines Forschungsaufenthalts, der als 'Lehrforschung', d.h. selbständige empirische Untersuchung von Studenten, von der Universität Bielefeld, Fakultät für Soziologie, gefördert wurde. Im Anschluß an unser Studium war uns eine weitere Erarbeitung des hier behandelten Themenkomplexes durch die Mitarbeit an dem von der Deutschen Gesellschaft für Friedens- und Konfliktforschung (DGFK) geförderten Projekt 'Agrarische Produktion und Gesellschaftliche Reproduktion' ermöglicht, das von Mitgliedern des Praxisschwerpunkts Entwicklungsplanung, Universität Bielefeld, in Ägypten, Bénin und Mexiko durchgeführt wurde.

Die Thematisierung der Bedeutung der Produktion für die Subsistenz und der Reproduktion der Subsistenz für die Gesamtökonomie und die Entwicklung von Ländern der Dritten Welt ist das gemeinsame Anliegen einer Reihe von neueren Bielefelder Forschungen, insbesondere von Dr. Johannes Augel, Dr. Veronika Bennholdt-Thomsen, Dr. Georg Stauth und Dr. Claudia v. Werlhof, sowie von Dr. Georg Elwert und Prof. Hans-Dieter Evers, die unsere Arbeit inhaltlich betreuten.
Der guten Zusammenarbeit und zahlreichen Diskussionen innerhalb der 'Arbeitsgruppe Westafrika' verdanken wir eine interessante und weiterführende Bearbeitung unseres Themas mit zahlreichen Vergleichsmöglichkeiten aus den Beobachtungen unserer Kommilitonen bei anderen ethnischen Gruppen. So vor allem durch die Einzelstudien von Artur Bogner, Georg Elwert, Michael Franke, Frank Hirtz, Reinhard Krämer, Law Yu-Fai, René Ségbénou und Diana Wong in Ghana, Bénin, Niger und Nigeria.

Osséni Rouga, Leiter der 'école pilote' in Parakou/Bénin (früher: Bensékou) vermittelte uns erste wichtige Informationen vor und während unseres Forschungsaufenthalts und führte uns -bestückt mit den ersten Boko-Vokabeln- in Bensékou ein. Ein herzliches sãbukè -danke schön- ihm und allen Bewohnern des Dorfes Bensékou, durch deren Bemühungen für unser physisches und psychisches Wohlergehen und ihre freundliche Aus-

- VIII -

kunftsbereitschaft unser Aufenthalt in ihrem Dorf und
diese Arbeit ermöglicht worden sind.

Last not least danken wir unseren Eltern nicht allein
für materielle Unterstützung während unseres Studiums.

Inhaltsverzeichnis

I   Einleitung   1

II   Die Volksrepublik Bénin und die Provinz Borgou   7

     1. Dahomey   7

     2. Der Nordosten des Landes   9

     3. Das vorkoloniale Borgou: Beziehungen
        zwischen Boko und Bariba   11

III   Die Boko, eine subsistenzökonomisch
      organisierte Gesellschaft   17

     1. Das Produktionsweisen-Paradigma und
        seine Begrifflichkeit   17

     2. Bensékou, die Dorfstruktur   27

        2.1 Geographische Lage des Dorfes
            und Dorfgeschichte   27

        2.2 Gehöft, Haus/Hausgemeinschaft
            und Hütte   31

        2.3 Gemeinschaftseinrichtungen in
            Bensékou   40

        2.4 Bevölkerungsstruktur   41

     3. Die Ökonomie der Boko   49

        3.1 Die Jagd   49

        3.2 Der Ackerbau   56

            3.2.1 Die Feldkulturen   56

            3.2.2 Der Zyklus von Produktion
                und Konsumtion   62

        3.3 Das Sammeln   67

        3.4 Die Tierzucht   68

        3.5 Das Handwerk   71

        3.6 Sonstige wirtschaftliche Tätigkeiten   74

4. Die Dominanz der subsistenzökonomischen
    Produktionsweise   76

    4.1 Die subsistenzökonomische Pro-
        duktionsweise   78

    4.2 Subsistenzökonomische Produktions-
        weise und einfache Warenproduktion   83

    4.3 Migration und Steuern   86

5. Frauen in Produktion und Reproduktion   90

    5.1 Die Reproduktion   90

        5.1.1 Die generative Reproduktion   91

        5.1.2 Die regenerative Reproduktion   96

    5.2 Die Produktion   100

    5.3 Verarbeitung und Handel   102

6. Die soziale und politische Organisation
    der Subsistenzökonomie   105

    6.1 Gesellschaftliche Hierarchie und
        soziales Wissen   105

    6.2 Die Organisation der generativen
        Reproduktion   110

        6.2.1 Die Regeln des Frauentausch-
              systems   111

        6.2.2 Brautgabe und Kontrolle der
              Frauenzirkulation   120

    6.3 Prestige und ökonomischer Ausgleich   125

    6.4 Exkurs: Klassengesellschaft oder
        nicht?   132

IV Die Boko, von der subsistenzökonomisch orga-
    nisierten zur warenproduzierenden Gesell-
    schaft   142

1. Vorbemerkungen zur Innovationsforschung   143

2. Innovationen in Bensêkou   151

    2.1 Die Schule   151

    2.2 Die cash-crop-Produkte   162

    2.3 Pflugwirtschaft und Baumwollproduktion 168

        2.3.1 Durchsetzungsvermögen der Inno-
              vation Ochsenpflug   168

        2.3.2 Einflußbereiche des Ochsen-
              pflugs   172

2.3.3 Auswirkungen der Innovation
Ochsenpflug 178

2.4 Der Islam 182

2.4.1 Problemstellung 182

2.4.2 Islam in Bensêkou - das
Paradies? 183

2.4.3 Moslems in Westafrika -
Herrscher und Händler 185

2.4.4 Islam und Warenproduktion in
Bensêkou 187

2.4.5 Frauen im Islam 188

2.5 Polygynie - Monogamie 191

3. Der sozio-ökonomische Transformationsprozeß 196

3.1 Produktivkraftentwicklung und
Produktionsverhältnisse 196

3.2 Produktivkraftentwicklung und die
Veränderung traditioneller Gebrauchswertmuster 197

3.3 Alte - Junge: ein Konflikt und
seine Folgen 202

3.4 Die Auswirkungen des Transformationsprozesses auf die Situation
der Frauen 208

4. Einfache Warenproduktion und die Interessen der Bürokratie 213

5. Entwicklungstendenzen und Entwicklungs-
möglichkeiten 219

V   Zusammenfassung 228

VI Anhang 238

1. Verzeichnis der benutzten Abkürzungen 238

2. Verzeichnis der verwendeten Boko-Vokabeln 239

3. Verzeichnis der verwendeten Literatur 243

I   Einleitung

Die vorliegende Arbeit ist das Ergebnis eines 4monati-
gen Feldforschungsaufenthalts im Sommer/Herbst 1976 in
Nordbénin/Westafrika. Die Vorbereitung dieses Projekts
erfolgte auf der Grundlage eines zweisemestrigen Seminars (Universität Bielefeld), welches die Verflechtung
von Produktionsweisen als Ansatzpunkt für eine ökono-
misch-soziologische Analyse von Entwicklungsgesellschaf-
ten zum Thema hatte. "Hiermit wurde die Relevanz des
subsistenzökonomischen Sektors und sogenannter Traditioneller Organisationsformen für eine entwicklungssoziologische Analyse thematisiert. Insbesondere die
Verflechtung zwischen subsistenzökonomischen und warenproduzierenden Produktionsweisen -"traditionellem" und
"modernem" Sektor- erschien dabei als Schlüsselpunkt
der Entwicklungsblockierung Westafrikas" (Bogner et al
1977: 1).
Unsere Untersuchungen bei den Boko in dem Dorf Bensèkou
sind in diesem Sinne als Teil eines Gesamtprojekts[1] zu
verstehen. Weitere Untersuchungen wurden von anderen
Teilnehmern des Seminars in anderen Gebieten Westafrikas
durchgeführt[2].

----

1) Zur Auswertung des Gesamtprojekts siehe: Bogner et al
    1977
2) Zur Auswertung der verschiedenen Einzelprojekte vgl.:
    Fett/Heller 1977; Franke 1977; Hirtz 1977; Wong
    1977.

Das von uns gewählte Thema umfasst ein weites Spek-
trum ökonomischer und soziologischer Fragestellungen,
was uns zwar einerseits eine weitreichende Auswertung
der von uns erhobenen Daten ermöglicht, andererseits
allerdings in einigen Punkten eine zusammenfassende und
verkürzte Darstellung von komplexeren Problembereichen
erfordert:

Nach einer einführenden Darstellung des von uns besuchten Dorfes und seiner Bewohner soll zunächst die ökonomische und soziale Organisation der 'traditionellen'[1)]
Subsistenzgemeinschaft untersucht werden (Kapitel III).
Welches sind die Voraussetzungen der Produktion (Naturtransformation) und Distribution (Verteilung der Produkte); welches die Produktionsmittel und -bereiche; wie
verteilen sich die verschiedenen Aufgabenbereiche auf
Männer und Frauen? Verflechtungsformen verschiedener
Produktionsbereiche (subsistenzökonomische Produktion /
kleine Warenproduktion) sollen untersucht und die hierauf
aufbauende Organisation von ökonomischer Sphäre und
Sozialstruktur herausgearbeitet werden. Welches sind die
Instanzen gesellschaftlicher Autorität, worauf basieren
sie und was sind ihre Ziele?
Der Übergang zur Marktproduktion (Kapitel IV) vollzieht
sich mit der Einführung verschiedener Innovationen, die
auf ökonomischen, kulturellen und ideologischen Ebenen
wirksam werden. Welches sind die konkreten Einflußbereiche und Auswirkungen der einzelnen Innovationen -Errich-
tung einer Schule, Ausweitung der cash-crop-Produktion,
Einführung der Pflugwirtschaft und die Konversion der
jungen Dorfbewohner von der traditionellen 'animistischen'
zur islamischen Religion- ; wie bedingen und unterstützen

----

1) Unter einer 'traditionellen' Gesellschaft fassen wir
   im folgenden nicht ein veraltetes, wenig dynamisches
   Sozialsystem, wie es in der Innovationstheorie ge-
   bräuchlich ist (vgl. IV 1). Wenn wir an einigen Stellen die Bezeichnung 'traditionell' verwenden, dient
   dies lediglich der Kennzeichnung einer historischen Anteriorität (zeitliches Vorhergehen ohne inhaltliche
   Wertung).

sie sich gegenseitig?

Untersucht werden soll ein sozio-ökonomischer Transformationsprozeß, seine Voraussetzungen und Anlagen in
der alten subsistenzökonomischen Organisation, Einwirkungen von 'außen'. Es gilt, die derzeitige Situation
der Dorfbewohner zu untersuchen und tendenzielle Ent-
wicklungsmöglichkeiten unter den zur Zeit vorherrschen-
den Bedingungen herauszuarbeiten.

Die Arbeit basiert zu einem großen Teil auf den von uns
in Bensèkou erhobenen Daten und Erfahrungen, die teils
innerhalb des von uns bearbeiteten theoretischen Rahmens
interpretiert werden, teils aber auch der empirischen
Ergänzung desselben dienen sollen, soweit dies im Rahmen einer viermonatigen Dorfstudie möglich sein kann.
Bei beiden Verfassern handelt es sich um den ersten
Feldaufenthalt. Die Schwierigkeiten, die es während
dieser Zeit zu bewältigen galt -das Kennenlernen einer
völlig fremden Kultur, die Konfrontation mit unbekannten
Lebensarten und Verhaltensregeln, die Bewältigung einer
noch ungewohnten Arbeit, Sprachschwierigkeiten und anderes mehr- mußten sich zwangsläufig sowohl in der konkreten Art und Weise der Datenerhebung als auch in der
Quantität und Qualität der gewonnenen Erfahrungen auswirken. Vorbereitungsschwierigkeiten aufgrund der fast
völlig fehlenden Literatur, sowohl über die Ethnie der
Boko als auch deren Sprache, verstärkten in unserem
Fall eine Problematik, die von allen Teilnehmern des
Projekts in ihren Auswirkungen wahrgenommen, häufig
diskutiert und teilweise auch schriftlich festgehalten
worden ist[1]. Obgleich uns diese Thematik vor allem im
Rahmen der an der Universität Bielefeld verfolgten Konzeption der studentischen 'Lehrforschung' als überaus
wichtig für den Erfolg dieser Projekte erscheint, ist
uns eine Einbeziehung diesbezüglicher Fragestellungen
im Rahmen dieser Arbeit aus Zeitgründen leider nicht

---

1) vgl.: Bogner: 45-57 und Fett/Heller: 66-69; beide in:
   Bogner et al 1977

möglich. Das von uns in Bensékou erhobene empirische
Material mußte aufgrund des relativ kurzen Feldaufent-
halts und der hier nur angedeuteten Schwierigkeiten
ergänzungsbedürftig bleiben und wird von uns selbst
in einigen Punkten als nicht ausreichend betrachtet.
Wir werden an den entsprechenden Stellen auf solche
empirischen Mängel hinweisen. Die vorliegende Studie
beansprucht daher nicht, strengen Kriterien der Repräsentativität im statistischen Sinne gerecht zu werden.
Wir können und wollen unsere Analyse nicht allein auf
zahlenmäßig geschlossene, statistisch auswertbare Daten
beschränken. Es werden vielmehr in großem Umfang Informationen aus Gesprächen mit den Dorfbewohnern, sowie
sinnliche Erfahrungen, z.B. bei der Feldarbeit, Kindererziehung, Festen etc. wiedergegeben und als wichtige
Ergänzungen konkreten Zahlenmaterials in die Analyse
einbezogen.

Auf die methodologischen Voraussetzungen unserer Arbeit
in Bensékou sind wir bereits an anderer Stelle ausführ-
licher eingegangen[1]. Wir werden uns daher hier auf eine
zusammenfassende Darstellung dieser Thematik beschränken.

1. Das Interview diente uns in gelenkter Form vor allem
   zur Aufnahme exakter sozialer und ökonomischer Daten.
Es wurde meist mit Hilfe eines Übersetzers oder einer
Übersetzerin durchgeführt, da nur ein kleiner Teil der
Bensékouer Bevölkerung die französische Sprache beherrscht. Um emische Kategorien zu erfassen und Fehler-
quellen so weit wie möglich zu vermeiden, haben wir uns
bemüht, bei allen Gesprächen die Schlüsselworte selbst
in Boko in die ansonsten auf französisch formulierte
Frage einzubauen. Ebenso haben wir die Boko-Schlüssel-
worte der Antwortsätze nachgefragt und notiert.

Kurz nach unserer Ankunft führten wir zunächst 9 Interviews mit Hilfe von standardisierten Fragebögen durch,
um auf diese Weise einen ersten Überblick über das Dorf
und seine Bewohner zu erhalten (vgl. v.a.: Kapitel III 2).

----

1) Fett/Heller : 69-73 in: Bogner et al 1977

Da es sich jedoch sehr bald herausstellte, daß aufgrund
dieser einengenden Fragestellung viel Material verloren-
ging, wurde die Mehrzahl der nachfolgenden Interviews
in der Form des gelenkten Gesprächs durchgeführt.
Zu einigen Themenkomplexen fanden auch Gruppeninterviews
bzw. -diskussionen statt, die zum einen der Sammlung von
Leitgedanken für spätere Einzelinterviews, zum anderen
aber auch dem Kennenlernen bestimmter Gruppenstrukturen,
Einflußpersonen etc. dienen sollten.
Die Auswahl unserer Gesprächspartner versuchten wir mög-
lichst selber zu treffen. Jedoch waren wir vor allem in
der ersten Zeit auch häufig auf die Unterstützung unserer
Informanten (worunter wir in etwa den französisch spre-
chenden Teil der Dorfbevölkerung fassen wollen) angewiesen.
Die Interviews fanden häufig auch ohne vorherige Ankün-
digung statt:
- in den Häusern der Befragten: Fragen zur wirtschaftlichen und sozialen Situation, zur Familie etc.;
- auf öffentlichen Plätzen im Dorf: allgemeinere Gespräche zur Geschichte und Situation des Dorfes, zur Her-
stellungsart bestimmter Gegenstände, Produktionsformen
etc.; hier vor allem: Gruppeninterviews;
- in unserem Haus: fast ausschließlich Gespräche mit
unseren Informanten, die uns vor allem als Vorinforma-
tionen für weitere Interviews dienten: was gibt es eigentlich alles, was uns interessiert?

2. Die teilnehmende Beobachtung half uns vor allem beim
   Kennenlernen einheimischer Arbeitsvorgänge und Verhaltensweisen:
- Feldarbeit: mitarbeiten, Fragen stellen etc.;
- Frauenarbeit: Haushalt, Kindererziehung, Karité-Butter-
                und Hirsebierherstellung; Situation der
                Frau;
- soziale Ereignisse: Feste, Diskussionen.
Erwähnt werden sollte an dieser Stelle auch die physische Dimension der teilnehmenden Beobachtung, die es dem
Feldforscher erlaubt, Arbeitsgänge nicht nur auf dem Papier festzuhalten, sondern auch deren Kraftaufwand 'am
eigenen Leib' meist sehr mühsam zu erfahren.

3. <u>Orale Tradition und Autobiographien</u> wurden aufgenommen um
- die Dorfgeschichte zu rekonstruieren: Befragung der
Dorfältesten;
- die ökonomische Entwicklung Bensékous in den letzten
Jahren kennenzulernen: Interviews mit Bauern unter-
schiedlicher sozialer- und Altersgruppen; Auswertung
schriftlichen Materials aus den Unterlagen der Dorfschule;
- Riten und Traditionen der Boko aufzeichnen zu können:
Befragung der Dorfbewohner; Auswertung traditioneller
Lieder und Erzählungen.

Der theoretische Rahmen unserer Arbeit stützt sich zu
großen Teilen auf die bisher vor allem in Frankreich
diskutierten Ansätze der 'anthropologie économique'
(vgl. vor allem: Meillassoux, Rey,Terray), auf deren
Begrifflichkeit und spezielle Problematik wir noch an
anderer Stelle eingehen werden (vgl. Kapitel III 1 und
III 6).

Die vorliegende Arbeit ist eine Dorfstudie und sollte
als solche verstanden werden. Doch ist auch in diesem
Zusammenhang ein Dorf nicht als eine autonome Einheit
ohne politische und ökonomische Umgebung zu verstehen,
vor allem dann nicht, wenn der Übergang zu marktorien-
tierten Formen der Produktion Thema der Untersuchung
ist. Um dem Leser einen Einblick in die natürliche, politische und ökonomische Umgebung des von uns untersuchten Dorfes zu ermöglichen, beginnen wir daher die
Arbeit mit einer kurzen Darstellung der Geschichte der
Volksrepublik Bénin und der Situation der Provinz Borgou,
welcher das Dorf Bensékou administrativ zugeordnet ist.

II Die Volksrepublik Bénin und die Provinz Borgou

1. Dahomey

Die VR Bénin, ehemals Dahomey, ist ein ca 3 Millionen Einwohner zählendes Land an der Westküste Afrikas. Mit einer Gesamtfläche von 112622 qkm ist es knapp halb so groß wie die Bundesrepublik Deutschland.

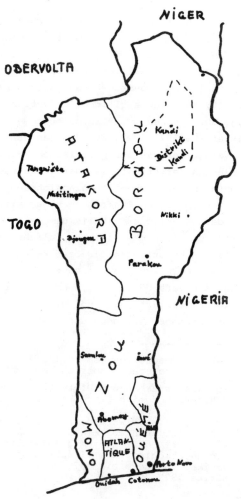

1960 als Kolonie von Frankreich in die politische Unabhängigkeit entlassen, zählt Bénin bis heute zu der
Gruppe der 25 'am wenigsten entwickelten Länder der
Erde'[1] und bleibt so von einer ökonomischen Unabhängigkeit weit entfernt. Ausdruck dieser wirtschaftlichen
Abhängigkeit und gravierender regionaler Differenzen
waren die von 1960 bis 72 fast regelmäßig alle zwei
Jahre stattfindenden Militärputsche. Drei je regional-
spezifische Parteien lösten sich im stetigen Wechsel
in den Regierungsgeschäften ab, wobei nicht -wie oft
behauptet- tribalistische Motive dieser politischen
Instabilität des Landes zugrunde lagen. Zwar stimmt es,
daß jede der rivalisierenden Gruppen unterschiedliche
regionale Schwerpunkte besaß, doch waren alle "durchaus
bereit, auch Leute gleicher Orientierung und Interessenlage aus anderen Gebieten aufzunehmen" (Projektgruppe
Westafrika 1977: 27). Wie der Beniner Guy Hazoumé (1972)
in seiner Analyse der politischen Parteien seines Landes
herausgearbeitet hat, lag der Schwerpunkt der Interessens-
kämpfe in der ökonomischen Absicherung der Vorrechte
der verschiedenen Fraktionen einer elitären Bürokratie,
der der angebliche Tribalismus der jeweils anderen Parteien nur als Deckmantel für falsche Versprechungen und
betrogene Erwartungen der Bevölkerung diente.[2]
Seit dem Militärputsch im November 1972 hat sich diese
Situation verändert. Seit nunmehr mehr als fünf Jahren
regieren Militärs das Land, die die neokoloniale Politik
ihrer Vorgänger ablehnen und eine politische und ökono-

---

1) Vgl. UN Resolution vom 18.11.1971 über die Liste der
   'least developed countries' in: BMZ 1975: 35

2) Auf die Ursachen und Hintergründe der beninischen Geschichte und eine Einschätzung der aktuellen politischen Lage soll an dieser Stelle nicht näher eingegangen werden. Wir werden, soweit notwendig, im Laufe
   der Arbeit noch auf einzelne Punkte zurückkommen.
   Wir verweisen in diesem Zusammenhang vor allem auf
   die unterschiedliche Einschätzungen wiederspiegelnden
   Artikel von Leymarie 1976 und der Projektgruppe Westafrika 1977.

mische Unabhängigkeit ihres Landes proklamieren. Im November 1974 verkündet die Regierung den Sozialismus und tauft, als Zeichen der neuen Unabhängigkeit von den französischen Kolonialherren, am 30.11.75 das Land um in die Volksrepublik Bénin.

2. Der Nordosten des Landes

Der Staat Bénin ist administrativ in 6 Provinzen und diese wieder in Distrikte gegliedert. Das von uns besuchte Dorf Bensékou liegt im Nordosten des Landes und gehört zum Distrikt Kandi in der Provinz Borgou.

Karte des Distrikts Kandi

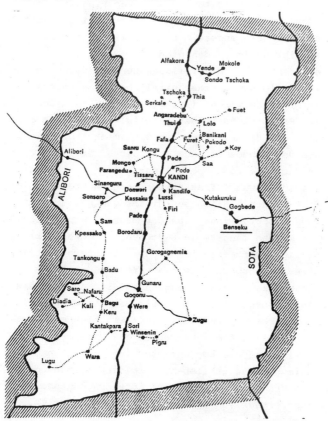

aus: Peterli 1971: 19

Die Bevölkerung dieser nordöstlichen Region Bénins setzt
sich größtenteils aus den ethnischen Gruppen der Bariba,
der Fulbe und Dendi zusammen. Die von uns untersuchte
Ethnie der Boko (auch Bousa genannt) ist zahlenmäßig nur
gering verbreitet; in Bénin vor allem im Gebiet zwischen
Kandi und Segbana zu finden.
Die natürliche Beschaffenheit des Bodens ist in weiten
Teilen des Nordens außerordentlich schlecht. Die lange
Trockenzeit von Dezember bis Mai (oft auch länger) dörrt
den Boden aus, und auch die fünf bis sechs Monate dauernde Regenzeit füllt oft kaum die Brunnen der Dorfbewohner. Die Anbaumöglichkeiten sind auf diese Weise natürlich begrenzt. Hirse, Yams, Mais, das cash-crop-Produkt
Baumwolle und in den letzten Jahren auch Erdnüsse und
Reis sind die wichtigsten agrarischen Produkte Nordbé-
nins. Obst und Gemüse wachsen schlecht. Eine Industrie,
die den Bewohnern andere Arbeitsmöglichkeiten bieten
könnte, gibt es im Norden nicht.
Wir befinden uns in dem Teil des Landes, der schon seit
Jahrzehnten im überdurchschnittlichen Maße unterent-
wickelt gehalten worden ist. Schon die ökonomischen Interessen Frankreichs in der Kolonialzeit bezogen sich
vor allem auf die Produkte der Ölpalmenkultur, die sich
im Süden des Landes befindet und deren nördliche Grenze
etwa in der Höhe von Abomey liegt. Die Entwicklung von
Landwirtschaft und Infrastruktur beschränkte sich folglich fast ausschließlich auf dieses Gebiet. Erst mit zu-
nehmenden Exportgewinnen aus der Baumwollproduktion ge-
wann der Norden langsam an Bedeutung; Baumwollanbau wurde
zwangsweise verordnet, die bisher fast überall übliche
und notwendige Subsistenzwirtschaft zurückgedrängt.
Die Folgen dieser Entwicklung haben die Bauern dieser
Regionen bis heute zu tragen. Die Baumwolle ist seit
mehreren Jahren das wertmäßig zweitwichtigste Exportprodukt Bénins nach den Produkten der Ölpalmen. Die
Unterentwicklung des Nordens aber ist im großen und
ganzen die gleiche geblieben, doch die Anforderungen
an die Bauern haben sich erhöht: Steuern, Zwangsanbau
und Zwangsverkauf von Lebensmitteln und Baumwolle.

Die plötzliche Eingliederung in einen komplexen, nationalen ökonomischen Kreislauf, administrative Vertreter in den Dörfern, fremde Produktions- und Verkaufsmethoden, neue Anforderungen und Versprechungen wecken Ängste und Hoffnungen. Wie wird die Zukunft aussehen?

3. Das vorkoloniale Borgou: Beziehungen zwischen Boko und Bariba

Die geringe ökonomische und politische Bedeutung, die die französische Kolonialmacht dem nördlichen Landesteil Borgou zugemessen hat, spiegelt sich wieder in der spärlichen Literatur, vor allem der ethnologischen, die es über dieses Gebiet gibt. Neben vereinzelten frühen Reiseberichten (Lander 1832; Jacolliot 1879) existieren aus der Kolonialisierungsphase (1894-1917) nur wenige Berichte von Militärexpeditionen (Vermeersch 1898; Toutée 1899) und Kolonialbeamten oder Reisenden (Le Garreres 1908; Drot 1904; Brousseau 1904), die sich auf den französischen Teil Borgous beziehen.[1] Lombard (1965) ist bis heute der einzige geblieben, der das Königreich der Bariba, das sich über den gesamten Borgou ausstreckte, einer gründlichen Analyse unterzogen hat.[2]

Zu Beginn der Kolonialisierung gingen die Franzosen noch von einer starken Zentralgewalt im Bariba-Reich aus (Drot 1904: 275), die sie durch die Unterwerfung des Königs von Nikki für die französische Administration ausnutzen wollten: "Le roi de Nikki commandait...à une

---

1) Der frühere Borgou erstreckt sich auch über einen Teil des heutigen nigerianischen Staatsgebiets. Borgou heißt die Provinz des Staates Bénin.

2) Sein Werk "Structures de type 'féodal' en Afrique Noire" (1965) ist immer noch Hauptquelle für neuere Arbeiten zu diesem Thema (Adrian 1975; Peterli 1971; Boukary Mory 1971). Die beiden letzteren geben allerdings keine neuen Aufschlüsse. Peterlis Dorfstudie ist ein rein deskriptiver Bericht. Ihre Versuche einer Herrschaftsanalyse beschränken sich auf die Darstellung der offiziellen Hoftradition. Boukary Mory's Dissertation ist zu großen Teilen eine Wiedergabe von Lombard.

grande partie du pays situé au delà de la frontière
franco-angolaise et il est demeuré...le vrai souverain
du Borgou français. Intronisé par nous, il s'est rallié
franchement à notre cause et il demeure notre meilleur
représentant auprès d'une population qui lui a voué une
vénération véritable" (Le Garreres 1908: 521). Lombard
(1965) dagegen deckte den partikularistischen Charakter
des Herrschaftssystems auf, das auf politisch relativ
autonomen 'chefferien' - über eigene Gebiete verfügende
Höfe - beruhte (z.B. Parakou, Kouandé, Kandi), die sich
untereinander in ihrer Bedeutung, ethnischen Zusammensetzung und ökonomischen Struktur unterschieden.
Die Beziehungen zwischen Boko und Bariba innerhalb des
Königreichs sind bis heute nur zum Teil geklärt. Lombard
(1965: 42f) faßt unter dem Begriff 'Bariba' im weiten
Sinn alle Angehörigen des "ensemble de la société politique", im engen Sinn unterscheidet er die ethnische
Gruppe der Bariba von anderen, wie den Boko, Dendi etc.
Gleichwohl rechnet er die Boko im allgemeinen zu den Bariba: "Ce groupe boko, à quelques différences mineures
près, avait une culture identique à celle des Bariba, et
notamment les mêmes traditions politiques"(ebd.: 41).
            Es handelt sich jedoch um ethnisch zu
unterscheidende Gruppen. Die Bariba gehören zur voltai-
schen Sprachgruppe, das Boko ist eine Mandé-Sprache.
Über den Ursprung beider Ethnien und ihre Festsetzung im
Borgou finden sich in der Literatur unterschiedliche Hypothesen. Prost(1945: 52f) vermutet, daß die Mandé-
Gruppe, in einer frühen Migrationsbewegung aus dem Sudan
kommend, sich im Borgou niedergelassen habe und später
von den Bariba weiter nach Westen verdrängt worden sei.
Dabei sei nur eine kleine Gruppe, die Boko, zurückgeblie-
ben. Bertho(1951: 1266f) schließt auch eine geographisch
entgegengesetzte Völkerwanderung nicht aus. Er verweist
auf die orale Tradition der Boko, derzufolge sie sich
von größeren Mandé-Gruppen, die zwischen dem heutigen
Obervolta und Senegal leben, abgespalten haben und unter
dem legendären Führer Kisira nach Osten gewandert sind:
"Kisira aurait traversé le Niger d'Est en Ouest, à la

hauteur d'Illo, et tandis qu'il s'établissait à Bussa
(im heutigen Nigeria, d.V.), son jeune frère allait
fonder le royaume de Nikki"(Bertho 1951: 1267). Er da-
tiert die Gründung der Königreiche von Bussa und Nikki
auf das 14. Jahrhundert.
Für keine der beiden Vermutungen gibt es eindeutige Be-
lege. Auch über den Beginn der Boko/Bariba Herrschaft
existieren keine Quellen, die mehr Aufschlüsse über krie-
gerische Auseinandersetzungen, Unterwerfung oder ethnische Vermischung bieten könnten. Fest steht nur, daß
sich beide die politische Macht im Königreich Nikki
teilten (vgl. Lombard 1965: 41f). In Nikki selbst gab es
sowohl eine Boko- als auch eine Bariba-Dynastie (Bertho
1947; Lombard 1954), ebenso wie zwei Erdherrn, "l'un de
langue mandé, venu de l'est, et l'autre de langue vol-
taique, venu de l'ouest"(Lombard 1965: 71).
Unter diesem Gesichtspunkt erscheinen uns für die sozio-
ökonomische Analyse eines Boko-Dorfes die Beziehungen
zwischen der dörflichen Gemeinschaft und der königlichen
Herrschaftsschicht relevanter als die Beziehungen zwischen den ethnischen Gruppen der Boko und Bariba. "Dans
la race bariba, on distingue deux clans: le clan des
Wassangari formant la classe dirigeante des chefs politiques et celui des Bartonou ou gens du peuple, cultiva-
teurs et chasseurs"(Yérima 1959: 91). Es ist anzunehmen,
daß diese Differenzierung zwischen der herrschenden
Klasse, den Angehörigen der königlichen Dynastie und den
Kriegern (bei Lombard: Adlige), und Bauern, Jägern sowie
Handwerkern (bei Lombard: Freie) auch auf die Boko zu-
trifft. So stammt der Dorfchef und gleichzeitige Erdherr
von Bensékou von einem Prinzen aus Nikki ab. Zwar schreibt
Yérima(1959: 91), daß die Erdherrn nicht dem Adel angehören, doch weist Lombard(1965: 119) auf die häufig
praktizierten Heiraten zwischen Adligen und Nichtadligen
hin, die einer klaren, kastenmäßigen Trennung widersprechen.
Die ökonomischen Beziehungen zwischen Bauern und dem
Adel berücksichtigt Lombard in seiner Analyse der politischen Herrschaftsstruktur leider nur am Rande:

"Enfin, au moins à l'origine, la protection apportée
par le Wasangari imposait en échange aux autochtones
et à leur représentant le versement annuel d'un tribut
en nature (vivres, tissus etc.), par lesquels ces der-
niers renouvelaient leur dépendance et reconaissaient
la souveraineté du conquérant"(Lombard 1965: 186).
Dies bestätigten uns in Bensékou ältere Dorfbewohner,
die sagten, daß die früheren Dorfchefs Lebensmittel ein-
sammelten und dem Bariba-König in Kandi, Saka, brachten.
Auch seien am ganí-Fest Reiter aus Kandi ins Dorf gekommen.[1]
Wenngleich das Bariba-Reich Strukturen eines tributären
Klassensystems aufweist, wissen wir wenig über die Bedeutung der Abgaben der Dorfgemeinschaften für die Revenue
der Wasangari und die Erzwingungsmechanismen zu ihrer
Eintreibung. Wir vermuten jedoch, daß die Abgaben der
Boko- und Baribadörfer, d.h. der subsistenten Hausgemeinschaften, nur eine geringe wirtschaftliche Bedeutung für den Adel besaßen, zumindest im Gebiet des Hofes
von Kandi. Wir begründen diese Hypothese 1. aus der Politik der Wasangari gegenüber den Bauern und 2. aus der
Wirtschaftsstruktur der Provinz Kandi.
Auffallend für ein tributäres System ist, daß in den
Dörfern keine Statthalter, Repräsentanten der Wasangari,
eingesetzt wurden. "La conquête ne devait pas non plus
porter atteinte aux droits des autochtones sur leurs
terres. L'aristocratie dirigeante laissa aux maîtres du
sol le pouvoir d'en disposer avec toutes les prérogatives
qui en résultaient. Jamais le Wasangari, en tant que
chef politique, ne s'appropria un droit sur le sol..."
(Lombard 1965: 184).[2] Über die Höhe der Tribute ist

---

1) Das ganí-Fest besaß nach Lombard eine große politische
   Bedeutung für die Kohäsion des Reichs. Die Chefs aller
   Provinzen mußten sich in Nikki versammeln, um dem Kö-
   nig die Anerkennung seiner Souveranität zu bezeugen
   (vgl. Lombard 1965: 330-340).

2) Die Abstammung des jetzigen Dorfchefs von Bensékou
   von einem Nikki-Prinzen widerspricht dem nicht. Die
   Position des Dorfchefs wechselte zwischen zwei Dorf-
   vierteln, da Bensékou aus mehreren kleinen Dörfern
   entstanden ist.

uns nichts bekannt. Aber wenngleich die Respektierung
der innerdörflichen Strukturen durch die Wasangari als
Beweis nicht ausreicht, so erlaubt dies doch die Vermutung, daß die Abgaben eher die symbolische Anerkennung
der politischen Souveranität als die wirtschaftliche
Grundlage der herrschenden Klasse beinhalteten.
Diese Vermutung wird plausibler, wenn man nicht nur die
innerethnischen Beziehungen zwischen Boko- bzw. Bariba-
Bauern und Wasangari betrachtet, sondern die gesamte
Wirtschaftsstruktur der Provinz Kandi berücksichtigt.
Zwei Tributformen trugen vor allem zur Revenue der Wasangari bei, die Arbeit der Gando(Sklaven) und die Abgaben
der Händler, die die Provinz durchquerten. Die Gando,
die sowohl den Wasangari als auch den Fulbe gehörten,
rekrutierten sich vor allem aus Gefangenen, die bei
Kriegszügen in benachbarte Gebiete gemacht wurden. Die
Gando lebten in eigenen Dörfern und bestellten die Felder der Wasangari. Ihre Arbeit bildete eine der Haupt-
quellen für die Herrschaft der Wasangari (vgl. Lombard
1965: 35f, 120-130, 231-235).
Eine weitere wichtige Wirtschaftsgrundlage bildeten die
Zölle, die den Handelskarawanen auferlegt wurden. Kandi
beheimatete im 19. Jahrhundert eine große Karawanserei;
bedeutende Handelswege zwischen dem Ashanti-Reich und
den Haussa-Staaten liefen durch seine Provinz(vgl. ebd.:
80-86). Die Wasangari betrieben selbst keinen Handel,
dieser lag vor allem in den Händen der Dendi. Sie erhoben jedoch hohe Wegzölle (bis zu 1/5 der mitgeführten
Ware) und überfielen zur Zeit des ganî auch Karawanen in
anderen Provinzen. "En principe, les razzias commen-
çaient un mois avant la fête. A cette époque, le trafic
entre les caravansérails était interrompu et aucun
commerçant étranger ne se risquait à traverser le Borgou"(ebd.:336).
Für die Analyse der Ökonomie eines Boko-Dorfs bleibt
festzuhalten: Die Boko waren eingegliedert in ein tributäres Klassensystem. Die Herrschaft der Klasse der Wasangari beruhte vor allem auf der Ausbeutung der Gando und
den Abgaben der Handelskarawanen. Es ist anzunehmen, daß

demgegenüber die von den Boko- und Bariba-Dörfern ab-
gepressten Tribute eine, in ökonomischen Relationen
gemessene, unbedeutende Rolle spielten. Die innerdörflichen Strukturen blieben bei der Einbindung in das
Herrschaftsgebiet der Wasangari unverändert. Auf lokaler
Ebene wurde also kein Pendant zur Herrschaftsstruktur
des Reichs geschaffen.

III   Die Boko, eine subsistenzökonomisch organisierte
       Gesellschaft

1. Das Produktionsweisen-Paradigma und seine Begrifflichkeit

   Bevor wir uns dem Dorf Bensêkou zuwenden, wollen wir
den theoretischen Rahmen unserer Analyse erläutern. Wir
beziehen uns vor allem auf die in der französischen
'Anthropologie économique' entwickelten Ansätze einer
materialistischen Interpretation afrikanischer Gesellschaften, die unter der Bezeichnung 'Produktionsweisen-
Paradigma' bekannt geworden sind.
Terray nennt gleichzeitig das theoretische Anliegen sowie
den theoretischen Ausgangspunkt der Diskussion um die
'Verflechtung von Produktionsweisen', indem er Meillassoux's Untersuchung der Gouro als Beweis dafür anführt,
"daß die Kategorien des historischen Materialismus
durchaus auf die sogenannten 'primitiven' Gesellschaften
anwendbar sind und daß ihre Anwendung uns neue Möglichkeiten in der Erforschung dieser Gesellschaft eröffnet"
(Terray 1974: 180). Es geht darum, vorkapitalistische
Gesellschaften in ihrer inneren Struktur und Dynamik
zu erfassen.[1] Auf dem Hintergrund ihrer eigenen Rationalität sollen die Formen ihrer Auseinandersetzung mit
der kapitalistischen Produktionsweise, seien es Widerstand, Koexistenz, Subsumtion oder Überwindung, erfaß-
bar und beeinflußbar werden.
Mit dem Konzept der Produktionsweisen-Analyse sollen
ökonomische Sektoren nach den ihnen innewohnenden spezifischen Beziehungen zwischen Produktivkräften und Produktionsverhältnissen differenziert, d.h. Produktionsweisen identifiziert werden. Der Begriff der 'Verflechtung' benennt die Formen der Beziehungen dieser Produktionsweisen untereinander.

----

1) Der Begriff 'Gesellschaft' sei hier in seiner exten-
   sionalen Dimension nicht festgelegt. Zur Problematik
   dieses Begriffs siehe Elwert(1976: 57).

Gegensätzliche Positionen in der Debatte um das Konzept
der Verflechtungsanalyse einerseits und den Begriff der
Produktionsweise andererseits berufen sich auf Marx.
Bevor wir daher auf die Produktionsweisen-Diskussion
selbst eingehen, seien einige Anmerkungen vorausgeschickt
zum Stellenwert der Marx-Interpretation für die Analyse
von Gesellschaften im 'peripheren Kapitalismus'.

Auf den ersten Blick hat Marx selbst
einen Verflechtungszusammenhang, nämlich den der Durchsetzung der sich entwickelnden kapitalistischen Produktionsweise gegen den Feudalismus in Westeuropa untersucht. Im Kapitel über die "sogenannte ursprüngliche
Akkumulation" zeigt er auf der ökonomischen sowie juri-
stisch-politischen Ebene die ursprüngliche Interessen-
identität zwischen Grundeigentümern und Kapitalisten im
Prozeß der Trennung der unmittelbaren Produzenten von
ihren Produktionsmitteln (Marx 1972: 744-769). In der
Analyse der Grundrente deckt Marx den grundlegenden
ökonomischen Konflikt zwischen Mehrwert abschöpfendem
Kapitalisten und der ihn beschneidenden absoluten Grundrente des Grundeigentümers auf. Die ökonomische Dynamik
des Kapitalismus in der Entwicklung von der absoluten
zur relativen Mehrwertproduktion bringt er als Ausdruck
der Stadien des Dominierungsprozesses mit der formellen
und reellen Subsumtion auf den Begriff: Die formelle
Subsumtion der Arbeit unter das Kapital "ist die allgemeine Form alles kapitalistischen Produktionsprozesses;
es ist aber zugleich eine besondere Form neben der entwickelten spezifisch-kapitalistischen Produktionsweise,
weil die letztere die erstere, die erstere aber keineswegs notwendig die letztere involviert"(Marx 1969: 46).

Jedoch schränkt Marx selbst sein Er-
kenntnisinteresse in dreierlei Hinsicht ein:
1. Historisch-geographisch begrenzt er seine Untersuchungen der Entstehungsbedingungen des Kapitals auf Westeuropa, was er in seinem Brief an V.I.Sassulitsch noch
einmal ausdrücklich betont (Marx 1976: 242).
2. Politisches Interesse Marx' ist die Kritik der
von den bürgerlichen Ökonomen verbreiteten Ideologie

einer friedlichen Entstehung des Kapitalismus, dessen
Basis von anthropologischen Grundkonstanten wie Fleiß
und Faulheit getragen sein soll:"Diese ursprüngliche
Akkumulation spielt in der politischen Ökonomie ungefähr
dieselbe Rolle wie der Sündenfall in der Theologie...
In einer längst verfloßnen Zeit gab es auf der einen
Seite eine fleißige, intelligente und vor allem sparsame
Elite und auf der anderen faulenzende, ihr alles und
mehr verjubelnde Lumpen"(Marx 1972: 741). Die nachfolgenden Ausführungen sollen daher aufzeigen, daß "in der
Tat...die Methoden der ursprünglichen Akkumulation alles
andere, nur nicht idyllisch (sind)"(ebd.: 742). Daher
auch Marx' Betonung der Brutalität und der Rolle der
außerökonomischen Gewalt im Expropriierungsprozeß der
Bauern. Aus politischer Sicht interessiert ihn also der
Part des Kapitalismus in dessen Auseinandersetzung mit
dem Feudalismus, nicht die Ausbeutungs- und Zwangsver-
hältnisse des letzteren. Die Apologeten des Kapitalismus
wollte er bekämpfen, nicht die des Feudalismus.
3. Methodisch präzisiert Marx die Grundlagen einer Verflechtungsanalyse:"Die Grundrente kann nicht verstanden
werden ohne das Kapital. Das Kapital aber wohl ohne die
Grundrente. Das Kapital ist die alles beherrschende
ökonomische Macht der bürgerlichen Gesellschaft. Es muß
Ausgangspunkt, wie Endpunkt bilden und vor dem Grund-
eigentum entwickelt werden. Nachdem beide besonders betrachtet sind, muß die Wechselwirkung betrachtet werden"
(Marx Grundrisse: 27;Hervorh. d.V.). Das heißt, Kapital
und Grundrente sind zunächst in der Gesamtheit der verschiedenen sozio-ökonomischen Systeme zu untersuchen,
deren Grundverhältnisse sie darstellen, bevor ihr Verhalten zueinander erfaßt werden kann. Marx aber spürt
der ökonomischen Gesetzlichkeit der bürgerlichen Gesellschaft nach und in ihr, wie "in allen Gesellschaftsfor-
men ist es eine bestimmte Produktion, die allen übrigen,
und deren Verhältnisse daher auch allen übrigen Rang
und Einfluß anweist"(ebd.: 27). Folgerichtig gilt sein
vorrangiges Interesse der, die bürgerliche Gesellschaft
in allen Bereichen beherrschenden, kapitalistischen

Produktionsweise. Der erste Satz des Kapitels über die
Grundrente lautet denn auch: "Die Analyse des Eigentums
in seinen verschiedenen geschichtlichen Formen liegt
jenseits der Grenzen dieses Werks. Wir beschäftigen uns
nur mit ihm, soweit ein Teil des vom Kapital erzeugten
Mehrwerts dem Grundeigentümer anheimfällt"(Marx 1973:
627).[1] Die Fragestellung Marx' ist also die nach der
Entstehung der kapitalistischen Produktionsweise aus dem
Feudalismus. Er fragt nicht, ob aus letzterem nicht auch
andere gesellschaftliche Entwicklungen hervorgehen könnten oder ob der Scheideprozeß der Produktionsmittel von
den unmittelbaren Produzenten nicht auch in anderen historischen Zusammenhängen erfolgen könnte.[2]
Zwei Dinge sollten klar geworden sein: a) Marx beschäftigt sich mit der bürgerlichen Gesellschaft in Westeuropa; er untersucht die kapitalistische Produktionsweise,
da sie die beherrschende Produktion dieser Gesellschaft
ist, die sich alle außer ihr liegenden gesellschaftlichen
Verhältnisse unterordnet. b) Seine Methode entfaltet
sich an diesem Gegenstand, nicht an einer Gesellschaft,
die - wenngleich von einer Produktionsweise dominiert -
eine Vielfalt von Produktionen und Produktionsbeziehun-
gen beherbergt.
Die Frage, ob Marx und Engels in ihren Vorstudien "Vor-
arbeiten einer umfassenden Theorie der vorkapitalistischen Gesellschaften"(Thanh-Hung 1975: 60) geleistet
haben oder ob Marx nie die Absicht hatte, "ethnologische
oder entwicklungssoziologische Analysen vorkapitalisti-
scher Gesellschaften zu entwickeln oder...dafür die Begrifflichkeit zu entwickeln"(Elwert 1976: 8), kann denn

----

1) Auf diese Einschränkung im 'Kapital' weist Rey hin
   (1973: 24) und entwickelt die Genesis des Kapitalismus in einem dreiphasigen Verflechtungsmodell sowohl
   aus der Logik des Kapitalismus selbst wie auch aus
   der des Feudalismus.

2) Im Brief an die Redaktion der 'Otetschestwennyje Sa-
   piski' wendet Marx sich nachdrücklich gegen eine
   "geschichtsphilosophische Theorie des allgemeinen
   Entwicklungsganges"(Marx 1976: 111f).

auch in ihrer exegetischen Beschränktheit nur wenig zum
Problem der Anwendbarkeit der Kategorien des historischen Materialismus auf vorkapitalistische Gesellschaften beitragen. Die unterschiedlichen Positionen drücken
jedoch einen wichtigen theoriepolitischen Gegensatz aus.
Gegenüber der abgehobenen Marx-Interpretation der Ablei-
tungsliteratur steht innerhalb des Verflechtungs-Para-
digmas die Betonung empirischer Forschung im Vordergrund.
Im folgenden diskutieren wir daher den Begriff der 'Produktionsweise' unter dem Gesichtspunkt seiner Leistungs-
fähigkeit als analytischer Kategorie.
Am wenigsten zeichnet sich die Produktionsweisen-Diskussion durch eine homogene Begrifflichkeit aus. In der
gleichen Bedeutungsvielfalt, in der der Begriff der
'Produktionsweise' von Marx benutzt wurde (vgl. Elwert
1976: 12-15), findet er sich in der aktuellen Literatur
wieder (vgl. Schulz 1977: 33). Meillassoux bezeichnet
damit diffus einerseits die Form der Naturtransformation
(1976: 27), andererseits faßt er unter 'häuslicher Produktionsweise' ein gesellschaftliches Produktions- und
Reproduktionssystem (ebd.: 106). Mit der 'Produktionsweise Sklavenraub' kennzeichnet Elwert(1973) die domi-
nierende Produktion und ihre soziale Organisation in
einer spezifischen Ausprägung einer mit Zentralgewalt
ausgestatteten Klassengesellschaft. Die gleiche Bedeu-
tungsdimension besitzt der Begriff 'Linien-Produktions-
weise' bei Terray(1974) für eine subsistenzökonomisch
organisierte Gesellschaft. Bei anderen Autoren nimmt
der Begriff überhistorische Dimensionen an. So stellt
Coquery-Vidrovitch(1969: 73) der asiatischen die afrikanische Produktionsweise gegenüber, deren Spezifizität
in der Verbindung von Ökonomien patriarchalischer Gemeinschaften mit dem von einer gesellschaftlichen Gruppe
monopolisierten Fernhandel besteht.
Thanh-Hung(1975: 6) entwickelt gar die These, daß "die
vorkapitalistischen Gesellschaften auf einer e i n z i -
g e n universalhistorischen Produktionsweise - der
g r u n d e i g e n t ü m l i c h e n - basieren". Indem er aber die spezifischen Formen der <u>ökonomischen</u>

Realisierung des Grundeigentums als von den vorherr-
schenden Naturbedingungen abhängige Varietäten, somit
die Frage nach den Ausbeutungs- und Zwangsverhältnissen
aus dem Begriff eliminiert (ebd.: 65f), bleibt er mit
seiner These doch auf der Ebene der Eigentumsverhältnisse als juristischem Ausdruck der Produktionsverhältnisse stehen.[1]
Wenngleich die unterschiedlichen Begriffsverwendungen
nicht unabhängig von ihrem Untersuchungsfeld beurteilt
werden können, bleibt doch festzuhalten, daß epochale
Bestimmungen immer in der Gefahr schweben, allgemeinste
Gemeinsamkeiten zusammenzufassen und die entwicklungs-
bestimmenden Unterschiedlichkeiten zu übergehen, wie die
'universalhistorische grundeigentümliche Produktionsweise', oder spezifische Entwicklungen unüberprüft zu gene-
ralisieren, wie die 'afrikanische Produktionsweise'.
So trifft die Bedeutung des Fernhandels z.B. weder auf
das Königreich Dắxomε noch auf das der Bariba zu. In
keinem der beiden Königreiche lag der Fernhandel in den
Händen der herrschenden Klasse. In Dắxomε beruhte ihre
Revenue auf dem Sklaven__raub__ und dem Verkauf der Sklaven
an europäische Händler. Auch die Bariba versuchten nicht,
den Fernhandel selbst zu übernehmen, sondern 'begnügten'
sich mit Zöllen und Überfällen auf die Karawanen. Noch
heute wird der Handel im nördlichen Borgou vor allem
von Dendi, aber auch von Haussa beherrscht. Unbenommen
seiner Bedeutung für die Entstehung z.B. des Songhai-
und des Malireichs impliziert der Fernhandel also noch
keine spezifisch afrikanische Produktionsweise.

----

1) So ordnet Marx die Eigentumsverhältnisse im "Vorwort
   zur Kritik der politischen Ökonomie"(1975: 336) ein.
   Im Formenkapitel der Grundrisse schreibt er dagegen:
   "Eigentum meint also ursprünglich...Verhalten des
   arbeitenden(produzierenden) Subjekts (oder sich re-
   produzierenden) zu den Bedingungen seiner Produktion
   oder Reproduktion als den seinen"(Grundrisse: 395).
   Damit verweist er nicht auf zwei Ebenen eines gegebenen gesellschaftlichen Verhältnisses, sondern auf die
   Veränderungen der konkreten Ausformungen in verschiedenen Gesellschaftsformationen (vgl. Ahlers et al
   1973: 18f, 26f; Elwert 1976: 8).

Terray definiert den Begriff der Produktionsweise als "ein aus drei Instanzen bestehendes
System mit einer ökonomischen Basis, einem politisch-
juristischem Überbau und einem ideologischen Überbau"
(Terray 1974: 97). Diese Definition trifft allerdings
auch auf 'Gesellschaft' oder 'Gesellschaftsformation'
zu. Terray's Arbeit zeichnet sich denn auch durch ein gutes
Analysemodell aus, bei dem er sich nicht an seine eigene
Definition hält.
Bei der Analyse der determinierenden ökonomischen Basis
unterscheidet er zwischen dem Arbeitsprozeß (Naturan-
eignung) und den Produktionsverhältnissen (Verteilung
der Produkte), deren Verhältnis in seiner Gesamtheit den
Produktionsprozeß bildet (ebd.: 99f).
Die Ebene der Naturaneignung nennen wir im folgenden
primäre Aneignung, die der Produktaneignung sekundäre
Aneignung (vgl. Elwert 1976: 56). Konstitutive Elemente
der primären Aneignung sind die technische Form der
Naturtransformation und in Gesellschaften mit geringer
Produktivkraftentwicklung, wie z.B. bei den Boko, besonders die Kooperationsformen. Was Terray 'Produktionsprozeß' nennt, beinhaltet das Verhältnis zwischen Naturaneignung und Produktaneignung, zwischen Kooperation und
den damit notwendigerweise verbundenen Leitungs- und
Kontrollstrukturen, kurz: die sozialen Beziehungen, die
die Eigentumsbeziehungen gestalten.
Damit ist der gesellschaftliche Bereich bezeichnet, der
im Mittelpunkt der Produktionsweisen-Analyse stehen muß.
Die Untersuchung der spezifischen Beziehungen zwischen
primärer und sekundärer Aneignung soll die Grundlage
einer Sozialstrukturanalyse bilden. Die Mehrdimensiona-
lität der Beziehungen läßt sich erfassen durch den
Dreischritt der Fragen nach:
1. den Güter- und Dienstleistungsströmen (Verhalten des
   unmittelbaren Produzenten zu seinem Produkt);
2. den Zwangsverhältnissen (die hinter den spezifischen
   Formen der Naturaneignung und den Güter- und Dienstleistungsströmen stehen);
3. den ökonomischen und sozialen Rationalitäten (innere

Rationalität einer Produktionsweise, bewußtseins-
mäßige Perzeption durch die agierenden Subjekte)
(vgl. Elwert 1977: 24).[1]

Die Frage nach der Rationalität gesellschaftlichen Handelns beinhaltet die Überleitung von ökonomischer- zur
Gesellschaftsanalyse. Es wird gefragt nach dem Verhältnis des gesellschaftlichen Produktions- und Reproduk-
tionssystems zu anderen sozialen Bereichen. Wir werden
versuchen, ein gesellschaftliches Organisationsprinzip
zu erfassen, auf das sich ökonomisches, soziales, politisches und kulturelles Handeln bezieht. Dabei wird die
extensionale Trennung zwischen den einzelnen Ebenen hin-
terfragt, die die gängige Basis-Überbau-Dichotomie beinhaltet, die auch bei Terray durchscheint.[2]

Wenn wir auf den genannten Analyseebenen ein Handlungs-
prinzip zwischen einzelnen gesellschaftlichen Bereichen
herausschälen wollen, dann verstehen wir darunter nicht
soziale Harmonie. Rey(1975: 28,33ff) versucht den Pro-
zeßcharakter der Verflechtung zwischen Linien-Produk-
tionsweise und stamm-dörflicher Produktionsweise aufzu-
zeigen, der sich gerade aus der Korrespondenz bzw. Nicht-
Korrespondenz der Beziehungen untereinander ergibt.

Schulz formuliert es unter Anspielung auf die theoretische Heimat des Produktionsweisen⁔Paradigmas, den französischen marxistischen Strukturalismus, schärfer: "Die
Sozialstrukturanalyse will aber nicht bei Aussagen über
die Verschiebung ökonomischer Strukturen stehenbleiben.
Sie will vielmehr Widersprüche in den Produktionsver-

----

1) Elwert bezieht diese Analyseebenen auf einen Verflechtungszusammenhang. Damit hebt er implizit auf den Pro-
zeßcharakter einer Verflechtung ab. Geht man jedoch
nicht von einem statischen Modell von 'Produktionsweise' aus - was ihm hier nicht unterstellt sein soll -
so sind diese Analyseebenen notwendig zur Charakterisierung der einen Produktionsweise wie der anderen,
als auch einer Verflechtung zwischen beiden und den
daraus resultierenden Rückwirkungen auf beide.

2) Rey kritisiert zu Recht an Terray's Analyse (1974) die
Ausklammerung der Eigentumsverhältnisse (Rey 1971:37).
Die Übertragung der Struktur der primären Aneignung
auf die gesell. Organisation lassen die Beziehungen
zwischen einzelnen Bereichen nicht erkennen(Rey 1975:
71).

hältnissen aufzeigen, will nachweisen, daß soziale
Klassen Träger dieser Widersprüche sind...Das Binde-
glied zwischen Produktionsweisenanalyse und dem Erkennen
von Klassen in einer Sozialstruktur stellt die Untersuchung der spezifischen ökonomischen Form dar, in der
Mehrarbeit aus den unmittelbaren Produzenten herausge-
pumpt wird"(Schulz 1977: 5). Schulz' Hinweis auf die
Widersprüche in den Produktionsverhältnissen ist wichtig, will man Entwicklungen untersuchen, wenngleich wir
nicht davon ausgehen, wie er es anscheinend tut, daß
Ausbeutungsverhältnisse alleinige Faktoren der inneren
Dynamik der subsistenzökonomischen Produktionsweise darstellen.[1] Die Frage nach der Abschöpfung von Mehrarbeit
wird zudem durch die obengenannten Analyseebenen inte-
graler Bestandteil der Produktionsweisenanalyse.

Abschließend noch einige Bemerkungen
zu den Begriffen der 'Subsistenzökonomie' und der 'Marktproduktion. Sie drücken in ihrer gegensätzlichen Bedeutung 'Produktion für den Eigenbedarf' und 'Produktion
für den Markt' noch nichts aus über die sozialen Verhältnisse, in die sie eingebettet sind. Während wir Marktproduktion hier nach einfacher Warenproduktion, kapi-
talistischer Produktion etc. differenzieren können, so
haftet 'Subsistenzökonomie' bis heute ein äußerst diffu-
ser Sprachgebrauch an. Bezeichnet 'Subsistenzökonomie'
eine gesamte Gesellschaftsform nach ihrer vorherrschen-
den Produktions- und Reproduktionsweise, so wird damit
von der Vielfalt der sozio-ökonomischen Beziehungen in
subsistenzökonomisch organisierten Gesellschaften abstra-
hiert, bzw. diese Vielfalt oftmals unterschlagen. Benennt man damit den Sektor der Subsistenzproduktion, so
ist wie gesagt keine Aussage über die mit ihr verbundenen Produktionsweisen und Klassenverhältnisse gemacht.

---

1) Zur Frage der Ausbeutungsverhältnisse und folglich
   des Klassencharakters. subsistenzökonomisch organisierter Gesellschaften siehe Kapitel III.6.

Subsistenzproduktion ist notwendigerweise mit bestimmten Produktionsweisen verbunden[1]. Auf gesellschaftlicher Mikroebene wird Subsistenzproduktion gleichgesetzt
mit der Reproduktion der Existenz der Hausgemeinschaft,
der kleinsten Einheit gemeinsamen Wirtschaftens. Aber
in allen subsistenzökonomisch organisierten Gesellschaften finden wir nur die regenerative Reproduktion der
Haushalte (physische Basisbedürfnisse) durch die Subsistenzproduktion gewährleistet, die generative Reproduktion (biologische Weiterentwicklung) wird erst durch
Verbindung mit anderen Einheiten gewährleistet, seien
es Frauenraub oder Frauentausch, seien es Kriegs- oder
Allianzbeziehungen.

Wir sprechen daher im folgenden von Subsistenzproduktion
im obengenannten Sinn als Produktion für den Eigenbedarf
der Haushalte. Konstituiert die Subsistenzproduktion
einen eigenständigen ökonomischen Sektor mit einer spezifischen Struktur zwischen primärer und sekundärer Aneignung und damit verbundenen Zwangsverhältnissen, kurz,
eine gesellschaftliche Einheit der Produktion, dann verstehen wir sie als subsistenzökonomische Produktionsweise. Bildet die subsistenzökonomische Produktionsweise
die dominante Produktionsweise einer Gesellschaft, sprechen wir von subsistenzökonomisch organisierter Gesellschaft.

---

1) Selbst im vollentwickelten Kapitalismus der BRD z.B.
   betreibt der Schrebergärtner Subsistenzproduktion,
   wenn auch dieser Sektor gesamtwirtschaftlich eine
   völlig unbedeutende Rolle spielt. Im Rahmen der bestehenden Eigentumsverhältnisse kann seine ideologische Komponente, das 'Parzellendenken' -gleich dem
   des Kleinbauern- dennoch eine wichtige Rolle spielen
   in seiner politischen Instrumentalisierung gegen Veränderungen der dominanten kapitalistischen Produktionsweise.

2. Bensékou, die Dorfstruktur

Damit der Leser, der nicht wie wir Bensékou selbst
besuchen konnte, dennoch einen Eindruck erhält, wollen
wir das Dorf und seine Bewohner zunächst einmal vorstel-
len und seine Geschichte kurz rekonstruieren. Die Kenntnis der personellen und räumlichen Dorfstruktur und
der Bedeutung der einzelnen Gehöfte (ûàlɛ́dà), 'Häuser'
(bɛ̀) und Hütten (kpɛ̀), sowie sonstiger Einrichtungen
im Dorf, wird im Verlaufe der Arbeit das Verständnis
der sozialen und ökonomischen Organisation der Boko er-
leichtern und soll zudem einen äußeren Eindruck des Dorfes vermitteln.

2.1 Geographische Lage des Dorfes und Dorfgeschichte

Bensékou liegt im Nordosten der Volksrepublik Bénin in
der Provinz Borgou. 30 km westlich des Dorfes befindet
sich die ca. 11.000 Einwohner zählende Distrikthaupt-
stadt Kandi, 75 km östlich der Grenzort Segbana, welche
beide in begrenztem Ausmaß für den Handel von und nach
Bensékou von Bedeutung sind.

Der größte Teil Bensékous liegt südlich der Straße nach
Segbana. Nördlich dieser Straße befindet sich der Sota,
ein großes Waldgebiet, dessen Boden nicht für den Ackerbau genutzt werden kann, da die Regierung das Roden im
Rahmen der Aufforstung durch die SONAFOR (Société Nationale Du Forêt) verboten hat. Einerseits verärgert dies

die Bensékouer Bauern, da die Anlage neuer Felder immer
größere Entfernungen zu bewältigen heißt. Andererseits
läßt aber diese Maßnahme auch erhoffen, daß der in den
letzten Jahren stark zurückgegangene Wildbestand, der
die in dieser Gegend ansässige Bevölkerung in der Trok-
kenzeit mit Fleisch und lebensnotwendigen Proteinen versorgt (Jagd), wieder anwachsen wird.

Die Region um Bensékou ist also zum Teil stark bewaldet,
zum anderen Teil (südlich der Straße nach Segbana) finden wir ein überwiegend landwirtschaftlich genutztes Sa-
vannengebiet. Die Boko selbst bezeichnen ihre natürliche
Umgebung als sɔ̀ù (Busch) oder sɛ̃́ (Gras).

Obgleich die Gebiete um Kandi noch als fruchtbar und
relativ feucht bezeichnet werden können, ist die nähere
Umgebung Bensékous, die auf einer kleinen Anhöhe gelegen
ist, sehr trocken und zeitweilig durch Dürreperioden bedroht. Erst ca. 15 km entfernt in Richtung Segbana befindet sich der Fluß Sota, dessen Wasser jedoch zur Zeit
noch nicht für die Landwirtschaft genutzt wird und der
auch für den Fischfang nur sehr begrenzte Möglichkeiten
bietet.

Bensékou selbst besteht aus drei, ursprünglich selbstständigen, Dorfteilen: Gbɛ́sɛ̀nã́, welcher dem neuen Dorf
seinen Namen verlieh, Zánù̃ und Nyõ̀kpɛ̀.

Der alte Koto, ca. 80 Jahre alt, erzählt uns die Geschichte des Dorfes[1]:

"Früher, als es noch keine Europäer hier gab, lebte ich
als ein kleiner Junge in dem Dorf Nyɔ̃̀kpɛ̀. Nyɔ̃̀kpɛ̀ hatte
damals 90 Einwohner: 15 Alte, 40 Männer und Jungen und
30 bis 40 Frauen.

Dann kamen die Fulbe und haben unsere Leute gejagt. Sie

----

1) Berichte von Dorfbewohnern werden a) in deutscher Übersetzung wiedergegeben, wenn der Interviewpartner Boko
   sprach, d.h. auch die französische Wiedergabe nur eine
   Übersetzung des ursprünglichen Textes darstellt;
   b) meist in französischer Sprache direkt übernommen,
   wenn der Gesprächspartner selbst französisch sprach
   und daher eventuelle Verzerrungen durch eine deutsche
   Übersetzung vermieden werden können.

Foto links: Der alte Koto erzählt uns die Geschichte
              seines Dorfes.

haben das Dorf angezündet und die flüchtenden Menschen
getötet oder gefangen. Viele wurden damals als Sklaven
im Niger und an der Küste verkauft.
Ich war 12 Jahre alt. Es herrschte ein Krieg zwischen
den Boko und den Fulbe und auch zwischen den Nikki und
den Fulbe. Unsere Feinde hatten Pfeile und Bogen. Wir
hatten nur unsere tapferen Krieger. Dann aber haben wir
einige Fulbe gefangengenommen und getötet. Wir haben uns
ihre Waffen angesehen und mit unserem Eisen[1] nachgebaut.
(Koto unterbricht an dieser Stelle seine Erzählung und
holt aus seinem Haus einen alten Bogen und Pfeile aus
Eisen, die er uns zeigt.)
Aber die Fulbe waren trotzdem noch stärker, weil sie uns
meist nachts überrascht haben, wenn wir schliefen, oder
am Tag, wenn die Männer auf den Feldern waren. Wir mußten
immer auf der Hut sein. Darum haben wir uns dann mit den
Dörfern Gbɛ́sɛ̀nǎ und Zǎnǔ zusammengeschlossen, die auch
von den Fulbe angegriffen wurden. Das neue Dorf lag ungefähr 5 km von Nyɔ̌kpɛ̀ entfernt, und wir nannten es Gbɛ́-
sɛ̀kǔ, den Ort, an dem es Eisen gibt[2].
Das war vor 70 Jahren. Von nun an hatten wir zusammen
viele Krieger und wir konnten uns viel besser gegen die
Fulbe schützen.
Unser erster Chef war Kítaìdì. Er kam aus Gbɛ́sɛ̀nǎ. Danach
kam Kízàkí, sein Sohn. Der Sohn von Kízàkí ist dann ab-
gehauen, als die Franzosen kamen. Danach wurde Zarɛ́,
unser jetziger Chef, der gbɛ́sɛ̀kúkí[3]. Zarɛ́ stammt aus
dem ehemaligen Zǎnǔ, der heutigen Dorfmitte, und er ist
ein Prinz aus Nikki.
Alle unsere Chefs waren gut und gerecht. Andere Chefs,

---

1) Zum Eisenabbau und zur Eisenverarbeitung in Bensɛ́kou
   vgl. Kapitel III 3.4.
2) gbɛ́ = Stein; sɛ̀ = Eisen; kṹ = 'es gibt'
3) 'kí' bedeutet 'Chef' im Sinne von Häuptling und drückt
   immer einen hervorragenden Status aus; Beispiele:
   wɛ́lɛ̀kí = Dorfchef   (wɛ́lɛ̀ = das Dorf);
   gbɛ́sɛ̀kúkí = Chef von Bensɛ́kou;
   tʃelɛ̀kí = Erdherr   (tʃe = die Erde; lɛ̀ = der Mund).

wie z.B. Saka, der Bariba-Chef aus Kandi, haben manch-
mal Dorfbewohner als Sklaven verkauft. So etwas ist bei
uns nie passiert.

Als dann die Europäer kamen, hörten die Kriege mit den
Fulbe auf, und wir haben sogar angefangen mit ihnen Handel zu treiben. Wir gaben den Fulbe vor allem Hirse und
sie gaben uns scórì (Kauri-Muscheln) und Salz. Mit den
scórì mußten wir die Steuern bezahlen, die die Franzosen
durch das Militär eingetrieben haben. Jede Familie mußte
eine Kalebasse scórì bezahlen (Koto verläßt uns wieder
und holt einige Kauri-Muscheln, die er uns schenkt).
Die Franzosen haben unser Dorf dann auch Bensékou genannt,
weil das für sie leichter ist, als Gbèsèkũ. Und so heißt
es bis heute."[1]

2.2 Gehöft, Haus/Hausgemeinschaft und Hütte

Das heutige Bensékou hat nach unseren Untersuchungen[2] ca.
620 Einwohner, welche auf 16 Gehöfte verteilt leben.
Das 'Gehöft' bedeutet auf Boko ûàdà oder ûàlέdà, wobei
sich der erste Begriff mehr auf die Größe, den Umfang
eines Gehöfts bezieht, der letztere eher dessen örtliche
Gegebenheiten innerhalb des Dorfes und die Bewohner des
Gehöfts anspricht. Der von uns aufgezeichnete Dorfplan
(vgl. S.31) zeigt die Anlage Bensékous und die Zusammensetzung der einzelnen Gehöfte. Die Größe des ûàdà ist
unterschiedlich und entspricht jeweils der Anzahl der
in ihm lebenden Personen. Innerhalb des Gehöfts sind
mehrere Familienverbände zusammengeschlossen. Ihre Zusammensetzung existiert noch aus der Gründungszeit des
Dorfes und entspricht demgemäß weniger familialen (etwa:
mehrere miteinander verwandte Gruppen leben zusammen),
sondern eher defensiven Gesichtspunkten (etwa: eine be-

---

1) Die Erzählungen Kotos wurden von einem jungen Mann aus
   Bensékou ins Französische übersetzt und von uns ins
   Deutsche übertragen. Der Bericht ist an einigen Stellen
   gekürzt, wurde aber nicht von eventuellen Widersprüch-
   lichkeiten 'bereinigt'.

2) Vgl. Abschnitt 2.4 dieses Kapitels.

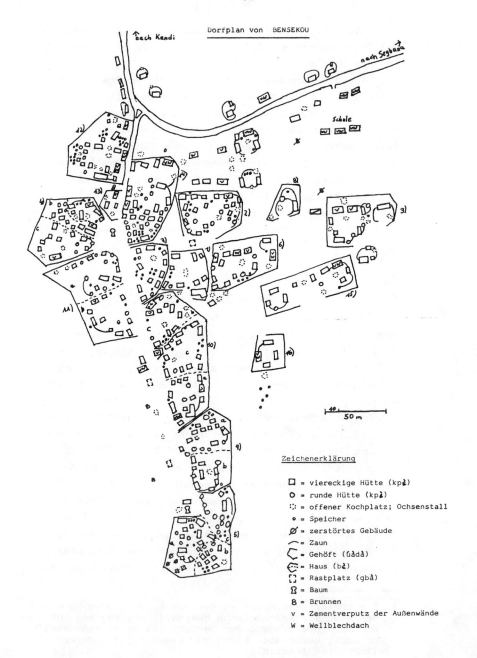

Dorfplan von BENSEKOU

nach Kandi

nach Segbana

Schule

50 m

Zeichenerklärung

☐ = viereckige Hütte (kpᵉ)
O = runde Hütte (kpᵉ)
∵ = offener Kochplatz; Ochsenstall
o = Speicher
∅ = zerstörtes Gebäude
⌒ = Zaun
C = Gehöft (ûâdâ)
⟨ = Haus (bᵉ)
⟨⟩ = Rastplatz (gbâ)
♀ = Baum
ß = Brunnen
v = Zementverputz der Außenwände
W = Wellblechdach

sonders 'schwache' Familie verbindet sich mit einer besonders 'starken'). Eine Ausnahme bilden hierbei die
neuhinzugezogenen Staatsbediensteten, wie z.B. die Lehrer
oder der Krankenpfleger, deren Gehöfte genau einer Familieneinheit (Kernfamilie) entsprechen.

Eine Familieneinheit innerhalb eines ûâlɛdâ bildet ein
bɛ̀, was wir mit dem deutschen Ausdruck 'Haus' oder Hausgemeinschaft bezeichnen wollen. Innerhalb einer solchen
ist ein 'lineage segment' mit allen Angehörigen der
männlichen Linie zuzüglich aller unverheirateten Mädchen
und eingeheirateten Frauen organisiert.

'bɛ̀dɛ̂ʒ' bezeichnet sowohl die Gesamtheit der Bewohner
eines bɛ̀ (Haus), als auch den Vorsteher der Familie, der
in der Regel das älteste männliche Mitglied der Familie
ist.

'ûâdɛ̂ʒ' umfasst die Gesamtheit aller im Gehöft lebenden
Personen, und die Person, die dieses Gehöft und seine
Bewohner repräsentiert: den ältesten Mann als dem Vor-
steher des Gehöfts.

Jede Hausgemeinschaft hat auch einen weiblichen Vor-
stand. Diese Frau, die nɔ̃sinyan, ist normalerweise die
erste Frau des ältesten Mannes in der Familie, d.h. des
bɛ̀dɛ̂ʒ. Ihr sind formal alle anderen Frauen des Hauses
unterstellt. Ihre Aufgabe ist sowohl die Betreuung der
Frauen, als auch die Organisation der 'weiblichen' Ökonomie[1] und der häuslichen Arbeiten. Sie hat für Ruhe
und Frieden im Hause und die gewissenhafte Erledigung
aller weiblichen Arbeiten zu sorgen.

Auf Dorfebene ist die yaigbɛ̀ die Chefin der Frauen. Sie
ist von den Frauen des Dorfes gewählt und soll diese bei
aller Art von Problemen beraten. Weiterhin ist sie für
die Schlichtung weiblicher Streitigkeiten außerhalb der
Hausgemeinschaft zuständig. Unsere Interviews lassen
allerdings vermuten, daß der tatsächliche Aufgabenbereich

---

1) Wir unterscheiden im folgenden zwischen 'weiblicher'
   und 'männlicher' Ökonomie, wobei erstere vor allem
   den Reproduktions-, letztere den Produktionsbereich
   umfasst.

der Dorfchefin sich in engen Grenzen bewegt[1]. Während
die derzeitige yaigbε̞ Bensέkous ein Gespräch mit uns
über dieses Thema ablehnte, erzählte die vorherige Dorfchefin: "Ich war 7 Jahre yaigbε̞. Wenn es etwas zwischen
den Frauen zu besprechen gab, dann versammelten sich
alle bei mir. Z.B. kamen alle Mädchen vor einem Fest,
um von hier gemeinsam zum Tanzplatz zu gehen. Ich habe
auch den kleinen Mädchen das Tanzen gezeigt. Wenn es
aber Konflikte gab zwischen Frauen aus verschiedenen
Häusern, dann hat das immer der gbέsε̞kũkí geschlichtet.
Die Mädchen sind auch nie zu mir gekommen, wenn sie
Schwierigkeiten mit ihrem Mann oder ihren Eltern hatten.
Als die neue aigbε̞ gewählt wurde, war ich nicht im Dorf.
Der neue Dorfchef hat mir gesagt, ich sei zu alt."
So wie die yaigbε̞ unterstehen auch alle anderen weiblichen Chefs den Anordnungen männlicher 'Vorgesetzter'.
Die n sinyan z.B. wird einerseits durch den bε̞dέð (Hausvorsteher) kontrolliert, andererseits erhält sie durch
denselben eigene Kontroll- und Sanktionsmöglichkeiten
über die ihr unterstellten Frauen. Bewältigt sie ihre
Aufgabe schlecht, so riskiert sie ihrer Stellung ent-
hoben zu werden. Arbeitet sie gut, so erhält sie vom
bε̞dέð die Möglichkeit, Frauen zu tadeln und zu strafen,
z.B. durch die Zuweisung besonders schwerer oder 'niedriger' Aufgaben. Im Normalfall richtet sich die Verteilung der täglichen Hausarbeiten nach dem Alter der
Frauen: "die erste F̧rau (nɔ̃sinyan) bereitet nur die Soßen zu, die zweite (nɔ̃minyáᵈέ) macht den Brei ('pate'),
und die dritte (nɔ̃min-ậðndέ) wäscht das Geschirr und die
Wäsche und fegt jeden Tag das Haus" (Dyássikậ, eine alte
Frau aus Bensέkou).

---

1) Die Tatsache, daß die Chefin der Frauen 'yaigbε̞', und
   nicht etwa 'nɔ̞̃kí' (nɔ̞̃ = die Frau) genannt wird,
   weist bereits auf deren vor allem repräsentative Position hin, da nur das Wort 'kí' bestimmte Voll-
   machten beinhaltet.

Foto rechts oben: Innenhof eines Gehöfts
Foto rechts unten: Hütten mit Haushaltsutensilien

Jede Hausgemeinschaft besteht wiederum aus mehreren
'Hütten', emisch[1] kpɛ̀ oder kpɔ̀ genannt (nach Angaben
unserer Informanten zwei deckungsgleiche Begriffe).
Die Anzahl und Funktion der Hütten ist genau definiert:
jedem erwachsenen Mann und jeder erwachsenen Frau einschließlich ihrer Kleinkinder steht eine Hütte zu.
Mehrere ältere Kinder und Jugendliche teilen sich meist
eine Hütte. Wenige wohlhabendere Männer im Dorf besitzen für sich alleine zwei oder drei Hütten. Hinzu
kommen außerdem kleinere Gebäude, die als Küche, Silo
oder ähnliches dienen.
Alle Hütten in Bensékou sind aus Lehm gebaut und unterscheiden sich höchstens durch ihre Form (rund oder eckig),
ihre Ausstattung (Wellblech- oder Strohdach) oder ihre
Größe voneinander.
Um einen leichteren Überblick über die Zusammensetzung
eines Gehöfts zu ermöglichen, soll an dieser Stelle das
Gehöft dreier 'durchschnittlicher' Hausgemeinschaften
exemplarisch dargestellt werden (vgl. Dorfplan, S.31,
Gehöft Nr. 5).

----

1) Wir unterscheiden zwischen 'emisch' (kulturimmanente
   Betrachtung) und 'etisch' (kulturfremde Betrachtung)
   im von Pike (1971: 37ff, 53ff) gebrauchten Sinne:
   "The etic viewpoint studies behavior as from outside
   of a particular system, and as an essential initial
   approach to an alien system. The emic viewpoint results
   from studying behavior as from inside the system"
   (ebd.: 37).

Schaubild 1: bauliche Gestaltung eines Gehöfts

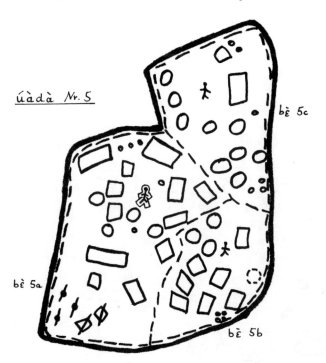

úàdà Nr. 5

bɛ̀ 5c

bɛ̀ 5a

bɛ̀ 5b

Zeichenerklärung:

Gehöft: úàdà, bzw. Gehöftgemeinschaft: úàdéȝ

Haus: bɛ̀, bzw. Hausgemeinschaft: bɛ̀déȝ

Hausvorsteher: bɛ̀déȝ

Gehöftvorsteher: úàdéȝ (in diesem Falle identisch mit dem Hausvorsteher von bɛ̀ 5a)

viereckige Hütte: kpɛ̀

runde Hütte: kpɛ̀

zerstörte Hütten

Ochsenstall

Speicher

Schaubild 2: personelle Zusammensetzung eines Gehöfts
am Beispiel von Gehöft Nr. 5 (vgl. Dorfplan, S.32)

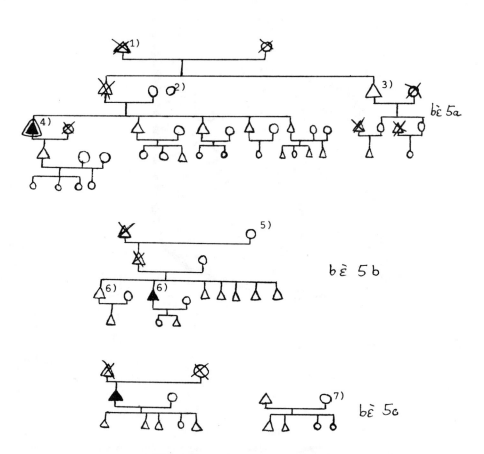

Zeichenerklärung:

△ männlich
○ weiblich
✗ lebt nicht mehr
⊔ Heirat
⊓ Filiation
▲ Hausvorsteher
◬ Gehöftvorsteher

Anmerkungen zu Schaubild 2:

1) Über die genaue Anzahl der bereits verstorbenen Familienmitglieder ist uns in den hier dargestellten
Hausgemeinschaften nichts bekannt.
2) Es handelt sich bei dieser nicht zur Familie gehören-
   den Person um eine alleinstehende alte Frau, die uns
als Freundin der Mutter des Hausvorstehers vorgestellt
wurde.
3) Wir finden hier den in Bensékou erst in den letzten
   Jahren häufiger auftretenden Fall einer vertikalen
Vererbung (Vater-Sohn-Erbfolge im Gegensatz zur lateralen
Bruder-Bruder-Erbfolge) der Vorsteher-Rolle. In früheren
Zeiten wäre der Bruder des verstorbenen bědéš (der Onkel
des jetzigen Hausvorstehers), der das älteste Mitglied
des Gehöfts darstellt, neuer Vorsteher von Haus und Gehöft geworden. Zur Analyse einer solchen Entwicklung im
Erbfolgerecht vgl. Meillassoux 1960: 56-61; 1976: 62f;
außerdem Kapitel IV 3.3 dieser Arbeit.
4) Dieser Mann ist der älteste der drei Hausvorsteher
   und daher gleichzeitig auch der Gehöftchef.
5) Diese alte Frau, die Großmutter des Hausvorstehers,
   ist allem Anschein nach eine in der Hausgemeinschaft
sehr hoch geachtete Person. Während eines Interviews mit
dem noch relativ jungen Hausvorsteher (ca. 30 Jahre),
ging dieser mehrere Male zu der alten Frau, um sie um
eine Auskunft zu bitten. Eine solche Befragung einer
Frau durch einen erwachsenen Mann, erlebten wir während
unseres Aufenthalts in Bensékou kein zweites Mal mehr.
6) Im Haus 5b ist nicht der älteste, sondern der zweit-
   älteste Sohn des verstorbenen bědéš neuer Hausvorsteher geworden. Ursache hierfür ist die Abwesenheit des
ältesten Sohnes beim Tode des Vaters. Derartige Regelungen können u.E. als wirksame Sanktionsmaßnahmen gegen
die Migrationsbestrebungen vieler junger Männer betrachtet werden.
7) Es handelt sich hier um eine nach Bensékou zugezogene
   Familie, die in das Haus 5c aufgenommen wurde. Diese
Familie wirtschaftet für sich selbst, untersteht aber in
allen 'Hausfragen' dem bědéš.

2.3 Gemeinschaftseinrichtungen in Bensékou

Neben bzw. zwischen den Häusern und Gehöften gibt es in
Bensékou eine Reihe von Gemeinschaftseinrichtungen. Die
folgende kurze Beschreibung dient nur einer besseren
Übersicht. Wir werden auf einige Punkte im Verlauf der
Arbeit noch näher eingehen.

Die Bambusbänke (gbà) stehen an schattigen Plätzen überall im Dorf verteilt und werden vor allem von den Männern
als Ruheplätze und Treffpunkte für gesellige Palaver genutzt. Früher waren die Bambusbänke wesentlich höher und
dienten in Kriegszeiten als Aussichtstürme; 'gbà' bedeutet
ins Deutsche übersetzt 'der Wachturm'.
Drei Brunnen gibt es zur Zeit in Bensékou. Sie wurden von
den Bauern ausgehoben; die Regierung besorgte die Innen-
zementierung. Ein erst vor kurzem ausgehobener Brunnen
kann nicht fertiggestellt werden, da die Bauern in ca.
15m Tiefe auf Fels gestoßen sind. Die Regierung hat bisher eine Hilfe verweigert.
Ein sehr alter, nicht zementierter Brunnen, der 'marigot',
befindet sich 2 1/2 km außerhalb des Dorfes. Er wurde
ebenfalls von den Bauern gebaut und enthält, da er in
einer Talsenke gebaut ist, im Gegensatz zu den im Dorf
befindlichen Brunnen kontinuierlich Wasser.
Die Schule besteht zur Zeit aus drei Gebäuden. Die ersten
beiden wurden von den Bauern selbst gebaut und finanziert,
das dritte finanzierte der Staat. Inneneinrichtung der
Klassenräume und das Gehalt der Lehrer werden vom Staat
zur Verfügung gestellt. Alle sonstigen Lehrmittel trägt
die Schule selbst aus dem Erlös der auf den Schulfeldern
und -gärten geernteten Produkte.
Da der Schulbesuch kostenpflichtig ist und außerdem Schulkleidung, Bücher und Schreibutensilien von den Schülern
selbst bzw. deren Eltern bezahlt werden müssen, können
allein schon aus finanziellen Gründen nur wenige Familien
einen kleinen Teil ihrer Kinder zur Schule schicken.
Das 'maison de la jeunesse' (Haus der Jugend) wurde von
den Jugendlichen selbst gebaut und finanziert. Es finden
hier regelmäßig Tanzveranstaltungen statt, zu denen die
Musikgruppe des Dorfes 'moderne' Musikstücke spielt.

Die Moschee, d.h. eine Hütte, die als solche dient, wurde
von den Moslems des Dorfes gebaut.

Ein Gemeinschaftssilo wurde von den Bauern gebaut und
finanziert; ein weiteres wird in Kürze vom Staat finanziert. Da die Gemeinschaftssilos der Lagerung der Erträge von den Gemeinschaftsfeldern dienen, welche als
eine Art Gemeinschaftssteuern an den Staat abgetreten
werden müssen, dienen diese Silos u.E. eher dem Staat
als den Bauern, die ihre eigenen Ernteüberschüsse nicht
in den Gemeinschaftssilos lagern dürfen.

2.4 Bevölkerungsstruktur

Um zunächst einmal einen groben Überblick über das Dorf
und seine Bewohner zu bekommen, führten wir kurz nach
unserer Ankunft in Bensếkou einige, vor allem auf demographische Fragen gerichtete Interviews durch.
Die Vorsteher von 9 Hausgemeinschaften (bɛ̀'s) wurden
befragt nach

(1) der Anzahl der Bewohner des bɛ̀;
(2) dem (ungefähren) Alter der Bewohner des bɛ̀;[1]
(3) der Anzahl der Hütten (kpɛ̀) des bɛ̀;
(4) den Verwandtschaftsbeziehungen des Befragten zu den
    übrigen Hausmitgliedern[2].

Insgesamt wurden auf diese Weise 226 Personen erfasst.
Bei der Berechnung der Einwohnerzahl Bensếkous konnten
aufgrund der völlig unterschiedlichen Größe (Anzahl der
Bewohner) der Häuser keine Rückschlüsse auf die Gesamtzahl der Dorfbewohner gezogen werden. Wir gingen daher
von der durchschnittlichen Bewohnerzahl pro Hütte (kpɛ̀)

----

1) Aufgrund der nur ungenauen Altersangaben bei allen
   älteren Bewohnern einer Hausgemeinschaft, mußten auch
   die von uns aufgestellten Altersgruppen sehr grob aus-
   fallen; vgl. S.43.
2) Zur Verwendung dieser Angaben vgl. Schaubild 2 auf S.
   38 dieses Kapitels.

in unserer Stichprobe aus. Diese beträgt 2,05 $(\bar{x})$[1].

Bei insgesamt 303 Hütten im Dorf[2] ergibt sich daher eine Dorfbevölkerung von 621 Personen[3] [4].

Für die im folgenden aufgeführten Statistiken zur Erfassung der Altersstruktur in Bensêkou, welche auf der Basis der von uns erhobenen Daten beruhen, wurde das sample mit 2,75 multipliziert[5].

---

1) $\bar{x} = \dfrac{\text{Anzahl der erf. Personen}}{\text{Anzahl der erf. Hütten}} = $ durchschnittliche Bewohnerzahl pro Hütte

$$\frac{226}{110} = 2,05$$

Angaben zur Zahl der erfassten Hütten und der in ihnen lebenden Personen, vgl. Fragen (3) und (1) unserer Interviews.

2) Die Gesamtzahl der Hütten in Bensêkou wurde mit Hilfe unseres (sehr exakt gezeichneten) Dorfplans ausgezählt.

3) Dorfbevölkerung: Anzahl der Hütten in Bensêkou multipliziert mit der durchschnittlichen Bewohnerzahl pro Hütte: $303 \times 2,05 = 621,15$

4) Repräsentativität der Stichprobe:
Die Standardabweichung der Stichprobe beträgt:

$\underline{s = 0,73}$ $\left(s = \sqrt{\dfrac{1}{n} \sum_{i=1}^{n} (x_i - \bar{x})^2} \right)$

Mit 95%iger Sicherheitswahrscheinlichkeit liegt der unbekannte Mittelwert der Grundgesamtheit zwischen 1,91 und 2,19 Bewohnern pro Hütte. Das Fehlerrisiko beträgt 5%. Übertragen auf die Bewohnerzahl des Dorfes heißt das: bei gleicher Sicherheitswahrscheinlichkeit leben zwischen 579 und 664 Menschen in Bensêkou.

5) Die Stichprobe umfaßt 110 von 303 Hütten, bzw. 226 von 621 Personen (36,3%). Der Multiplikator bestimmt sich aus der errechneten Grundgesamtheit dividiert durch das erhobene sample:

$$\frac{621}{226} = \underline{2,747}$$

Schaubild 3: Altersstruktur der Bensékouer Wohnbevölkerung

Altersgruppe	Gesamtbevölkerung		männliche Bevölkerung		weibliche Bevölkerung	
	sample	multipl. mit 2,75	sample	multipl. mit 2,75	sample	multipl. mit 2,75
0- 5 Jahre	43	118	15	41	28	77
6-10 Jahre	39	107 225[1]	19	52 93	20	55 132
11-15 Jahre	22	61	12	33	10	28
16-20 Jahre	23	63 124	12	33 66	11	30 58
21-30 Jahre	43	118	20	55	23	63
31-40 Jahre	28	77	15	41	13	36
41-50 Jahre	15	41	6	17	9	25
51-60 Jahre	7	19	4	11	3	8
61 u.mehr Jahre	6	17	2	6	4	11
TOTAL	226	621	105	289	121	333[2]
Spalte	1	2	3	4	5	6

1) Die hinter der Klammer stehende Summe ergibt sich aus der Addition zweier Altersgruppen. Die Angabe ist zur Vergleichbarkeit aller Altersgruppen erforderlich.

2) Die Summe aus Spalte 4 und 6 ergibt 622. Die Differenz von einer Person (bezüglich Spalte 2) resultiert aus den Aufrundungen der Bruchzahlen.

Im graphischen Schaubild sieht die Bevölkerungsstruktur in Bensékou folgendermaßen aus:

Schaubild 4: Alterspyramide der Bensékouer Wohnbevölkerung; August 1976

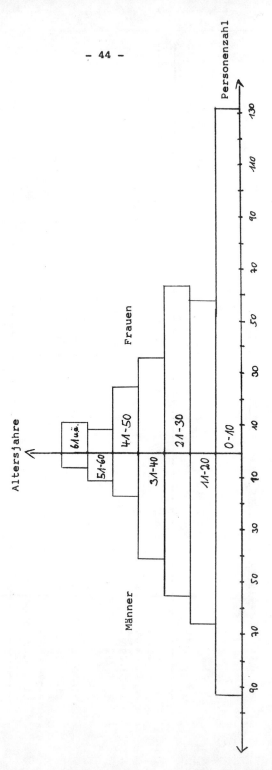

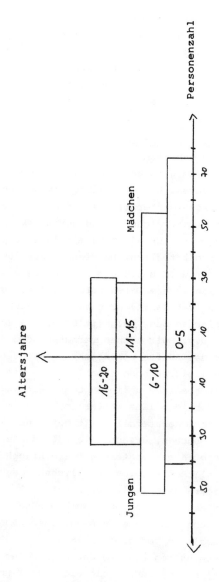

Schaubild 5: Alterspyramide der Kinder und Jugendlichen in Bensékou; August 1976

Schaubild 4 zeigt eine relativ gesunde Bevölkerungsstruktur. Der deutliche Knick innerhalb der ersten zwan-
zig Lebensjahre ist, wie Schaubild 5 zeigt, nicht durch
ein Absinken der Bevölkerungszahl in den ersten fünf
Lebensjahren (Kleinkindersterblichkeit; hauptsächlich bei
den Jungen), sondern vor allem durch ein starkes Absinken der Bevölkerungszahl zwischen dem fünften und
elften Lebensjahr verursacht. Einige Thesen sollen im
folgenden diese Spezifik der Bensêkouer Bevölkerungs-
pyramide erläutern.

1. Kindersterblichkeit: die Kindersterblichkeit ist in
allen Gebieten mit schlechter Ernährungslage zu dem Zeitpunkt am größten, wenn die Mutter aufhört das Kind selbst
zu nähren. Die Umstellung von der keimfreien, nährwert-
haltigen Muttermilch auf die oft qualitativ und quantitativ unzureichende und durch Bakterien verseuchte Nahrung ist für ein Kind mit labiler physischer Konstitution
sehr oft tödlich. Da diese Umstellung bei den Boko in
Bensêkou im Laufe des dritten Lebensjahres erfolgt,
lassen unsere Daten aufgrund ihrer groben Alterseintei-
lung (0-5 Jahre) höchstens Vermutungen bezüglich Veri-
fizierung oder Falsifizierung dieser These in Bensêkou
zu. D.h., wir können vermuten, daß die Zahl der Kinder,
die das fünfte Lebensjahr erreicht haben, bereits um
eine relativ hohe Anzahl von in diesem Lebensabschnitt
gestorbenen Säuglingen und Kleinkindern vermindert ist.
Schaubild 5 läßt weiterhin die Vermutung zu, daß die
Kleinkindersterblichkeit bei Jungen höher ist, als die
der Mädchen. Ursache hierfür könnte eine auch in anderen
Gebieten beobachtete größere Krankheitsanfälligkeit bei
männlichen (i.G. zu weiblichen) Säuglingen und Kleinkindern sein (vgl. Volprecht 1977: 10). Andererseits
erscheint es uns aber auch denkbar, daß die in Bensêkou
übliche Beschneidung männlicher Säuglinge eine größere
Anzahl von Todesopfern fordert.
Festzuhalten bleibt, daß mit großer Wahrscheinlichkeit
diejenigen Kinder, die die Umstellung von der Muttermilch auf feste Nahrungsmittel überstanden haben, im
allgemeinen eine gute physische Konstitution aufweisen,

d.h. in Zukunft auch schwerere Krankheiten meist relativ
leicht überwinden.

2. <u>Verminderung der Bevölkerungszahl in Bensêkou zwischen
dem fünften und elften Lebensjahr</u>: neben der Kleinkindersterblichkeit, welche entsprechend unserer o.a. These in
dem hier untersuchten Lebensabschnitt (5-11 Jahre) keine
große Rolle mehr spielen dürfte, gibt es noch andere Ursachen, die eine Verminderung der Bevölkerungszahl eines
oder mehrerer Jahrgänge zur Folge haben können. Eine dieser Ursachen, welche ganz allgemein in Westafrika in den
letzten Jahrzehnten eine bedeutende Rolle spielt, ist
die steigende Zahl der Migranten, die ihre Dörfer verlassen, um in den Städten oder auf den großen Plantagen
Geld zu verdienen.

In Bensêkou finden wir nach den Angaben der Dorfbewohner
seit etwa 1964 eine anwachsende Migrationsquote aus Bensêkou heraus, die ab etwa 1969 wieder schwächer wird und
zur Zeit nur noch eine geringe Rolle spielt[1].
Die jungen Männer, die zwischen 1964 und 1969 das Dorf
verlassen hatten, waren nun zwar alle in einem heiratsfähigen Alter, jedoch größtenteils noch ledig. Die
ihnen versprochenen Frauen blieben zurück, warteten
entweder auf die Rückkehr ihres Verlobten oder heira-
teten Männer aus einem anderen Dorf[2]. In jedem Fall
wirken sich diese Vorgänge in einer zeitweilig sinkenden
Geburtenziffer aus: warten die Frauen, so bekommen sie
ihr erstes Kind entsprechend später; verheiraten sie
sich in ein anderes Dorf, so siedeln sie -gemäß der

----

1) Zu den Ursachen des Rückgangs der Migrationsquote in
   Bensêkou, vgl. Kapitel IV 2.3 dieser Arbeit.

2) Daß diese Frauen andere Männer aus dem <u>eigenen</u> Dorf
   heiraten ist auch in einem polygynen System unwahr-
   scheinlich, da sich die ökonomische Situation im Dorf
   aufgrund der hohen Migrationsquoten verschlechtern muß
   (wichtige Arbeitskräfte fehlen). Eine Frau, die v.a.
   im Reproduktionssektor tätig ist, kann diese fehlende
   Arbeitskraft im Produktionsbereich zumindest kurzfristig <u>nicht</u> ersetzen (nur langfristig, durch die von
   ihr großgezogenen Kinder). Zunächst aber bedeutet eine
   zusätzliche Frau vermehrte Arbeit des Mannes im Bereich
   der Produktion, da der Frau Lebensmittel zur Verfügung
   gestellt werden müssen (vgl. hierzu v.a. Kapitel III 5).

patrilokalen Wohnsitzregelung der Boko- in das Dorf ihres
Mannes, zu dessen Familie dann auch die aus der Ehe hervorgegangenen Kinder gehören.

Vergleichen wir nun die geburtenschwachen Jahrgänge mit
den Zeiten der höchsten Migrationsquote, so finden wir
eine überaus deutliche Korrelation zwischen den beiden
genannten Faktoren: diejenigen Kinder, die 1976 ein Alter
zwischen 6 und 11 Jahren erreicht hatten, die also zu
der Gruppe der bevölkerungsschwachen Jahrgänge gehören,
wurden alle in der Zeit zwischen 1965 und 1970 geboren,
d.h. der Zeit, in der viele junge Männer das Dorf verlassen hatten. Wir können folglich feststellen, daß die
in den Schaubildern 4 und 5 ersichtlichen Bevölkerungs-
verminderungen zwischen dem fünften und elften Lebensjahr (1976) mit einem Zeitraum hoher Migrationsquoten
korrelieren und dementsprechend nicht durch eine (un-
erklärliche) hohe Sterblichkeitsziffer, sondern lediglich durch einen geburtenschwachen Jahrgang (verursacht
durch die Migration der heiratsfähigen Männer) begründet
werden können[1].

----

1) Andere Ursachen sind aufgrund unserer beschränkten
   Informationen natürlich nicht auszuschließen. So wäre
   es z.B. denkbar, daß bereits die hohen Migrationszah-
   len auf eine zeitweilige Nahrungsmittelknappheit in
   Bensêkou um 1965 zurückzuführen wären (eine solche Begründung ist uns von den befragten Migranten allerdings nie genannt worden). Die bevölkerungsschwachen
   Jahrgänge wären dann eventuell sowohl auf die oben
   genannten Ursachen (Migration - geburtenschwache Jahrgänge), als auch auf eine hohe Kindersterblichkeit
   wegen Nahrungsmittelmangels zurückführbar.

3. Die Ökonomie der Boko

Die Ökonomie der Boko, wie wir sie in Bensékou vor-
fanden, besteht aus einer Vielfalt von einzelnen Produktionsbereichen und in diesen angewandten Produktionsformen.[1] Der Prozeß der Marktintegration, der lange
vor unserem Aufenthalt begonnen hat, betrifft eine Ökonomie, die vorwiegend auf der Subsistenzproduktion beruht. Die externen Faktoren dieses Prozesses und ihre
Wirkung (siehe dazu Kap.IV) können nur verstanden werden auf dem Hintergrund der Vorraussetzungen, die von
den vorher bestehenden sozio-ökonomischen Verhältnissen
selbst gesetzt worden sind. Wir werden daher zunächst
das Bild der Boko-Ökonomie rekonstruieren, wie es vor
der Einführung der cash-crop Produktion von Baumwolle
und der Innovationen aussah, bzw. heute zum Teil noch
aussieht.[2]

3.1 Die Jagd

Nach den Jagdinstrumenten, der Kooperation und der Beuteverteilung lassen sich drei Jagdformen unterscheiden,
a) die individuelle Großwildjagd, b) die Treibjagd und
c) die Kleintierjagd.

a) Die traditionelle Jagd auf Großwild war eine individuelle Tätigkeit von Spezialisten. Der Jäger verfolgte
das Wild - oft über mehrere Tage oder Wochen - und er-
legte es mit Bogen und vergifteten Pfeilen. Lediglich
beim Transport der Beute wurde er von Männern und Frauen
des Dorfes unterstützt. Das Fleisch wurde im Dorf auf
alle Hausgemeinschaften (bɛ̀) verteilt, unabhängig von

----

1) Divergierende Elemente innerhalb einer Produktionsweise, z.B. bezüglich der Kooperation, nennen wir
   Produktionsformen. Diese können sowohl Ausdruck der
   Flexibilität einer Produktionsweise sein (z.B. individuelle Jagd mit Pfeil und Bogen/ kollektive Treibjagd) als auch aus bestimmten Verflechtungszusammen-
   hängen resultieren (z.B. subsistenzökonomischer
   Ackerbau mit Hacke/ mit Ochsenpflug).

2) Elemente, die heute nicht mehr existent sind, kennzeichnen wir durch Verwendung des Imperfekts.

der Verwandtschafts-, genauer: lineage-Zugehörigkeit
des Jägers.

Unter den Beutetieren bestand eine Rangfolge. Den obersten Platz nahm der Büffel ein, das gefährlichste Tier,
zu dessen Jagd die größte Geschicklichkeit und der größte
Mut vom Jäger verlangt wurden. Ihm folgten Löwen und
Elefanten. Der Rangfolge der Tiere entsprachen drei Kategorien von Jägern. Diese waren in drei verschiedenen
Zusammenschlüssen mit je einem Oberhaupt organisiert.
Der oberste Chef, tóe/kí (Jagd/Chef), ist der der Büffeljäger, der bis heute die Jäger im Dorf repräsentiert.

    Die individuelle Großwildjagd war in
ein Netz sozialer Verpflichtungen und sozialer Kontrolle
eingebunden. Der Grund dafür war die ökonomische Bedeutung des Jägers für die Gemeinschaft, die – Protoagrikultur[1] betreibend – auf die Jagd angewiesen war. Eine
freie Jagd aller Dorfmitglieder wäre aus zweierlei
Gründen den Anforderungen an die Fleischversorgung nicht
gerecht geworden. Einerseits hätte dies den Wildbestand
gefährden können, da die Protoackerbauern die Jagdzeiten von den Arbeitsperioden des Ackerbaus, nicht aber
von den Erfordernissen der Jagd hätten abhängig machen
müssen. Der erfahrene Jäger hingegen berücksichtigte
bei seiner Tätigkeit die Gesetze der Jagd, d.h. er kannte
Schonzeiten, das Verhalten der Tiere und die besten Jagdgründe. Zweitens würde die freie Jagd aller Mitglieder
die Verteilung des Fleischs im Dorf überflüssig machen.
In Notzeiten (unzureichender Wildbestand) würde dann
aber auch das notwendige Regulationsprinzip der Fleischverteilung zwischen den Hausgemeinschaften fehlen.
Die Unwägbarkeiten der Naturbedingungen (Wildbestand,
Ernteerträge) erforderten daher die kollektive Aneignung
des individuellen Produkts des Jägers, um das Fortbe-

---

1) Protoagrikultur: vorwiegend Jagd in Verbindung mit
   Anbau von Stecklingspflanzen (Yams, Maniok); vgl.
   Meillassoux 1976: 39f.

stehen der Gemeinschaft zu gewährleisten. Daher nicht
nur die soziale Kontrolle der Jägertätigkeit selbst,
sondern auch die des Zugangs zum Jägerstatus. Dieser
wurde vom Vater auf den leiblichen Sohn vererbt. Büffeljäger z.B. konnte also nur der Sohn eines Büffeljägers
werden.[1] Keinem Nicht-Jäger war es zudem erlaubt, Großwild zu jagen. Keinem Jäger war es erlaubt, Tiere anderer
Kategorien zu töten, außer in Notfällen zur Selbstver-
teidigung.

Über die Einhaltung dieser Normen wachte neben dem tóekí
auch der ɛ̀sɛ̀dɛ̀ (Heiler). D.h., die Jäger waren nicht nur
an die Regeln der Jagdzusammenschlüsse, sondern auch an
die des medizinisch-transzendentalen Systems gebunden.[2]

----

1) Adrian (1975: 134) berichtet vom früheren Reichtum
   der Jägerfamilien bei den Bariba, aber die kollektive
   Aneignung der Beute bei den Boko läßt eine ökonomische Monopolisierung der Jagd durch eine gesellschaftliche Gruppe nicht plausibel erscheinen. Die Protoagrikultur verfügt darüber hinaus nur über geringe
   Überschüsse, die keine nennenswerte Reichtumsbildung
   zulassen. Ist sie dennoch aufgrund der verfügbaren
   Güter möglich, wirkt ihr der soziale Verteilungsme-
   chanismus entgegen.

2) Die Trennung von Medizin und Religion ist ein Produkt
   unserer eigenen Gesellschaft und ihres Naturverhält-
   nisses. Der fließende Übergang zwischen beiden wird
   besonders deutlich, wenn die Medizin an ihre Grenzen
   stößt und dann die Jungfrau von Lourdes oder ähnliche
   'übernatürliche' Kräfte an ihre Stelle treten. Bei den
   Boko drückt sich der Stand der Erkenntnis der Natur-
   gesetze in der Position des ɛ̀sɛ̀dɛ̀ als 'Arzt' und
   'Priester' aus. Seine Mittel bestehen sowohl aus
   'Medizin', dem Ergebnis einer langen Erfahrungswis-
   senschaft, als auch aus 'Fetischen', die nicht er-
   kannten Naturkräften transzendentale Gegenkräfte
   gegenüberstellen. Der traditionelle Heiler bedient
   sich also sowohl z.B. Pflanzenstoffen, deren Heil-
   kräfte er kennt, als auch z.B. Tierschwänzen, deren
   magische Kräfte die Unverletzlichkeit des Besitzers
   bei Unfällen bewirken sollen.
   Die Begrenztheit unserer eigenen Wissenschaft ver-
   bietet jedoch eine ethnozentrische Übertragung unserer
   Kategorisierung auf das ɛ̀sɛ̀-System der Boko. Wir wollen daher im folgenden den emischen Begriff verwenden.

Dem ìsèdé oblag es, den Jägern die notwendige èsè (Medizin) bereitzustellen, ohne die die letzteren einen
Unfall oder Krankheit riskierten.[1]

Die Wirksamkeit der sozialen Integration und Kontrolle
der Jäger durch die Instanzen des tóekì und des ìsèdé
scheint uns in der Tatsache zu liegen, daß beide neben
ihrer Leitungs- und Kontrollfunktion gleichzeitig notwendige Produktionsfunktionen besaßen. Dies sei an zwei
Beispielen erläutert:

Durch die Bestimmung des Jagdzeitpunkts überwachte der
tóekì die Tätigkeit der Jäger. Diese befolgten seine Bestimmungen aber auch, da er als alter und erfahrener
Jäger die Jagdzeiten und -gründe am besten kannte. Es
ist zu vermuten, daß der tóekì als 'Jagdaufseher' den
Wildbestand kontrollierte und einer Überjagung vor-
beugte.

Der ìsèdé beugte einer Verselbstständigung der Jäger
von der Gemeinschaft durch die Sanktionsmöglichkeiten
des èsè-Systems vor. Die Jäger befolgten andererseits
die Anweisungen des ìsèdé, weil sie seine Medizin
(vor allem leistungsstärkende und hungerstillende Mittel)[2] für die Jagd benötigten.

Es ist anzunehmen, daß zwischen den Instanzen des tóekì
und des ìsèdé, die beide über eine große Entscheidungsgewalt verfügten, interdependente Kontrollstrukturen
bestanden. Darauf gehen wir später (Kapitel III 6.1) ein.

----

1) Ein Jäger riskierte krank zu werden oder zu sterben,
   hielt er sich nicht an die bestehenden Normen. So
   wurde uns von einem Löwenjäger erzählt, der ohne èsè
   einen Löwen tötete. Eine Woche später starb er selbst.
   Der 'Hellseher' im Dorf nannte als Verursacher den
   toten Löwen. In einem solchen und ähnlichen Fällen
   ist zu vermuten, daß Normbrüche sozial geahndet wurden. Somit bildet das èsè-System also nicht nur eine
   Interpretation der Naturbeziehungen, sondern dient
   auch der Aufrechterhaltung der Sozialbeziehungen.

2) In diesem Zusammenhang sollte man auch die 'Fetische',
   die der Unfallverhütung dienten, nicht als Aberglauben
   abtun. Es könnte durchaus möglich sein, daß sie den
   Jäger psychisch in seinem Selbstvertrauen stärkten
   und Angstreaktionen in Gefahrensituationen verhinder-
   ten.

Die ökonomische Bedeutung des Jägers für die Gemeinschaft machte seine feste Verankerung in der sozialen
Organisation notwendig. Seinem ökonomischen input als
Fleischlieferant entsprach eine soziale Gegenleistung:
das soziale Ansehen. Jeder erfolgreiche Jäger verfügte
über seinen persönlichen Sänger, der gegen kleine Geschenke (Stoffe etc.) seine Jagd und den ihm gebührenden
Ruhm besang[1].
Inwiefern die Motivation, soziales Ansehen zu erringen,
als Erklärung der Verteilung eines individuellen Produkts an die Gemeinschaft dienen kann, wird später diskutiert werden (siehe Kapitel III 6.3).
Die ökonomische Bedeutung des Jägers resultiert jedoch
nicht allein aus seinem Jagderfolg. Durch seine langen
Streifzüge war der Jäger der beste Kenner der Umgebung,
kannte Wasserstellen und fruchtbare Gebiete. So hängt
die traditionelle Weise der Verteilung von Anbauflächen
eng mit der Jagd zusammen. Die Jäger informierten ihren
Quartierchef über fruchtbare Stellen, die sie im Wald
entdeckten. Die Flächen wurden an die bɛdɛɔ verteilt,
wobei der Chef des Quartier (eines der drei Dorfteile)
das Vorwahlrecht besaß und die neuen Felder segnete.
Die Terrains wurden normalerweise so ausgewählt, daß
sie für alle bɛ genügend Ackerfläche abgaben. Reichte
der fruchtbare Boden nicht aus, wurden die Äcker jedes
bɛ proportional zu ihrer Personenzahl verkleinert.
Dieses System orientierte sich also ebenfalls an der
Sicherstellung der Reproduktion der gesamten Gemeinschaft.

----

1) Obwohl diese Jagdform heute nicht mehr existiert, nehmen die Jagd und die Jäger in der oralen Tradition
   einen wichtigen Platz ein und werden in den Erzählungen der Alten immer wieder aufgeführt. So verging
   kein Tag unseres Aufenthalts in Bensɛkou, an dem
   nicht einige Alte das von uns auf Band aufgenommene
   Lied des Büffeljägers hören wollten. Das Lied bildete
   dann stets den Anlass zu lebhaften Diskussionen und
   Erinnerungen.
   In der oralen Tradition der Bariba wird sogar die Gründung der Stadt Kandi auf einen Jäger zurückgeführt,
   der sich dort ansiedelte und dem immer mehr Familien
   folgten (Karl 1974: 84).

Hätten einzelne bε sich anderen Boden suchen müssen,
so wäre ihre Nahrungsmittelversorgung gefährdet worden.
Die Jagd bildete somit nicht nur als eigenständige
Produktion einen unerläßlichen Bestandteil der ökonomischen Basis, sondern beeinflußte auch die Qualität
der Anbauflächen und den Umfang des Ackerbaus.
Durch den Rückgang des Großwildbestandes in der Region
um Bensékou ist diese Jagdform heute nahezu ausgestor-
ben. Der letzte Löwe, so erzählten uns die Männer, sei
schon vor etwa 1o Jahren erlegt worden.
Gründe für den Rückgang können hier nur vermutet werden:
Einerseits haben sich die bewaldeten Flächen durch die
Abholzung und Anlage von Feldern verringert. Andererseits
hat sicherlich auch die Jagd mit modernen Gewehren durch
Europäer und Einheimische, die sich's leisten können, das
ihre dazu beigetragen.

b) Bis heute wird in Bensékou die kollektive Treibjagd
auf Antilopen praktiziert. Sie findet vor allem in der
Trockenzeit statt, wenn der landwirtschaftliche Zyklus
unterbrochen ist und durch die Buschbrände das Gelände
übersichtlicher geworden ist. Die Treibjagd unterliegt
ähnlichen Regeln wie die Großwildjagd. Die jungen Männer eines Dorfteils holen die Erlaubnis des Jagdchefs
ein und versorgen sich mit εˋsε. Die Antilopen werden in
Gruppen von etwa 20 Männern solange gehetzt, bis die Tiere
erschöpft zusammenbrechen. Die Beute wird auf die bε
der Jäger aufgeteilt und der Jagdchef erhält, ebenso wie
bei der Großwildjagd, Kopf, Schwanz und Fell.
Die Boko betreiben nicht die kollektive Jagd mit dem
Netz als gemeinsamem Produktionsinstrument, wie z.B.
die Gouro (Meillassoux 1964: 96-100). Dennoch weisen
die individuelle Großwildjagd und die kollektive Treibjagd mit ihrer Beuteverteilung und Produktionsorganisa-
tion auf Dorfebene Elemente der von Terray (1974: 118-123)

charakterisierten stamm-dörflichen Produktionsweise auf[1].
Die Übereinstimmung zwischen politischem System und sekundärer Aneignungsebene in ihrer dörflichen Struktur
bilden das dominante Organisationsprinzip im Stadium
der Protoagrikultur.

c) Die Kleintierjagd auf Erdferkel, Wildschweine und
Zwergrehe findet sowohl in der Regen- als auch in der
Trockenzeit statt.
Zur individuellen Jagd werden vor allem Fallen und teilweise auch Gewehre[2] benutzt. Der Jäger ist Besitzer seines Produktionsinstruments, ihm gehört auch die Beute.
Außer einem Teil, den er seiner Hausgemeinschaft zur
Verfügung stellt, verkauft der Jäger das Fleisch meistens
im Dorf.
Erdferkel werden zumeist im Freundeskreis gejagt, da
in mühseliger Arbeit ihre unterirdischen Höhlen ausgegraben werden müssen. Das Fleisch wird untereinander
verteilt und ebenfalls im Dorf verkauft.
Die Kleintierjagd bildet -v.a. während der Regenzeit-
durch die Zufuhr von tierischen Nährstoffen eine wichtige Ergänzung des üblichen Speisezettels, da zwar auch
Haustiere für den Eigenverbrauch verwendet werden, den
Fleischbedarf der Bevölkerung jedoch nicht abzudecken
vermögen. Die Jagd auf Kleintiere findet an solchen Tagen

---

1) Terray's Arbeit ist eine Analyse von Meillassoux's
Buch über die Gouro. Deren Jagdorganisation kennzeichnet Terray als 'stamm-dörfliche Produktionsweise'.
Ihre Merkmale sind a) komplexe Kooperationsformen
(Arbeitsteilung zwischen Jägern und Treibern)(Terray
1974: 116), b) kollektives Arbeitsinstrument (Netz)
(ebd.: 116) und c) dörfliche Produktionseinheit, die
nur für den Produktionsprozeß konstituiert wird (ebd.:
109, 123). Dagegen grenzt er die 'Linien-Produktions-
weise' im Ackerbau ab. Sie zeichnet sich aus durch a)
einfache Kooperation (ebd.: 116), b) individuelle Arbeitsinstrumente (ebd.: 131) und c) konstante Pro-
duktionsgemeinschaften der lineages (ebd.: 125ff).

2) Gewehre werden meistens von Bekannten in Kandi ausge-
liehen, die als Gegenleistung Fleisch verlangen. Einige Leute im Dorf besitzen auch selber Gewehre. Da
aber die Jagd mit Gewehren staatlich genehmigt werden
muß, wird ihr Besitz verheimlicht.

- 56 -

statt, an denen die Feldarbeit nicht alle Arbeitskräfte
benötigt. Es gibt heute keine spezialisierten Nur-Jäger
mehr; alle betreiben im Rahmen ihres bẹ vor allem den
Ackerbau. Die Jagd ermöglicht ein kleines, individuelles
Zusatzeinkommen. Die Erlaubnis zur Jagd muß vom bẹdéʒ
eingeholt werden. Das trifft auch für Treibjagden während
der Ackerbauperiode zu: bevor sich die Mannschaften im
Dorf formieren können, müssen sich die jungen Männer mit
ihrem Hausvorsteher absprechen.
Sowohl die kollektive Treibjagd (die subsistenzökonomische
Form), als auch die Kleintierjagd (vorwiegend kleine
Warenproduktion) sind heute den Anforderungen des Acker-
baus untergeordnet.

3.2 **Der Ackerbau**

Die soziale und ökonomische Grundeinheit der Boko bildet
die Hausgemeinschaft. Produziert wird im Familienverband,
d.h. der bẹdéʒ arbeitet gemeinsam mit den Männern des
Hauses (Brüder, Söhne etc.) auf den gemeinsamen Feldern.
Auf diesen Feldern werden die zur Subsistenz der Gemeinschaft notwendigen Nahrungsmittel kultiviert. Bei der Ernte und beim Jäten, also bei arbeitsintensiven Tätigkeiten, die in relativ kurzer Zeit erledigt werden müssen,
helfen auch die Frauen des bẹ auf den Feldern mit.
Die einzelnen Gemeinschaftsmitglieder können darüber
hinaus auch zusätzliche, individuelle Felder bewirt-
schaften. In größeren bẹ gibt es auch mehrere Produk-
tionseinheiten des gleichen lineage segment.

3.2.1 **Die Feldkulturen**

Die drei wichtigsten Nahrungsmittelkulturen sind Yams,
Hirse und Mais. Der niedrigen Bodenqualität haben sich
die Bauern durch eine Vier-Felder-Wirtschaft angepasst,
die im folgenden Schema verdeutlicht werden soll. Die
Boko kennzeichnen durch die Namen das Alter der Felder:

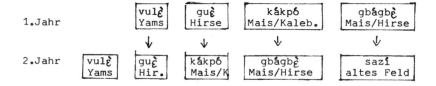

Jedes Jahr muß also ein neues Feld angelegt werden. Das
sazí muß etwa 10-15 Jahre brach liegen, bis es die für
eine Neubestellung ausreichende Fruchtbarkeit wiederge-
wonnen hat. Das vulɛ̃ wird, wie in vielen Regionen Afrikas
üblich, im Schwendbau angelegt.
Auf dem kắkpó wird auch wahlweise Erdnuß/Kalebasse gepflanzt. Das cash-crop-Produkt Baumwolle wird normalerweise auf einem Extra-Feld kultiviert.

Yams: Auf dem vulɛ̃ wird grundsätzlich Yams (à) gepflanzt.
Der erste Arbeitsgang der Urbarmachung ist das Entfernen
der Gräser. Das geschieht während der Regenzeit, da dann
der Boden weich ist und die Gräser leicht ausgezogen werden können. Zu Beginn der Trockenzeit werden die Bäume
abgebrannt, d.h. um den Stamm herum wird ein Feuer ge-
legt, so daß der Baum abstirbt und dem Boden keine Nährstoffe mehr entziehen kann. Die Bäume bleiben jedoch
stehen, damit die Yamspflanzen an ihnen hochwachsen können. Nach Aussagen der Bauern wird dadurch das Wachstum
gefördert, d.h. die Knollen werden größer. Zudem spenden
die Bäume Schatten für die Sämlinge, die noch während
der Trockenzeit gesetzt werden.
Sofort nach dem Abbrennen werden die Yamshügel (bù) aufgeworfen, wobei die pɛ̃lu benutzt wird, eine Art Hacke,
die zu einer Schaufel vergrößert ist. Traditionelles Maß
bei der Feldabmessung sind Schritte (wɛ̃nà), wobei ein
bù/wɛ̃nà etwa einem Meter entspricht. Ein Yamsfeld besteht aus 50 bù/dó (Yamshügel/Reihe) mit jeweils einem
wɛ̃nà Zwischenraum und 50-60 bù. Es hat damit die Fläche
von etwa 1/2 Hektar. Je nach Mitgliederzahl des Hauses
legen die Bauern auch zwei solcher Felder oder Anbauflächen von 3/4 ha an.

Während der ersten beiden Arbeitsgänge beträgt der Arbeitstag mit Pausen noch etwa 7-8 Stunden. Das Aufwerfen der Yamshügel kann nur in den Morgenstunden von 5 bis 11 Uhr durchgeführt werden, da diese Arbeit äußerst anstrengend ist und die Temperatur tagsüber bis auf 50 Grad im Schatten ansteigt. Aus diesem Grund wurde früher mit dieser Arbeit bis zum Harmattan[1] gewartet. Jedoch muß heute im Dezember bereits die Baumwolle geerntet werden, und danach ist der Boden schon zu hart zur Bearbeitung.

Alle Arbeiten werden kollektiv durchgeführt, wobei jedem Mitglied der Produktionsgruppe ein bestimmtes Arbeitsquantum vom Chef zugeteilt wird. Chef ist der bɛ̀dɛ́ʒ; wenn dieser zu alt ist, übernimmt seine Funktion im Produktionsprozeß der älteste arbeitsfähige Mann. Beim Abbrennen der Bäume z.B. weist dieser allen Männern einen Teil der Fläche zu, die jeder nun bearbeiten muß.

Die Ernte (wǎ/ǎ/wulɛ̌ = wir/Yams/ausgraben)[2] findet Ende Oktober statt, "wenn die Gräser hochstehen." Schon während der Regenzeit werden jedoch einige Knollen ausgegraben, die größeren zum Verzehr mitgenommen, die kleineren zum Pflanzen auf dem Feld gelagert.

Die ersten beiden Reihen des Yamsfeldes werden von den Boko namentlich gekennzeichnet:

1. Reihe: bù/dɔ́/sa = Yams/Reihe/männlich;
2. Reihe: bù/dɔ́/sa/kpɛ̀a = Yams/Reihe/männlich/nachfolgend.

Der Ertrag dieser, der männlichen nachfolgenden Reihe war traditionell für die Frauen bestimmt. Sie erhielten den Yams dieser Reihe, den sie individuell verwenden konnten

----

1) Harmattan: kalter Wüstenwind, der zwischen Dezember und Januar zum Atlantik zieht.

2) Der präzise Inhalt der emischen Begrifflichkeit, im Gegensatz zum abstrakten Begriff 'Ernte', drückt anschaulich die Direktheit der Beziehung Mensch-Natur aus, die nur in geringem Maß durch vergegenständlichte menschliche Arbeit -hier Maschinen- vermittelt ist. 'Ernten' ist bei den Boko immer eine konkrete Tätigkeit und wird nach der Art der Arbeit benannt.

Foto links: Neu angelegtes Yamsfeld, auf dem gerade die Yamshügel aufgeworfen werden.

(z.B. lokaler Verkauf von Yams-Frites) [1]. Dies wird heute nicht mehr oder nur noch eingeschränkt gemacht, da es
nach Aussage der Bauern nicht mehr soviel Yams gibt wie
früher. Gründe hierfür sind die Verringerung bewaldeter
Flächen in Nähe des Dorfes und der geringere Ertrag von
Yamsfeldern auf schon einmal bebautem Boden. Allgemein
besteht die Tendenz, Yams teilweise durch Mais und Hirse
zu ersetzen. Im Rahmen des allgemeinen Rückgangs der
Nahrungsmittelproduktion stellt dies allerdings ein Element der Verschlechterung der ökonomischen Basis der Frau
dar (näher hierzu in Kapitel IV).

Hirse: Es werden zwei Arten Hirse angebaut, Sorgho (wéa,
auch große Hirse genannt) und die kleine Hirse (ésé).
Sie werden auf guὲ und gbágbὲ entweder alleine gepflanzt
oder zusammen mit Mais, Bohnen, Maniok oder Kalebassen.
Beide Hirsearten werden im Mai/Juni gesät. Sie benötigen
6 Monate bis zur Ernte und müssen in dieser Zeit 2 bis 4
mal gejätet werden. Beim Jäten sowie den meisten anderen Arbeitsgängen wird die Hacke (sóna) verwendet.
Die Ernte beansprucht sehr viel Zeit, da die Pflanzen
alle abgeschnitten und die Ähren eingesammelt werden müssen. Auch zum Abtrennen der Ähren wurde früher die Hacke
benutzt, bis vor etwa 15 Jahren das coup-coup (Haumesser)
eingeführt wurde. Helfen die Frauen ihren Männern bei
der Hirseernte, so steht ihnen dafür ein kleiner -nicht
genau fixierter- Teil der Ernte zur freien Verfügung zu.

   Die Hirse bildet neben dem Yams das Hauptnahrungsmittel in der Regenzeit. Sie wird vor allem im Juli
gegessen, wechselt sich im September/Oktober mit Yams ab
und wird schließlich vor der neuen Ernte noch einmal in
größeren Mengen verzehrt, um die Speicher zu leéren.

Maniok: Der Maniok (àgbὲ) spielt in Bensékou im Vergleich
zum Yams keine wichtige Rolle. Er wird zu Beginn der Re-

---

1) Die Yams-Knollen werden in Scheiben geschnitten und,
   wie bei uns die Pommes-Frites, in Fett gebacken. Auf
   den Märkten in den Städten stehen oft Yams-Frites Ver-
   käuferinnen.

genzeit gepflanzt, meistens auf dem Yamsfeld, aber auch
zusammen mit der Kalebasse. Der Maniok reift ein Jahr bis
zur Ernte (wá/àgbɛ̀/kãkɛ̀ = wir/Maniok/zerschneiden).

Mais: Der Produktionsablauf der Maiskultur (masé) entspricht weitgehend dem der Hirse. Die Ernte ist im August. Die frischen Kolben werden in diesem Monat häufig
geröstet oder gekocht gegessen. Der Rest wird bis zur
Trockenzeit gelagert.

Bohnen: Bohnen (blà) werden während des Fruchtstandes
des Mais gesät und in der Trockenzeit geerntet. Die Bauern pflanzen sie meistens mit auf das Mais-, Yams- oder
Kalebassenfeld. Sie bilden die Grundsubstanz für die
Soßen; eine spezielle Sorte (nàsí) wird auch als Gemüse
verwendet.

Kalebasse: Die Kalebasse (kpɛ́nà) gewinnt ihre Bedeutung
aus ihrer vielseitigen Verwendung als Arbeits- und Trans-
portgefäß. Kalebassen werden benutzt zum Wasserholen, zum
Einholen der Ernte, zur Lagerung kleinerer Vorräte usw.
- selbst als Kinderbadewannen finden sie Verwendung.
Es gibt zwei Arten, eine kleinere, die auf dem Yamsfeld
wächst und in der Trockenzeit geerntet wird; und eine
größere, die mit dem Mais zusammen gepflanzt und in
der Regenzeit geerntet wird. Früher wurde die Frucht mit
dem Messer geöffnet, heute benutzt man eine Säge. Die
Kalebasse wird aufgesägt, um die Samenkerne zu entfernen.
Diese werden zum Teil von den Bauern zur Aussaat verwendet, den größten Teil benötigen die Frauen zur Zubereitung von Soßen.
Kalebassen werden nicht nur als Subsistenzgüter angebaut,
sondern auch zum Verkauf nach Kandi. Für kleinere Verkaufs-
mengen reicht der beschriebene Anbau. Es werden aber auch
spezielle Kalebassenfelder angelegt, die nur der Warenproduktion dienen.

Kleinere Kulturen: Im Rahmen der Produktion der genannten
Kulturen werden noch einige andere Pflanzen auf kleineren
Flächen (bis zu 10m^2) neben oder auf den Felder angebaut.
So z.B. Schotenpfeffer (piment), das Hauptgewürz bei der

Speisenzubereitung, oder auch Tomaten. Die Männer haben
außerdem oft noch kleine Tabakfelder gleich hinter der
Hütte. Der Tabak wird zerrieben und geschnupft.
Baumwolle gehörte ebenfalls zu den traditionellen Anbau-
produkten. Sie war jedoch ausschließlich für den eigenen
Gebrauch (Herstellung der traditionellen Kleidung) bestimmt und wurde nur auf 1/4 ha oder weniger Fläche kultiviert.

3.2.2 Der Zyklus von Produktion und Konsumtion

Der Ackerbau ist gekennzeichnet durch seine einfache
Technologie; vorherrschendes Arbeitsinstrument ist die
Hacke. Mit dieser werden nahezu alle Arbeitsgänge durchgeführt: Roden, Saatvorbereitungen, Jäten. Daneben werden die pèlu zum Aufwerfen der Yamshügel und das coup-
coup bei der Ernte verwandt. "Angesichts ihrer Einfach-
heit sind diese Arbeitsinstrumente in den meisten Fällen
polyvalent - sie bestimmen nur in geringem Maße ihre
eigenen Anwendungsformen. Hier ist also der Arbeiter
das eigentliche 'Zentrum' des Arbeitsprozesses" (Terray
1974: 107).
Der Hackbau beruht also aufgrund einer geringen Produktivkraftentwicklung vorwiegend auf dem Einsatz menschlicher Arbeitskraft. Damit stellt sich die Frage nach
den Formen des Einsatzes dieser Arbeitskraft im Produktionsprozeß, d.h. nach den Kooperationsformen und
derem Verhältnis zur Verwendung der Produkte.
Die Bauern selbst nannten vor allem vier wichtige
Gründe für die Kooperation bei der Feldarbeit:
1. Ausführung der notwendigen Arbeiten auf Feldern von
Kranken.
2. Schutz gegen Raubtierangriffe (heute nicht mehr wichtig).
3. Gegenseitige Hilfe bei Verletzungen während des Arbeitsprozesses.
4. Schutz der Felder, vor allem während des Fruchtstandes
kurz vor der Ernte, gegen Affen und Vögel. Diese Arbeit
wird von den Jungen im Alter zwischen 6 und 14 Jahren

ausgeführt, von denen es nur in größeren Produktionsein-
heiten genügend geben kann.[1)]
Wenn wir von kollektiver Produktion sprechen, so muß dies
noch differenziert werden. Die Subsistenzproduktion, d.h.
der Anbau der für den Eigenverbrauch bestimmten Kulturen,
wird von den Männern einer Hausgemeinschaft kollektiv
auf gemeinsamen Feldern durchgeführt, und zwar unter Zuweisung der Arbeiten jedes einzelnen durch den bèdéš.
Dieser legt auch die Größe der Felder und die Pflanzen-
kombination fest, gemäß der voraussichtlich bis zum
nächsten Produktionszyklus erforderlichen Nahrungsmittel-
menge für das bè. Alle darüber hinausgehende Produktions-
tätigkeit ist also von diesem Fixum abhängig. Zwar werden Teile der Produktmenge der Subsistenzgüter als Überschüsse verkauft und damit in Waren verwandelt, aber dies
ist von unbeeinflußbaren Variablen (Regenfall, Schädlinge
etc.)abhängig.Aus der Notwendigkeit,eine ausreichende Subsistenzmenge unter Berücksichtigung aller Unsicherheits-
faktoren bereitzustellen,ergibt sich logischerweise die
zufällige Realisation eines Überschusses unter günstigen
Bedingungen. Wir können hier also nur von einer einfachen
Warenproduktion mit Zufälligkeitscharakter sprechen.
Daneben werden jedoch ebenfalls kollektiv auf gemeinsamen
Feldern Produkte für den Verkauf angebaut. So z.B. auf
den speziell zu diesem Zweck angelegten Kalebassenfeldern.
Der Vier-Felder-Rhythmus läßt aber auch die wechselnde
Produktion von Yams, Mais oder Hirse für den Markt zu.
Der Verkaufserlös wird vom bèdéš verwaltet. Er wird
teilweise zur Anschaffung von Rindern verwendet, teil-
weise auch den Mitgliedern der Produktionseinheit für
kleinere Ausgaben zur Verfügung gestellt (Kauf von Klei-

---

1) Die Jungen benutzen hierzu Fallen und selbstgebastelte
   Gewehre, die wie Spielzeugpistolen funktionieren. Nur
   als Nebenbemerkung sei gesagt: Während unseres Aufenthalts sahen wir die Jungen kein einziges Mahl bei den
   bei uns üblichen, aggressionsgeprägten Kinderspielen
   mit Waffen(symbolen). Die materielle Bestimmung des
   Gegenstands 'Spielzeuggewehr' ist bei den Boko eine
   völlig andere, nämlich die eines Arbeitsinstruments,
   die dem etischen Begriff verschlossen bleibt.

dung, Hirsebier, Kolanüssen etc.).

Die neben der gemeinsamen Produktion noch individuell
bewirtschafteten Felder, die normalerweise zwischen
1/4 und 1/2 ha groß sind, dienen verschiedenen Zwecken,
die vom sozialen Alter der Bebauer abhängig sind.
Junge Männer, denen noch keine Frau versprochen ist,
benutzen ihre Ernte vor allem zu gemeinsamen Essen mit
Freunden und zur Bereitstellung bei Festen. Diese Produkte gehen also nicht in den Konsum der Hausgemeinschaft
ein, sondern werden im Dorf innerhalb der gleichen Al-
tersgruppe umverteilt. Diese Umverteilung wird, vor allem
bei Festen, demonstrativ durchgeführt. Da die Nahrungs-
versorgung bereits innerhalb des bč gewährleistet ist,
stellt die Umverteilung weniger einen ökonomischen Akt
dar als eine Möglichkeit für den einzelnen, seine Arbeitsleistung öffentlich zu demonstrieren und damit seine Heiratschancen zu verbessern (siehe dazu Kapitel III
6.3). Durch den Eingang neuer Produkte in den Konsum
wird hierbei allerdings der Markt immer stärker zwischen-
geschaltet: Verkauf eines Teils der Ernte —7 Geld —7
Kauf von Zigaretten, Limonade und Flaschenbier[1].
Junge Männer, denen schon eine Frau versprochen ist, benötigen ihre persönliche Ernte vor allem zur Ableistung
der Brautgabe. Durch die partielle Monetarisierung der
Brautgabe in den letzten Jahren sind aber auch sie heute
gezwungen, ihre Produkte teilweise zunächst in Geld zu
verwandeln (zur Brautgabe vgl. Kapitel III 6.2).
Verheiratete Männer betreiben auf ihren individuellen
Feldern fast ausschließlich kleine Warenproduktion, um
sich Kleidung anzuschaffen oder für einen größeren Kauf

----

1) Der Demonstrationscharakter wird bei Festen besonders
   deutlich: Jungen, die sonst nie rauchen -und das sind
   fast alle- qualmten dort eine Zigarette nach der anderen. Wurde eine Flasche Limonade gekauft, so tanzte
   der Käufer, die Flasche für alle sichtbar über seinem
   Kopf schwenkend, erst über den ganzen Platz, bevor er
   sie mit seinen Freunden austrank.

Foto links: Getreidespeicher. Im Hintergrund das 'mo-
             derne' Haus des jungen Dorfchefs mit Well-
             blechdach und Zementverputz.

zu sparen.[1]

Die individuellen Felder werden zum Teil auch kollektiv
von Männern des gleichen Hauses oder Freunden auf der
Basis der gegenseitigen Hilfe bearbeitet; über den Ertrag wird jedoch individuell verfügt.

Die Ernte der Subsistenzgüter wird in Speichern direkt
beim Feld, kleinere Mengen werden auch in den Hütten
oder in kleinen Speichern innerhalb des Hauses verwahrt.
Der bɛdéɔ ist der formelle Eigentümer der Vorräte aus
der kollektiven Produktion, d.h. er verwaltet sie, ist
verantwortlich für und kontrolliert ihre Verteilung auf
die Zeit bis zur nächsten Ernte. "Le doyen de la communauté est le pôle du système de circulation. La production du groupe fait mouvement vers lui puis retourne
en majeure partie, sinon en totalité, vers les membres
de la communauté" (Meillassoux 1964: 188).

Meillassoux mißt an dieser Stelle dem für die spätere
Diskussion über den Klassencharakter subsistenzökono-

---

1) Nach den Schätzungen des Landwirtschaftsberaters werden etwa 20 bis 25% der Mais- und Hirseernte, 10% der
Yamsernte des Dorfes verkauft.Diese Angaben sind allerdings nicht auf die Produktions- und Verkaufsformen hin
spezifiziert.
Noch zwei Bemerkungen zur Datenerhebung:
1. Die Daten der Landwirtschaftsberater können nur
mit Vorsicht benutzt werden. Abgesehen vom häufigen
Desinteresse an ihrer Arbeit, müssen sie umfangreiche
wöchentliche und monatliche Berichte abliefern, zahlreiche Beratungen mit ihren Kollegen abhalten und zu
Besprechungen nach Kandi fahren. Die Berichte werden
nicht selten mit geschätzten oder erfundenen Zahlen
aufgefüllt.
2. Ein besonderes Problem bleibt die Erhebung quanti-
fizierbarer Daten in einer Gesellschaft, der die Warenproduktion noch nicht ihre allgemeine Gesetzlichkeit aufgezwungen hat. Vor allem, wenn man als Ausgangspunkt des Verstehens dieser Gesellschaft nicht
den eigenen Zollstock und die eigene Waage nimmt.
Auf viele unserer Fragen haben wir daher keine in
Zahlen ausdrückbaren Antworten erhalten. Die Qualität
unserer Angaben ist Ausdruck der Relevanzkriterien
gesellschaftlichen Wissens bei den Boko, aber auch
des uns gestatteten Zugangs zu diesem Wissen.

misch organisierter Gesellschaften wichtigen Unterschied
zwischen Redistribution eines Teils und der gesamten
Produktion, keine besondere Bedeutung bei. Ohne an dieser Stelle näher darauf eingehen zu wollen, sei doch
festgehalten, daß der bɛdéȝ eine gewisse Menge, sowohl
der Nahrungsmittel, als auch des Geldeinkommens, für
sich selbst zurückhält. Diese dient jedoch unter anderem
dem Kauf von neuen Arbeitsgeräten und sonstigen Haus-
halts- oder Produktionsgegenständen. Als Repräsentant
des bɛ nach außen muß der Hausvorsteher auch für die
'Finanzierung' von Festen und die Bewirtung von Gästen
aufkommen.

Das bɛ als Konsumtionseinheit besteht in der Versorgung
aller Mitglieder aus den gemeinsamen Vorräten. Es gibt
jedoch verschiedene Essensgruppen. Während die Frauen
normalerweise mit ihren Kleinkindern zusammen essen, tun
dies die anderen Mitglieder innerhalb ihrer Altersgruppen.

3.3 Das Sammeln

Die Bedeutung des Sammelns wildwachsender Früchte für den
Ernährungshaushalt ist gegenüber dem Stadium der Protoagrikultur zurückgegangen. In der Protoagrikultur bildete
das Sammeln während der Trockenzeit eine notwendige Ergänzung der Stecklingswirtschaft, da die angebauten
Planzen nicht über längere Zeiträume hinweg konservier-
bar waren. Heute dagegen stellen Hirse- und Maisspeisen
die Hauptnahrungsmittel während dieser Jahreszeit dar.
Männer, Frauen und Kinder von vielen bɛ sammeln in der
Trockenzeit allerdings noch verschiedene Früchte, die
roh gegessen oder zur Nahrungsmittelherstellung, z.B.
von Senf, verwendet werden.
Dagegen stellt das Sammeln der Karité-Nuß während der
Regenzeit einen wichtigen Bestandteil der weiblichen
Ökonomie dar. Die Nuß wird von den Frauen und ihren nicht
verheirateten, also noch im Haus lebenden Töchtern gesammelt. Auch die Herstellung der Karité-Butter ist ein

kollektiver Arbeitsprozeß: Je 10 bis 20 Frauen aus verschiedenen Gehöften versammeln sich mit ihren Töchtern
an schattigen Plätzen außerhalb des Dorfes und stellen
dort aus der Nuß einen Brei her, an dessen Oberfläche
sich nach einiger Zeit das Fett absetzt. Da die einzelnen Arbeitsgänge äußerst kraftraubend sind und oft Stunden andauern, können die Frauen sich gegenseitig unterstützen und die Zeit zur Kommunikation benutzen. Die
Produkte selbst, sowohl die Nuß als auch die Butter,
sind jedoch individuelles Eigentum der Frau, die sie
gesammelt hat.

3.4 Die Tierzucht

Schafe, Ziegen und Hühner werden als Haustiere sowohl
für die Eigenversorgung mit Fleisch als auch für den
Verkauf gehalten. Die Haltung der Tiere bedarf keiner
großen Arbeit und verursacht keine Kosten, denn diese
laufen frei im Dorf umher und suchen sich ihr Futter
selbst. In den von uns untersuchten bè wurden 0-10
Schafe/Ziegen bzw. 5-20 Hühner gehalten, von denen
etwa 1/3 bzw. 2/3 in den eigenen Konsum eingingen. Es
wurde uns gesagt, daß der Verkauf erst in den letzten
zwei Jahren stark angestiegen sei, da die "Weißen aus
Kandi" jeden geforderten Preis bezahlen würden.[1]
Eine besondere Stellung nimmt die Rin-
derhaltung ein. Der größte Teil des Ernteüberschusses
wird in Rindern angelegt, die traditionell einen 'Reservefond' für Notzeiten darstellen (Mißernten, Dürren
etc.). In solchen Fällen werden die Tiere geschlachtet
oder nach Nigeria bzw. Cotonou verkauft. Als eine Form
langfristiger Anlage zur Ernährungssicherung ist der
Rinderbesitz in Westafrika weit verbreitet. Eine darüber

---

1) Es handelt sich dabei um die Mitarbeiter einer amerikanischen Straßenbaugesellschaft. Die Amerikaner
   kauften z.B. Hühner für 4-6 DM, während wir im Dorf
   den üblichen Preis von 1,50-2 DM bezahlten.

hinausgehende Bedeutung der Rinder für das Reproduktionssystem, d.h. die Verwendung als Tauschgut in der
Sphäre der Brautgabe, wie z.B. bei den Gouro (vgl.
Meillassoux 1964: 103), den Tiv (vgl. Bohannan 1955:
306) und den Tallensi (vgl. Franke in:Bogner et al
1977: 94), ist uns bei den Boko nicht bekannt.
Formeller Eigentümer der Rinder ist der bɛdéɛ in seiner
Funktion als Verwalter der Subsistenzgüter. D.h., er
regelt die Abmachungen mit den Fulbe-Hirten, denen die
Tiere zum Hüten anvertraut werden, und trägt Sorge für
deren 'Wohlergehen'. Das Verhältnis der Bauern zu den
Fulbe ist von einem starken Mißtrauen geprägt. Uns wurde
des öfteren berichtet, daß die Fulbe ihnen nicht gehö-
rende Tiere verkauft hätten. Die Besitzer erhielten lediglich die Nachricht vom Tode des Tiers, während der
Erlös in die Tasche der Fulbe wanderte. Die häufigen
Besuche der Eigentümer bei den Hirten gelten denn auch
weniger diesen selbst als den Rindern, von deren Zustand
man sich überzeugen will (vgl. auch Müller 1967: 58-67).
Neben dieser Auftragsrinderhaltung besitzen die Fulbe
eigene Tiere, sind also selbstständige Hirten. Als Gegenleistung für das Hüten erhalten sie die Milch der
Kühe und je nach Herdengröße ein Jungtier oder eine Kuh
im Jahr. Die Bauern müssen sich zudem bei Krankheit
'ihres' Hirten um ihn kümmern, was die Bezahlung von Ar-
zeneimitteln einschließt.
Exakte Zahlen über den Rinderbesitz der einzelnen bɛ zu
erhalten, war uns unmöglich. Die Rinder verkörpern einen
Besitz, der normalerweise weder in den Konsum des bɛ
eingeht, noch bei Festen oder auf anderem Wege im Dorf
verteilt wird. Bei den Rindern handelt es sich somit um
akkumulierbare Güter; ihre Zahl stellt einen emischen
Reichtumsmaßstab dar und wird geheimgehalten. So schätzte
einer unserer Informanten den Rinderbesitz eines als
reich geltenden Bauern auf etwa 50 Tiere. Dieser sagte
uns aber bei einem Gespräch, er habe keine Rinder bei
den Fulbe. Wir kannten den Bauern recht gut und gaben
ihm im Scherz zu verstehen, daß wir ihm nicht glaubten,
ohne allerdings auf der Frage zu insistieren. Als wir

bereits über ein anderes Thema sprachen, meinte er je-
doch plötzlich, er besitze doch 5 Rinder bei den Fulbe.
Ähnliche Erfahrungen machte Bogner bei den Konkomba:
"Ein anderes Mal erfuhr ich vom Sohn eines Nachbarn, daß
sein Vater mir bei den Angaben über seinen Viehbestand
nur die Hälfte der tatsächlichen Anzahl genannt hatte"
(Bogner et al 1977: 49f).
Diese Diskrepanz zwischen angegebener Zahl und tatsäch-
licher oder im Dorf vermuteter Zahl des Viehbestands ist
Ausdruck der Spannung zwischen dem Interesse des bɛ̀,
Vorräte anzulegen, und seiner Verpflichtung, Überschüsse
im Dorf umzuverteilen. Auf diesen wichtigen Punkt des
Verhältnisses von Reproduktionssicherung der gesellschaftlichen Basiseinheit bɛ̀ und übergeordneter Reproduktionssicherung des Dorfes werden wir später zurückkommen.

3.5 __Das Handwerk__

Neben dem Hüttenbau sind zum Handwerk so vielfältige
Tätigkeiten zu rechnen wie Herstellung von Bambusbetten,
Schemeln, eisernem Arbeitsgerät und Kleidung sowie das
Flechten und die Baumwollspinnerei.
Die aus einfachem Lehm hergestellten und mit Stroh ab-
gedeckten Hütten halten in der Regel nur 3 bis 5 Jahre,
bis die Regengüsse das Dach zum Einsturz bringen oder
sich in den Mauern Risse bilden.[1] Im November, kurz nach
der Ernte der Regenzeit, wenn der Boden noch weich genug ist, werden daher in fast allen bɛ̀ Hütten repariert
oder neugebaut. Dies machen die Männer der Hausgemeinschaft, aber auch Freunde unterstützen sich bei dieser
Arbeit auf der Basis der gegenseitigen Hilfe.

----

1) Durch das Geldeinkommen aus der Baumwollproduktion
   wird heute vielfach Zement zugesetzt oder mit Zement
   verputzt. Die geringe Menge erhöht die Stabilität jedoch nur unwesentlich und dient eher ostentativen
   Zwecken. Die 'modernen' Wellblechdächer sind zwar
   haltbarer als Stroh, besitzen dafür aber nicht dessen
   temperaturausgleichende Eigenschaften.

Foto links: Hüttenbau in Bensékou. Der Lehm wird mit Was-
             ser vermischt, zu Kugeln geformt und aufein-
             andergeschichtet.

Eine gesellschaftliche Arbeitsteilung in Ackerbau und
Handwerk existiert nicht. Alle Männer flechten in der
Trockenzeit Strohmatten und bauen Bambusbetten für den
eigenen Gebrauch. Es gibt, z.B. für das Schnitzen von
Schemeln, auch einige 'Spezialisten', d.h. Leute, die
sich auf diese Arbeiten besonders gut verstehen und ihre
Produkte im Dorf verkaufen.Dies sind meist alte,nicht mehr
auf dem Feld arbeitende Männer. Auch der Schmied, der als
einziger eiserne Werkzeuge herstellt, bewirtschaftet
darüber hinaus seine Felder. Er ist der einzige im Dorf,
dessen handwerkliche Tätigkeit sich in der Anrede
'Schmied' ausdrückt.
Der Schmied ist allerdings ein herausragender Typ von
Handwerker. Das hängt mit der Bedeutung des Schmieds in
Afrika im allgemeinen und mit der langen Tradition der
Eisenverarbeitung in Bensékou im besonderen zusammen.
Im Gebiet zwischen Kandi und Segbana wurde vermutlich
seit langer Zeit Eisen abgebaut. Außer 'Bensékou'
(gbɛsɛ̀kû) deuten auch die Namen anderer Dörfer auf Ei-
senerzvorkommen: Gbessé, Gbessa, Gbésséka (gbɛ́=Eisen;
sɛ̀=Stein). Schon bevor die Franzosen in den Norden ein-
drangen wurde in Bensékou das Erz im Tagebau gefördert. Es wurde blockförmig aus etwa 10 m Tiefe ausgegraben und in einem Hochofen erhitzt. Der Hochofen,
aus Lehm erbaut und mit Holzkohle betrieben, steht seit
ca. 100 Jahren in der Nähe des Dorfes und ist heute
noch kaum beschädigt. Aus dem im Hochofen gewonnenen
Eisen stellten die Schmiede Hacken, Beile, Messer, Pfeil-
und Lanzenspitzen sowie andere Arbeitsinstrumente her.
Sie tauschten ihre Produkte auch außerhalb des Dorfes
bei den Bariba und Fulbe, z.B. gegen Salz, ein. Auf
Eisenabbau und -gewinnung hatten sich einige Hausgemeinschaften spezialisiert, von denen die Schmiede das Eisen
gegen verarbeitete Produkte eintauschten.
Clément(1948) hat in einem ethnographischen Vergleich
von über 80 afrikanischen Ethnien festgestellt, daß die
Gruppe der Schmiede - bis auf wenige Ausnahmen - überall in positiver oder negativer Hinsicht herausragende

soziale Stellungen besitzen. Er führt dies auf das
technisch-magische Wissen der Schmiede, ihr besonderes
Verhältnis zu den transzendentalen Kräften durch den Um-
gang mit Feuer (dem magische Fähigkeiten zugeschrieben
werden) und ihren Reichtum zurück (vgl. ebd.: 48-50).
Ausdruck dieser Sonderstellung sind endogame Kasten-
strukturen unter Schmiedefamilien (ebd.: 37) und der
Gebrauch von Geheimsprachen (ebd.: 45). Während jedoch
diese außergewöhnlichen Eigenschaften in nomadischen
Viehhaltergesellschaften Gründe für die soziale Mißach-
tung der Schmiede sind, besitzen sie bei Ackerbauern
ein besonders hohes Ansehen. Der Grund hierfür liegt
u.E. - darauf weist auch Clément hin - in der unterschiedlichen Bedeutung eiserner Arbeitsmittel in den
verschiedenen Produktionsweisen. Im Gegensatz zur Viehzucht bildeten eiserne Arbeitsgeräte für den Ackerbau
eine äußerst wichtige Verbesserung der Produktionsmög-
lichkeiten gegenüber Holz- oder Steinwerkzeugen. In
Bensékou konnte durch die Herstellung von Pfeil- und
Lanzenspitzen zudem den Fulbe-Überfällen wesentlich
wirksamer begegnet werden (vgl. S. 30). Die Sonderstellung der Schmiede bei den Boko wird deutlich aus
der Tatsache, daß sie einen eigenen Chef, den síakí,
besaßen. Heute gibt es diesen Chef nicht mehr und das
Dorf besitzt nur noch einen Schmied. Durch den Import
von qualitativ höherwertigem, französischen Eisen ist
die eigenständige Produktion und Verarbeitung von Eisen-
erz zerstört worden. Die Eisenabbauer und Schmiede, die
früher reine Handwerker waren und keinen Ackerbau betrieben, entwickelten sich später zu Bauern. Der Bereich
der Produktion von eisernen Produktionsmitteln besaß
also auch früher schon die Form von einfacher Warenproduktion.
Auch die Baumwollspinnerei und die Anfertigung der traditionellen Baumwollkleidung ist fast gänzlich von importierten Stoffen verdrängt worden. Diese werden auf
dem Markt in Kandi oder von Händlern gekauft, die ins
Dorf kommen. 'Moderne' Kleidung (Hemden und Hosen mit

europäischem Schnitt) stellen drei Schneider her, die
sich importierte Nähmaschinen gekauft haben.
Außer dem Hüttenbau besteht die handwerkliche Produktion
insgesamt aus individuellen Tätigkeiten. Über die Produkte verfügt der Produzent selbst und wenn er sie nicht
zur Benutzung im eigenen bè anfertigt, verkauft er sie
meist im Dorf.

3.6 Sonstige wirtschaftliche Tätigkeiten

Hierzu zählen vor allem der lokale Handel und die Tätigkeit der Heiler (èsèdé) und Weissager (màsókenâ).
Auf den Handel soll hier nicht weiter eingegangen werden,
er besteht im wesentlichen, sofern er in den Bereich
der 'männlichen' Ökonomie fällt, aus dem innerdörflichen Kauf und Verkauf der schon genannten Waren. Einige
importierte Güter werden in Kandi ein- und im Dorf wei-
terverkauft. So handeln zwei Männer mit Limonade und
Bier. Es ist allerdings ein sehr temporärer Handel,
d.h. wenn sie zufällig mal nach Kandi reisen, bringen
sie ein oder zwei Kästen mit. Mehrere Frauen handeln
mit Seife, Zigaretten, Tomatenmark etc.(zum Handel der
Frauen siehe Kapitel III 5.3).
Die Heiler lassen sich die èsè heute vorwiegend in Geld
bezahlen, während sie früher dafür Naturalien nahmen.
Das gleiche gilt für die traditionellen Weissager und
den mohammedanischen Rechtsgelehrten, dem die Konversion der Dorfbewohner zum Islam eine neue Einnahmequelle
eröffnet hat. Beide verkaufen ihrer Natur nach gleiche
Güter (Schutz vor Unfall, vor Kinderlosigkeit, vor Mißernten etc.). Aus emischer Sicht handelt es sich um den
Tausch eines Naturalprodukts oder Geld gegen ein trans-
zendentales Gut, das zum Erhalt eines anderen Naturalprodukts notwendig ist und sich in diesem wieder mate-
rialisiert. Während der Weissager seine Fähigkeiten aus
dem Kontakt mit den Ahnen (gyàdé) erklärt, beruft sich
der Rechtsgelehrte auf den Koran. Wenngleich die Art
ihrer Tätigkeit sich sehr gleicht, unterscheiden sich

ihre Inhalte. Die Aussagen der beiden über die Probleme,
mit denen Leute zu ihnen kommen, verdeutlichen sehr gut
den Bezug der verschiedenen Glaubenssysteme auf unterschiedliche ökonomische Rationalitäten. Der Weissager
sagte, daß ihn meistens Leute konsultieren, die die
Ursache einer Krankheit in ihrem Haus erfahren oder sich
die Zukunft weissagen lassen wollen. Der Rechtsgelehrte
betonte dagegen seine Fähigkeit, Mittel herstellen zu
können, die den Erwerb von viel Geld und einen guten
Handel garantieren.
Diese transzendentale Aneignungsweise besitzt bei den
Boko keinen so hohen Stellenwert wie z.B. bei den Fon
durch das vodun-System (vgl. Elwert 1976: 70f).

4. Die Dominanz der subsistenzökonomischen Produktionsweise

Die im vorigen Abschnitt dargestellte Wirtschaft der Boko zeichnet sich durch eine Vielzahl von Produktionsformen in den einzelnen Produktionsbereichen aus. Diese sind in der folgenden Tabelle noch einmal zusammengefaßt, differenziert nach Verwendungszweck, Kooperation im Arbeitsprozeß und Verfügungsrechten (siehe S.77)[1]. Die Produktionsformen und die Formen der Produktaneignung bezeichnen nur die konkrete Art und Weise, in der etwas angeeignet wird. So finden wir beim Ackerbau sowohl kollektive als auch individuelle Arbeitsprozesse, die jedoch beide der Eigenversorgung dienen, sei es im bÈ oder auf Dorfebene. Das gleiche gilt für die Jagd. Andererseits wird individuelles Eigentum, seien es individuell hergestellte Handwerksgeräte oder die kollektiv verarbeitete Karité-Butter, sowohl der Hausgemeinschaft zur Verfügung gestellt als auch auf dem Markt verkauft. Mit anderen Worten: Es gibt keine erkennbaren und eindeutigen Beziehungen zwischen Kooperationsformen (individuell gegenüber kollektiv) und Verfügungsrechten (individuell gegenüber kollektiv) sowie zwischen diesen und der Art der Produktion (Warenproduktion gegenüber Subsistenzproduktion). Einzelne Arbeitsprozesse können unterschiedlich strukturiert sein, aber dennoch den gleichen Bestimmungen dienen.

Es sollen im folgenden nun die gemeinsamen und unterscheidenden Bestimmungen erläutert werden, die der breiten Palette von Produktionsformen zugrunde liegen und diese als ein organisches Ganzes erst deutlich machen.

----

1) Es sind in der folgenden Tabelle nicht die einzelnen Produktionsgänge aufgeführt, wenngleich in ihnen die Kooperationsformen z.T. differieren. Es reicht hier aus, sich auf die wesentlichen Kooperationsformen im Produktionsprozeß zu beschränken.

Schaubild 6 : Produktionsbereiche, Produktions- und Verwendungsformen

	Produktion für EIGENVERSORGUNG						Produktion für VERKAUF						
	Kooperationsform		Verfügungsrecht		Verbrauch		Kooperationsform			Verfügungsrecht		Verkauf	
	b≀ individuell duell	Dorf/ gegens. Hilfe	gemein- sam	indivi- duell	im b≀	im Dorf	b≀	indivi- duell	Dorf/ gegens. Hilfe	gemein- sam	indivi- duell	lokal	nach außen
Jagd													
Großwild	X					X							
Antilopen		X	X			X							
Kleinwild	X	X	X	X	X			X	X		X	X	
Ackerbau													
Hirse	X	X	X	X	X	X	X	X	X	X	X		X
Mais	X	X	X	X	X	X	X	X	X	X	X		X
Yams	X	X	X	X	X	X	X	X	X	X	X		X
Kalebasse	X	X	X	X	X		X	X		X	X		X
Sammeln													
Karité	X	X	X		X			X	X	X	X		
and.Früchte	X		X		X	X		X			X	X	X
Tierzucht													
Haustiere		**X**	**X**	**X**	X					X	**X**		
Rinder			X		X	X				X			X
Handwerk													
Hüttenbau	**X**	**X**											X
anderes	X		X	X	X			X			X	X	X
Medizin./													
transzend.P.	X			X		X		X			X	X	X

4.1 Die subsistenzökonomische Produktionsweise

Der wichtigste Produktionsbereich in Bensékou ist der
Ackerbau. Er erfordert den größten Teil der Arbeitskraft der Männer und in ihm wird ebenso der größte Teil
der im Dorf konsumierten Güter erwirtschaftet. Alle anderen wirtschaftlichen Tätigkeiten dienen ebenfalls,
ganz oder partiell, der Eigenversorgung, sodaß wir von
der Subsistenzproduktion als dem dominierenden Produktionssektor sprechen können. Diese Dominanz ist nicht
allein quantitativ bestimmt. Die Organisation des gesellschaftlichen Produktions- und Reproduktionsprozesses
läßt die Produktionsformen als Elemente eines ökonomischen Systems, der subsistenzökonomischen Produktionsweise erkennen. Die beiden Grundelemente dieser Produktionsweise seien hier noch einmal ausgeführt:
1. Die geringe Produktivkraftentwicklung, d.h. die Hack-
bau-Technologie, erfordert den überwiegenden Einsatz
menschlicher Arbeitskraft im Produktionsprozeß und ermöglicht nur einen geringen Überschuß über die zur Ernährung notwendige Gütermenge, der zudem von unbeeinflußbaren Umweltfaktoren abhängt. Generell gesagt,
zeichnet sich die Subsistenzproduktion gerade dadurch
aus, daß in ihr nur wenig mehr produziert werden kann,
als zur Reproduktion der von ihr abhängigen Menschen
erforderlich ist. Die subsistenzökonomisch organisierte
Gesellschaft verfügt im Regelfall nur über einen Pro-
duktionsüberschuß, der gehortet werden muß, damit auch
in Notzeiten die Existenz aller Mitglieder gesichert
ist (vgl. das idealtypische Modell bei Elwert 1973: 44-
48). So geht in Bensékou der größte Teil der Ernte in
den kurzfristigen Konsum zwischen zwei Ernteperioden ein.
Die Bauern verkaufen in der Regel keine Nahrungsmittel,
bevor nicht die Ergebnisse der nächsten Anbauperiode
abzuschätzen sind. Auf unsere entsprechenden Fragen sagten sie, man wisse ja nicht, ob die Vorräte bis zur
Ernte ausreichen würden.
2. Das diesen Bedingungen entsprechende Grundprinzip
wirtschaftlichen Handelns ist die Sicherung der Repro-

duktion, d.h. die Sicherung der Nahrungsmittelversorgung für die vorhandenen Arbeitskräfte (regenerative
Reproduktion) und die Sicherung der Versorgung mit
neuen Arbeitskräften (generative Reproduktion).
Wie Meillassoux's (1976: 52ff)
Analyse zeigt , erfordern die durch den Ackerbau be-
dingten, zyklischen Verschiebungen zwischen der Investition von Arbeitskraft (Rodung, Saat, Jäten etc.) und
der Nutzung der Erträge (während und nach der Ernte)
das Entstehen langfristiger Bindungen zwischen den Mitgliedern einer Produktionsgemeinschaft. Sie sind notwendig zur Aufrechterhaltung und zur fortgesetzten Teil-
nahme am Produktionszyklus. Das bè, die Hausgemeinschaft
der Boko, stellt diese durch langfristige Bindungen
strukturierte Gemeinschaft dar. Die von den Männern des
bè auf den gemeinsamen Feldern gemeinsam produzierten
Subsistenzgüter werden in ihm gemeinsam konsumiert.
Der Boden, die wichtigste Produktionsvoraussetzung,
unterliegt während der vierjährigen Nutzungsphase dem
Verfügungsrecht des bè, d.h. stellvertretend dem bèdéɔ.
Nach der Brachezeit kann der Boden von einer beliebigen
anderen Hausgemeinschaft bebaut werden. Eine Form von
Bodeneigentum existiert also nicht.
Der Zirkulationsweg der Produkte bis zum Konsum inner-
halb der Hausgemeinschaft läßt sich folgendermaßen
graphisch darstellen:

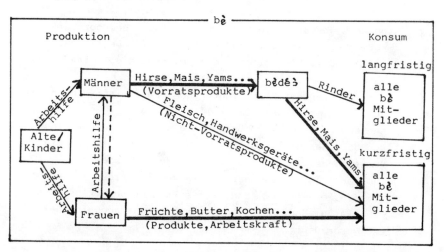

Es findet ein Transfer der von den Männern gemeinsam erwirtschafteten Feldprodukte, des Hauptteils der Subsistenzgüter, zum bɛ̀déɔ̀ statt. Es handelt sich dabei nur
um die Vorratsgüter, die zum größten Teil entweder in
ihrer natürlichen Form in den kurzfristigen Konsum eingehen oder, in Rinder umgesetzt, für den langfristigen
Konsum bestimmt sind (Reservefond). Von den Frauen hergestellte Vorratsgüter, wie die Karité-Butter, gehen
nicht in den verwalteten Vorrat ein, sondern verbleiben
bei ihnen.

Produkte individueller Tätigkeiten werden direkt verbraucht, wenn es Nahrungsmittel sind wie die Garten-
früchte der Frauen oder das Fleisch aus der Kleintierjagd. Sind es längerfristige Verbrauchsgüter, wie z.B.
die Arbeitsinstrumente, bleiben sie im Eigentum des Produzenten oder desjenigen, dem sie zur Verfügung gestellt
werden (jeder besitzt seine eigene Hacke; der Frau gehört der vom Mann geschnitzte oder gekaufte Mörser).
Aber auch diese Produkte gehen in den gemeinsamen Konsum
ein, indem sie im Arbeitsprozeß auf dem Feld oder im
Haus bei der Nahrungszubereitung benutzt werden.

Güter aus unterschiedlich strukturierten Arbeitsprozessen
dienen also der regenerativen Reproduktion der Hausgemeinschaft. Ebenso wirkt die soziale Organisation der Reproduktionssicherung auf die spezifische Form der Naturtransformation zurück (individuelle Produktion der jungen Männer zur Anerkennung als Heiratskandidat). Diese Interdependenz übersieht Terray, wenn er "von den Kooperationsformen ausgehend ... Produktionsweise(n) bestimmen" will
(1974: 107). Die Folgen dieser monokausalen Betrachtung
haben wir schon genannt (siehe S.24).

Der Transfer der Vorratsgüter zum bɛ̀déɔ̀ wirft die Frage
auf, ob hier ein Produkt kollektiver Arbeit individuell
angeeignet wird. Wir können an dieser Stelle nur eingeschränkt darauf antworten. Dazu seien noch einmal die
Verwendungszwecke dieser Güter aufgeschlüsselt:

(1) der größte Teil geht in den kurzfristigen Konsum ein,
    d.h. er wird vom Ende eines Produktionszyklus (Ernte)
    bis zum Ende des nächsten von der Hausgemeinschaft
    verbraucht;

(2) ein Teil der übriggebliebenen Menge wird in Rindern
    angelegt und für den langfristigen Verbrauch gehor-
    tet, d.h. er steht für die Hausgemeinschaft bereit,
    falls einmal der Produktionsertrag für den kurzfri-
    stigen Konsum nicht ausreicht;
(3) ein anderer Teil dieser Menge geht in den Konsum
    des Dorfes ein, Nahrungsmittel z.B. bei Begräbnis-
    festen, Schafe, Ziegen und Hühner als Opfertiere bei
    Zeremonien;
(4) ein vierter Teil gelangt als Brautgabe bei der Heirat
    eines männlichen Mitglieds der Hausgemeinschaft in
    diejenige Hausgemeinschaft, aus der die Frau stammt.
Neben den für die regenerative Reproduktion bestimmten
Subsistenzgütern verläßt also ein Teil des vom bɛdéʒ
verwalteten Vorrats die Hausgemeinschaft (3+4). Dieser
Teil fließt in die von den Alten organisierte Frauen-
verteilung, die Basis der generativen Reproduktion,(4)
und wird so der Kontrolle des bɛ entzogen und/oder
wird bei politisch-religiösen Rahmenhandlungen verbraucht (3).
Die Stellung des bɛdéʒ trägt so Doppelcharakter: er ist
Leitungs- und Kontrollinstanz im Prozeß der regenerativen wie auch der generativen Reproduktion. Die seinen
Entscheidungen innerhalb der Hausgemeinschaft zugrunde
liegende Autorität beruht auf diesem Doppelcharakter,
obgleich sich seine Funktionsbefugnisse in den einzelnen
Bereichen unterscheiden.
Im Rahmen der regenerativen Reproduktion, die vom bɛ
geleistet wird, bildet der bɛdéʒ eine Verwaltungsin-
stanz, der die Subsistenzgüter zur Aufsicht übertragen
werden, und die die diese wieder zurückverteilt. Genauer:
die im Produktionsbereich - in Abgrenzung zum Reproduktionsbereich (siehe III 5.) - von den produktivsten
Mitgliedern des bɛ erwirtschafteten Güter werden abge-
geben und an sie zum Teil redistribuiert, zum Teil an
die Mitglieder distribuiert, die sich selbstständig
noch nicht oder nicht mehr ernähren können (Kinder,
Kranke, Alte). Der bɛdéʒ verkörpert also eine Vertei-

lungsinstanz, die einen Ausgleich zwischen den ökonomisch 'unabhängigen' und den ökonomisch abhängigen Mitgliedern der Gemeinschaft herstellt. Seine Funktion
steht so im Gemeinschaftsinteresse. Dem entspricht auch
die beschränkte Funktionsbefugnis auf dieser Ebene, die
an den Anspruch aller Mitglieder auf Ernährung gebunden
ist. So unterliegt die Verteilung der Vorräte auf den
Verbrauchszeitraum weitestgehend den Frauen, die sie
zubereiten. Die Subsistenzproduktion erlaubt zudem die
Kontrolle des Chefs, da der Ackerbau gemeinschaftlich
betrieben wird (jeder kennt die Arbeitsleistung des anderen und den Ernteertrag). Eine Sanktionsgewalt besitzt
der bèdè3 in seiner Funktion als Verteilungsinstanz für
Nahrungsmittel nicht. Eine solche Sanktionsgewalt be-
stände im Entzug von Nahrungsmitteln bei Verstössen
gegen seine Anordnungen als Entscheidungsträger. Zwar
wird dies als 'pädagogische Maßnahme' bei Kindern ab
und zu durchgeführt, aber ein ganzer oder zeitlich be-
grenzter Ausschluß eines Mitglieds aus der Kosumtions-
gemeinschaft ist nicht möglich. Selbst bei den heute
oft auftretenden Konfliktfällen, wenn junge Männer die
Arbeit auf den gemeinsamen Feldern vernachlässigen, werden sie weiterhin mit Nahrung versorgt: "Wenn man nichts
gibt, wird er sterben"(ein bèdè3). Er kann jedoch Mitgliedern des bè die Heirat verweigern und so ihren Ab-
hängigkeitsstatus auf Lebenszeit festschreiben. Ein
Unverheirateter, gleich welchen physischen Alters, könnte
niemals in der sozialen Hierarchie zum Alten aufsteigen.
                    Die Aneignungs- und Machtstruk-
turen der subsistenzökonomischen Produktionsweise lassen
sich also letztlich erst bestimmen durch das Verhältnis
zu der mit ihr verbundenen Reproduktionsweise. Die
Reproduktionsweise umfasst sowohl die regenerative als
die generative Reproduktion. In diesem Verhältnis spielen auch diejenigen Güter eine Rolle, die von den jungen Männern allein oder auf der Basis der gegenseitigen
Hilfe mit anderen auf ihren eigenen Feldern produziert
und außerhalb der Hausgemeinschaft konsumiert werden.

Wir lassen deshalb an dieser Stelle die Frage nach den
Aneignungsstrukturen noch offen und kommen später auf
sie zurück.

Festzuhalten bleiben hier, wie Terray(1974: 154) es
nennt, Koinzidenz und Homologie von Produktions- und
Konsumtionseinheit:

1. Koinzidenz heißt, "daß die Produktionseinheit die
Bedingungen ihrer Reproduktion, also Rohstoffe, Produktionsinstrumente und Konsumtionsmittel, in sich
selbst findet"(ebd.: 154f). Wir haben schon gesehen,
daß man beim bè nur von eingeschränkter Koinzidenz
sprechen kann (Tausch/Kauf von Produktionsinstrumenten,
generative Reproduktion). Wesentliches Element ist die
gebrauchswertzentrierte Produktion, d.h. die Produktion
dient im wesentlichen der Selbstversorgung und die Gü-
terzirkulation in der Hausgemeinschaft trägt keinen
Warencharakter.[1]

2. Homologie bedeutet, daß beide Einheiten "nach denselben Prinzipien und Mechanismen kostituiert sind und deshalb dieselbe Dimension und dieselbe Struktur haben"
(ebd.: 154). Auch dies muß für die Hausgemeinschaft der
Boko eingeschränkt und präzisiert werden. Es existieren
unterschiedliche Produktionsformen innerhalb des bè
und die Arbeitsbereiche sind getrennt. Homologe Strukturen bestehen jedoch insofern, als alle Tätigkeiten
der Aufrechterhaltung eines eigenständigen Produktions-
und Reproduktionszyklus' dienen und in dessen Organisa-
tionsstruktur eingebunden sind.

4.2 Subsistenzökonomische Produktionsweise und
   einfache Warenproduktion

Neben der   subsistenzökonomischen Produktionsweise
hat sich in Bensèkou die einfache Warenproduktion teils

---

1) Terray führt an dieser Stelle noch ein drittes Element auf, das des fehlenden Warencharakters der Zirkulation (ebd.: 154). Dies ist jedoch u.E. bedeu-
   tungsgleich mit der Koinzidenz.

neu etabliert, teils war die Subsistenzproduktion immer
schon mit einzelnen Formen von Warentausch verflochten.
Die Koinzidenz von Produktions- und Konsumtionseinheit
schließt lokalen und überlokalen Tausch nicht aus, sie
verkörpert kein autarkes System. Sie bezeichnet die
vorherrschende Produktionsweise, die auf einer gebrauchs-
wertzentrierten Produktion beruht. Alle ökonomischen
Tätigkeiten, die außerhalb des Ackerbaus liegen, werden
von Produzenten ausgeübt, die in die Produktion im Rahmen der Hausgemeinschaft eingebunden sind.
Lokal wurden das Fleisch von der Kleintierjagd, eiserne
Arbeitsgeräte und andere handwerkliche Produkte sowie
Früchte oder von den Frauen zubereitete Speisen gegen-
einander oder gegen Feldprodukte getauscht, während sie
heute verkauft werden. Die Heiler lassen sich zwar ihre
Medizin in Geld bezahlen, bei zeremoniellen Handlungen
erhalten sie jedoch immer noch Naturalien, z.B. bei
Begräbnisfesten etc. Darüber hinaus werden Nahrungsmittel, Kalebassen und zum Teil handwerkliche Produkte
an fremde Händler oder auf dem Markt in Kandi verkauft.
Aber auch schon vor der Kolonialisierung wurden Feldprodukte und eiserne Arbeitsgeräte gegen Salz bei den
Fulbe eingetauscht.
Wir betrachten diesen Verkauf von individuell oder
kollektiv produzierten Gütern und Dienstleistungen als
monetarisierte Form des früheren Naturaltausches. Damit
ist die Frage nach den Auswirkungen der Monetarisierung
und dem sich daraus entwickelnden Verhältnis zwischen
einfacher Warenproduktion und subsistenzökonomischer
Produktionsweise angesprochen. Die Monetarisierung, und
das heißt die Öffnung zum kapitalistischen Markt, hat
vor allem neue Güter in den Produktions- und Konsum-
tionskreislauf gebracht. So wird die einfache handwerkliche Warenproduktion ausgeweitet, z.B. durch die Herstellung 'moderner' Kleidung mit importierten Nähmaschinen.
Durch den einfachen Warenhandel werden neue Konsumgüter
verbreitet (Limonade, Tomatenmark, Zigaretten etc.).
Dementsprechend hat sich die Menge der Güter vergrößert,

die für den Verkauf produziert werden.
Betrachtet man den Zusammenhang von Warenzirkulation
und Produktionsstruktur, so entspricht die Qualität
dieser Marktintegration jedoch mehr einem monetarisierten Naturaltausch als einer Unterordnung unter die
Gesetze des kapitalistischen Warentausches. Die Warenproduktion besitzt keine transformierende Rückwirkung
auf die Gesamtstruktur der Produktion, weder auf die
Art des Arbeitsprozesses noch auf das Entscheidungsverhalten der Produzenten. Die Produktion von Waren durch
einzelne Mitglieder des bä unterliegt ebenso wie der
Verkauf von Überschüssen über den kurzfristigen und
langfristigen Konsum den an der regenerativen Reproduktion ausgerichteten Entscheidungsnormen. Ihre Ausbreitung wird begrenzt durch die Anforderungen der
kollektiven Produktion von Subsistenzgütern. Sie hat
sich naturgemäß in den Produktionsbereichen ausgebreitet,
die auf individueller Produktion beruhen, wie das Handwerk, hat jedoch die kollektive Ackerbauproduktion nicht
verändert.
Ebenso sind die durch den Handel neu eingeführten Güter
in die bestehende Sozialorganisation integriert worden.
Sie sind einbezogen in das herrschende Normmuster. So
produzieren die jungen Männer auf ihren individuellen
Feldern den Yams zum Teil nicht mehr, um ihn bei Festen
zu verbrauchen, sondern um ihn gegen Limonade und Zigaretten einzutauschen. Jedoch werden diese Güter auf den
Festen in der gleichen ostentativen Weise und zum gleichen Zweck getrunken und geraucht.
Das bestimmende Merkmal der Verflechtung zwischen subsistenzökonomischer Produktionsweise und einfacher
Warenproduktion ist die Unterordnung bzw. Einbeziehung
der letzteren in das subsistenzökonomische Produktions-
und Reproduktionssystem.[1]

---

1) Die Einführung von Geld als generalisiertem Tausch-
   mittel kann aber auch eine direkt zerstörende Wirkung
   auf die subsistenzökonomische Organisation besitzen,
   wie es Bohannan (1955) für die strenge Hierarchie
   von Tauschkategorien bei den Tiv beschreibt.

4.3 Migration und Steuern

Wir haben uns in der bisherigen Darstellung auf die
dörfliche Ökonomie in Bensékou beschränkt. Das Dorf ist
aber eingebunden in ein staatliches System und die subsistenzökonomische Landwirtschaft - in ganz Westafrika -
ist umringt von agrar- und industriekapitalistischen
Sektoren. Wie sieht nun das Verhältnis der subsistenzökonomisch organisierten Dorfgemeinde Bensékou zu beiden
aus?[1)]

Die während der Kolonialzeit eingeführten Mechanismen
zum Abzug von Arbeitskräften aus den Subsistenzsektor
faßt Habermeier folgendermaßen zusammen: "1. the initial
intervention of the colonial administration and the per-
petuated contradiction between the agricultural communities and the state; 2. the internal monetarization of
traditional systems of circulation and reproduction;
3. the integration of the communities into the capita-
list commodity market and the commercialization of their
economy; 4. the decay of self-sustenance and thereby the
self-destruction of the system of temporary migrations"
(Habermeier 1977: 10). Diese Mechanismen sind bis in
das abgelegenste Dorf vorgedrungen, allerdings mit un-
terschiedlicher Intensität und unterschiedlichen Auswirkungen. Die nach der Phase der Zwangsarbeit erhobenen Kopfsteuern haben das grundlegende politisch-admi-
nistrative Instrument zur internen Monetarisierung ge-
bildet. Sie können nur entrichtet werden, wenn Arbeitskräfte aus der Subsistenzproduktion abgezogen werden
und sich als Lohnarbeiter verdingen oder wenn Teile der
Subsistenzgüter kommerzialisiert werden.

----

1) Auf die Beziehung zu Staat und kapitalistischem Wirt-
   schaftssektor können wir im Rahmen unserer Dorfstudie
   nur begrenzt eingehen. Die theoretische Herleitung
   unserer Aussagen kann hier nicht geleistet werden.
   Wir müssen uns daher darauf beschränken, auf die ihnen
   zugrunde liegenden Arbeiten zu verweisen.

Die Steuern verschlechtern auf diese Weise die Reproduktionsbedingungen der Subsistenzproduktion betreibenden Agrarbevölkerung. Durch den Gütertransfer wird die
subsistenzökonomisch organisierte Gesellschaft von der
Bürokratie ausgebeutet, die sich, den Staatsapparat
beherrschend und über den notwendigen Erzwingungsstab
verfügend (Militär, Polizei), die Steuern aneignet.[1]
Der einzige Entzug der Bauern aus diesem Ausbeutungsverhältnis bestand bisher im 'fugitiven Widerstand', d.h.
der Flucht in den Busch, wenn der Steuereintreiber
kommt. Während unseres Aufenthalts in Bensékou besuchte
der Distriktchef das Dorf, verwies auf die niedrige
Zahl von 110 Steuerzahlern und drohte mit einem Poli-
zeieinsatz zur Zählung. Nach unserer Schätzung müßten
es etwa 150 Männer über 18 Jahren sein, die die in der
Region Bensékou 1860 FrancCFA betragende Kopfsteuer
bezahlen müßten.
Ein anderes Ausbeutungsverhältnis besteht zwischen dem
Subsistenzsektor und dem kapitalistischen Sektor in
Gestalt der Migration. Die innerhalb der Hausgemeinschaft
entstandene Arbeitskraft wird zeitweilig im kapitalistischen Sektor beschäftigt. Für die kapitalistischen
Betriebe ist die Beschäftigung von Migranten besonders
profitabel, da sie nur eingeschränkte Reproduktionskosten tragen brauchen und dementsprechend niedrige Löhne
zahlen können. Einen großen Teil der Reproduktionskosten
der Arbeitskraft (Aufzucht, Ernährung zu Zeiten der
Nichtbeschäftigung, Altersversorgung) muß die subsistente
Hausgemeinschaft tragen. Theoretisch brauchen die Löhne
nur die Reproduktion der Arbeiter während der Zeit ihrer

----

1) Es handelt sich dabei um ein Staatsgebilde, das anders
   als der Staat als ideeller Gesamtkapitalist im entwickelten Kapitalismus seine Funktion nur zum Teil
   in der Garantie der gesellschaftlichen Rahmenbedin-
   gungen sieht. Wir stützen uns hier vor allem auf die
   Arbeit von Wong (1977), die die Aneignungsweise der
   bürokratischen Klasse in Bénin ausführlich behandelt.

Beschäftigung decken. Die Hausgemeinschaft wird für
ihre Reproduktionsleistungen nicht oder nur sehr eingeschränkt in Form von Lohnanteilen entschädigt, die
an sie zurückgehen. Diese Ausbeutung über den Reproduktionssektor ist von Meillassoux eingehend analysiert
worden (Meillassoux 1972; 1976:2.Teil; 1977; siehe auch
Schiel 1976: 11-13).

Die Migrationsrate in Bensêkou war während der 60er
Jahre sehr hoch. Nach Angaben der Dorfbewohner verliessen
zwischen 30 und 50 junge Männer das Dorf und gingen vor
allem nach Ghana und Nigeria. Die meisten blieben 3-5
Jahre weg. Nach ihrer Rückkehr nahmen sie ihren Platz in
der Hausgemeinschaft wieder ein, ohne Produktionswissen
oder erworbene Güter mitzubringen, die die Strukturen
der herrschenden Produktionsweise verändert hätten.

Das einzige Mitbringsel der meisten Migranten war ein
Fahrrad, manche hatten sogar einen Koffer erworben oder
etwas Stoff. Der Erwerb eines Fahrrads wurde uns denn
auch von den meisten ehemaligen Migranten als Grund
ihres Weggangs genannt.(Auf die Bewußtseinsveränderung
der Migranten durch ihre Erfahrungen in einer sozio-
ökonomisch anders strukturierten Umwelt gehen wir später ein. Sie wird erst manifest im ökonomischen Transformationsprozeß).

Für Bensêkou gilt, daß die Ausbeutung durch Migration
und Steuern bisher eine begrenzte Wirkung auf das Funktionieren der subsistenzökonomisch organisierten Gesellschaft besessen haben. Zwang zum Gelderwerb und
interne Monetarisierung haben zwar eine Öffnung zum
kapitalistischen Markt zur Folge gehabt, aber wie wir
gesehen haben, konnte die einfache Warenproduktion die
subsistenzökonomische Produktionsweise bisher nicht
zerstören und sich verallgemeinern. Auch die Migration
hat nicht zu einer Veränderung der Wirtschaftsweise
geführt.

Die wichtigste Auswirkung der Ausbeutung durch Bürokratie und kapitalistischen Sektor ist die Verschlechterung der langfristigen Reproduktionssicherung. Die
Abschöpfung von Teilen der Subsistenzmenge macht sich
nicht direkt im kurzfristigen, sondern erst im langfristigen Konsum bemerkbar. Der Reservefond für Notzeiten
wird langsam verbraucht, ohne sich erneuern zu können.
Es ist schwierig, diese Entwicklung statistisch zu
erfassen. Sie wird meistens erst dann sichtbar, wenn
die Flexibilität der subsistenzökonomischen Produktionsweise an ihre Grenzen stößt, was sich dann in Hungers-
nöten, wie der in Äthiopien oder in der Sahel-Zone,
äußert (vgl. CIS 1975).

5. Frauen in Produktion und Reproduktion

5.1 Die Reproduktion

Der Fortbestand einer jeden Gemeinschaft ist letztendlich abhängig von ihrer Fähigkeit. Arbeitskraft zu reproduzieren und neu zu produzieren. Um diese Aufgabe zu
erfüllen muß die Gemeinschaft sowohl produktive als auch
reproduktive Tätigkeiten wahrnehmen.
Es ist die Hausgemeinschaft, die das Verbindungsglied
zwischen dem Produktions- und dem Reproduktionssektor
bildet. Aus ihr rekrutieren sich die Arbeitskräfte beider Bereiche. In ihr verwandeln sich die Produkte der
Produktion in menschliche Energie, welche wiederum zur
Produktion neuer Produkte verwendet wird. Diesen Kreislauf aufrecht zu erhalten, ist die Aufgabe der Hausgemeinschaft.
Wichtigste Produktivkraft des Reproduktionssektors ist
die Frau. Sie sorgt für die Bearbeitung der Produkte,
die als Nahrungsmittel den Produzenten Energie verleihen. Sie bearbeitet kleine, dem Reproduktionssektor
zugeordnete, Gemüse- und Gewürzgärten, deren Erträge sie
der Hausgemeinschaft zu Verfügung stellt (regenerative
Reproduktion).
Die Frau ist zudem ein wichtiges 'Produktionsmittel',
indem sie die Fähigkeit besitzt, Nachkommen in die Welt
zu setzen, die den Fortbestand der Gemeinschaft gewährleisten (generative Reproduktion).
Die in den einzelnen -miteinander verbundenen- Repro-
duktionsbereichen anfallenden Aufgaben, sollen im folgenden dargestellt und ihre Bedeutung im einzelnen näher
untersucht werden.

5.1.1 Die generative Reproduktion

Hierunter fassen wir das Austragen, Gebären, Stillen und
Aufziehen der Kinder, d.h. der zukünftig notwendigen Ar-
beitskräfte.
Es muß betont werden, daß diese Tätigkeit eine mühselige
und Kräfte zehrende Arbeit ist und keinesfalls eine der
Frau natürlicherweise zufallende 'Freizeitbeschäftigung'.
Daher unterliegt auch bei den Boko die Häufigkeit der
Schwangerschaften einer Frau der Kontrolle der traditionellen Gesellschaft. Es existiert ein sexuelles
Tabu für jede Frau während der gesamten, ca. zwei Jahre
dauernden, Stillzeit. Dieses bei den Boko streng be-
achtete Tabu schützt die Frau vor einem zu großen Kräfte-
verlust durch zu häufige Schwangerschaften.
Eine besondere Bedeutung der Frau erwächst aus ihrer
spezifischen Position im Rahmen der generativen Reproduktion. Während nämlich theoretisch ein einziger Mann
in der Lage ist, für seine Hausgemeinschaft eine ausreichende Nachkommenschaft zu zeugen, hängt es letztendlich von der Zahl der gebärfähigen Frauen in der
Gemeinschaft ab, ob dieses Ziel wirklich erreicht werden kann[1] (vgl. Meillassoux 1976: 37f).
Dies nun trifft auf alle denkbaren Gesellschaftsformationen zu . Eine jede bedarf ihrer Nachkommenschaft um
weiterexistieren zu können. Zu unterscheiden bleibt jedoch die jeweilige konkrete Form der gesellschaftlichen
Reproduktionsstruktur einer Gemeinschaft. Während z.B.
im kapitalistischen System der BRD die Altersreproduk-
tion der Individuen über einen vergesellschafteten Mechanismus organisiert ist (Renten- und auch Kranken-
und Sozialversicherung), muß diese Aufgabe in der subsistenzökonomisch organisierten Gesellschaft von der
Hausgemeinschaft geleistet werden. Jede einzelne Hausgemeinschaft muß zu jedem Zeitpunkt über eine Mindest-

---

1) Die aus dieser spezifischen Bedeutung der Frau ent-
   stehende Notwendigkeit einer gleichmäßigen Umverteilung der gebärfähigen Frauen innerhalb der subsistenzökonomisch organisierten Gemeinschaft, behandeln wir
   in Kapitel III 6.2 .

zahl von Arbeitskräften verfügen, die in der Lage ist,
alle Mitglieder zu ernähren. Langfristig sind es hier
die Kinder, die nicht nur für den Fortbestand des gesamten Systems, sondern auch **direkt** für die Versorgung
der Mitglieder ihrer Hausgemeinschaft im Alter verantwortlich sind. Während also in Deutschland z.B., Kinderlosigkeit weder ein größeres ökonomisches Unglück
für die betroffene Familie, noch eine Seltenheit ist,
bedeutet eine solche Situation bei den Boko bereits eine existenzbedrohende Gefahr. Im Einzelfall ist vor allem
die betroffene Familie (bzw. das b$_{\xi}$) bedroht, deren
Kranken- und Altersversorgung von ihrer Nachkommenschaft
gewährleistet werden muß. In solchen Fällen aber, wo
durch äußere Einwirkungen (Sklaverei, Migration – Natur-
katastrophen) massenhaft Familien aus einem Dorf sterben
oder abwandern, ist die Existenz der gesamten Dorfgemeinschaft bedroht. Die Hausgemeinschaft allein ist
nämlich in der Regel zu klein, um die für ihren Fortbestand erforderliche quantitativ ausreichende und
qualitativ ausgewogene Zahl an Arbeitskräften **regelmäßig** zu produzieren. "Die Öffnung auf andere Gemeinschaften (in unserem Fall der Dorfgemeinschaft; Anm.d.V.),
die insgesamt einen Personenbestand darstellen, der ausreicht, diese Reproduktion genetisch wie gesellschaftlich zu sichern, ist somit unerläßlich" (Meillassoux
1976: 57). Eine solche Öffnung erfolgt vor allem über
die -unterschiedlich gehandhabte- Mobilität der Mitglieder jeder häuslichen Gemeinschaft innerhalb einer
Gesamtgruppe (z.B. der Dorfgemeinschaft). Häufig und
auch bei den Boko praktiziert, ist die patrivirilokale
Frauenmobilität, d.h. der Wohnsitzwechsel der verheirateten Frau in die Gemeinschaft des Mannes, welcher
auch alle aus der Ehe hervorgehenden Kinder angehören.

Eine so geartete Filiationsregelung beinhaltet nach
Meillassoux (1976) eine spezifische Art der Ausbeutung
der Frau. Die von ihr geborenen und großgezogenen Kinder sowie die Nutznießung ihrer Arbeitskraft gebühren
nicht der Mutter, sondern der Familie ihres Mannes.

Meillassoux spricht von der "Enteignung ihrer Nachkommenschaft" (ebd.: 94), da die Mutter ihre Kinder verliert, sobald sie -aus welchem Grund auch immer- die
Gemeinschaft des Mannes verläßt.
Das Problem ist u.E. komplexer, als von Meillassoux und
anderen Autoren (Rey 1971: 48ff) diskutiert. Zwar trifft
es auch für die Boko zu, daß die Mutter ihre Kinder z.B.
im Falle einer Scheidung verliert, doch wer definiert,
wem die Kinder rechtmäßig 'gehören', der Mutter oder dem
Vater? Und: worauf gründet überhaupt ein solches Eigen-
tumsrecht der Eltern über ihre Kinder? Denn enteignet
werden können nur solche Dinge oder Personen (Sklaven
z.B.), auf die ein Eigentumstitel anwendbar ist.
Sucht man nach den ökonomischen Grundlagen eines -hier
einmal unterstellten- Eigentumrechts der Mutter über ihre
Kinder, so stößt man vor allem auf die durch die Nachkommenschaft gewährleistete Altersversorgung, die der
Mutter entgeht, falls sie die Hausgemeinschaft ihres
Mannes verläßt. Was aber passiert, wenn eine Frau dies
tatsächlich tut? Bei den Boko bleiben ihr in der Regel
zwei Möglichkeiten:

1. Ist die Frau schon älter (d.h. nicht mehr gebärfähig),
so kehrt sie meist in das bɛ̃ ihrer Eltern zurück. Die
Versorgung der 'Vaters Schwester' gehört nun zu den
Pflichten der patrilineage, da die zurückgekehrte Frau
'Vaters Sohn' und 'Vaters Tochter' (also nach unserer
Begrifflichkeit ihre Neffen und Nichten) als ihre
eigenen Kinder -da Kinder ihrer lineage- betrachten
kann. In diesem Fall erscheint also die Familie dieser
Frau, und weniger sie selbst, 'ausgebeutet', denn die-
se Familie, bzw. die Mitglieder des bɛ̃ , werden sie
im Alter versorgen; der Gemeinschaft entgeht folglich
auch die Nachkommenschaft.
An dieser Stelle müssen wir jedoch kurz auf die Institution der Brautgabe vorgreifen (vgl. III 6.2), d.h. ein
Geschenk, welches die Familie der Braut zur Hochzeit erhält. Diese Brautgabe reguliert -und dies sagt auch
Meillassoux- "die Kontrolle einer der Parteien über die
Kinder einer Frau aus der anderen Partei" (Meillassoux

1960: 49; Hervorh.d.V.). Es sind folglich "die Kinder,
die man sich von der Frau erhofft. ... Man bemerkt nämlich oft bei einer Scheidung, daß die Heiratsgabe nicht
zurückgegeben wird, wenn die Kinder auf der Seite des
Vaters bleiben" (ebd.: 49f; Hervorh.d.V.).
Sofern man also überhaupt Kinder in Kategorien des Be-
sitzes einordnen kann, so müßte die Familie des Mannes
nach Abgabe der Brautgüter auch als rechtmäßiger 'Eigentümer' der Nachkommenschaft anerkannt werden.
2. Ist eine Frau noch in der Lage, Kinder zu gebären, so
hat sie durchaus die Möglichkeit, noch ein zweites oder
auch drittes Mal zu heiraten. In diesem Fall erhält die
Familie der Frau jedoch auch ein zweites Brautgeschenk
und tritt damit wiederum alle Rechte auf eventuelle Kinder der Frau an das b? des neuen Mannes ab.

Die Existenz von Ausbeutern und Enteigneten (in Bezug auf
die Nachkommenschaft) ist also nicht so plausibel, wie
es auf den ersten Blick erscheint. Um hierüber gesicherte
Aussagen machen zu können, bedarf es u.E. einer umfang-
reichen Untersuchung vieler Einzelaspekte, die in diesem Zusammenhang eine Rolle spielen, wie z.B.:
- Die Rechte der Frau auf eine Altersversorgung.
Hier müßten vor allem konkrete Ansprüche untersucht und
differenziert werden. Gebührt der Frau lediglich eine
ausreichende Nahrung oder differieren Quantität und
Qualität ihrer Versorgung je nach ihrem sozialen Status,
der wiederum von der Zahl der von ihr geborenen Kinder
abhängig sein könnte. Unsere eigenen Erfahrungen in
Bensékou wie auch diejenigen anderer Projektteilnehmer
bei anderen ethnischen Gruppen in Westafrika, lassen eine solche Vermutung durchaus möglich erscheinen. Denn
während alte Männer bei den Boko, soweit wir dies feststellen konnten, im allgemeinen ein hohes Ansehen genossen,
war das Verhalten der Dorfbewohner gegenüber alten Frauen
sehr unterschiedlich. Ein großer Teil dieser Frauen
wirkte auf uns äußerlich sehr vernachlässigt (schmutzige
Kleidung, ungepflegte Haare etc.) und stark unterer-
nährt. Sie saßen meist alleine irgendwo in oder vor ei-

ner Hütte herum und waren nicht durch die Zuweisung irgendwelcher kleinerer Aufgaben (z.B. Mattenflechten, Kin-
derhüten oder ähnliches) in den Tagesablauf ihrer Gemeinschaft integriert. Oft konnten wir beobachten, daß
Kinder aus dem Dorf diese Frauen durch (die betreffende
Frau anscheinend sehr ärgerlich machende) Zurufe hän-
selten oder sich auch in unserer Anwesenheit über 'die
Alte' lustig machten. Andere alte Frauen hingegen genossen ein sichtbar hohes Ansehen, trugen saubere Kleidung und wirkten ausreichend ernährt. Sie alle hatten
noch eine Beschäftigung, die ihrem Alter bzw. ihren
körperlichen Kräften entsprach, wie. z.B. die Beauf-
sichtigung von Kleinkindern oder die Koordination und
Zuweisung der täglich zu erledigenden Aufgaben an die
Frauen des bɛ.[1]

- Die <u>Scheidungsregeln</u> der untersuchten Ethnie sind
ebenfalls bei der Analyse von Ausbeutungsverhältnissen
in Betracht zu ziehen. Kann z.B. eine schwangere Frau
geschieden werden, und zu welcher Hausgemeinschaft gehört in einem solchen Fall das Kind? In welchen Fällen
muß die Brautgabe nach einer Scheidung zurückerstattet
werden und unter welchen Umständen ist dies nicht der
Fall?[2]

Wir finden in der Literatur zu jedem der genannten Punkte
unterschiedliche Regelungen in den verschiedenen Ethnien
(vgl. Kapitel III 6.2). Ebenso reichen auch unsere eigenen Kenntnisse über diesbezügliche Regelungen bei den
Boko nicht aus, um die Situation der Frauen in dieser

----

1) Die Ursachen für diese sichtbar unterschiedliche Behandlung alter Frauen konnten wir leider während unseres Aufenthalts in Bensɛkou nicht herausfinden. Jedoch scheint uns die Begründung weder allein in der
   Zahl der zur Welt gebrachten Kinder, noch in dem jewei-
   ligen physischen Alter der Frauen zu liegen, da wir in
   beiden Punkten gegensätzliche Erfahrungen machen
   konnten.

1) Zu den Scheidungsregelungen der Boko siehe Kapitel
   III 6.2

Gesellschaft eindeutig zu benennen. Eines bleibt jedoch
festzuhalten: gleichgültig, ob wir hier oder dort von
'ökonomischer Ausbeutung' der Frau im Bereich der generativen Reproduktion sprechen wollen oder nicht, ihre
soziale Situation ist bei den Boko, wie auch bei vielen
anderen Ethnien, deutlich charakterisiert. Die Frau hat
weder das Recht, über ihre eigene Zukunft zu entschei-
den, noch über die ihrer Kinder. Ist sie ledig, so bestimmen die Verwandten des Mädchens über das, was sie
zu tun oder zu lassen hat. Väter und Großväter finden
den für sie geeigneten Mann, die ihr zustehende Zukunft.
Ist die Frau verheiratet, so übernehmen der Ehemann und
dessen Familie diese Aufgaben. Selbst wenn man ihr eine
ökonomisch gesicherte Zukunft verspricht, so nimmt man
ihr doch die Möglichkeit, ihr Leben nach eigenen Vorstellungen zu gestalten.
Es bleibt u.E. angesichts dieser Tatsachen die Frage,
ob man 'Ausbeutung' oder soziale 'Unterdrückung' der
afrikanischen Frau inhaltlich überhaupt voneinander zu
trennen vermag. Adäquate Kriterien und Maßstäbe zur
Beantwortung dieser Frage müssen u.E. noch ausgearbei-
tet werden.

5.1.2 Die regenerative Reproduktion

Die Frau in Bensékou ist zuständig für die Sauberkeit
von Haus und Hof; sie bereitet die Mahlzeiten für sich
selbst, ihren Mann und dessen Familie; sie ist verantwortlich für die Herstellung von Zusatznahrungsmitteln
(vor allem Schotenpfeffer, Tomaten, Bohnen), die in Form
von Soßen die Mahlzeiten schmackhafter machen und diese
zudem mit wichtigen Vitaminen anreichern. Solche Zusatznahrungsmittel baut die Frau in kleinen, direkt an das
Gehöft angrenzenden Gemüse- und Gewürzgärten an. Diese
werden der Frau von ihrem Mann zur Verfügung gestellt, der
auch die erste Bearbeitung des Bodens übernimmt. Für
alle anderen in diesen Gärten anfallenden Arbeiten ist
die Frau alleine verantwortlich.

Die Bereitstellung von Zusatznahrungsmitteln umfaßt auch
das Sammeln und die Verarbeitung der Karité-Nuß, aus
der in einem sehr langwierigen und anstrengenden Prozeß (sammeln, trocknen, Fruchtfleisch und Schalen entfernen, stampfen, kochen und reiben) Fett gewonnen wird.
Dieses Fett, die 'beurre de Karité (Karité- oder Schi-
butter), dient ebenfalls vor allem der Zubereitung von
Soßen und wird von den Frauen in Bensékou anstelle des
auf den Märkten üblicherweise angebotenen Palm- oder
Erdnußöls verwendet.
Die Verwaltung der Zusatznahrungsmittel obliegt den
Frauen selbst, nicht ihren Ehemännern oder dem bédéj.[1]
Da es jedoch zum Aufgabenbereich der Frauen gehört,
die Gemeinschaft kontinuierlich mit einer ausreichenden Menge dieser Gemüse und Gewürze zu versorgen, ist
eine Vermarktung dieser Produkte in größerem Umfang
kaum möglich.
Die Nahrungsmittelzubereitung umfasst neben dem eigent-
lichen 'Kochen' mehrere Arbeitsgänge, die alle in einem Gebiet, in dem es weder Strom noch fließendes Wasser gibt, mit einem großen Kraft- und Zeitaufwand verbunden sind. Zunächst müssen die Feldprodukte bearbeitet,
d.h. meist enthülst und/oder gestampft werden. Um kochen
zu können muß aber auch Wasser und Feuerholz besorgt
werden. Das Holz sammeln die Frauen in dem umliegenden
Waldgebiet des Sota. Das Wasser wird, falls möglich,
aus einem der im Dorf befindlichen Brunnen geholt. Doch
diese sind nicht tief genug und daher oft ausgetrocknet.
Die Frauen müssen dann zu einem ca. 2 1/2 km entfernten Brunnen, dem 'marigot', oder -wenn auch dieser kein
Wasser mehr enthält- zu einer ungefähr 4 km abliegen-
den Quelle gehen und das Wasser von dort aus in den
ungefähr 30 bis 40 l fassenden Kalebassen nach Hause
transportieren. Dieser weite Weg muß während der gesamten Trockenzeit (Dezember bis Juni) und auch häufig

----

1) Eine ähnliche Organisation finden wir auch bei vielen
   anderen Ethnien in Westafrika. So z.B. auch bei den
   Tallensi in Nordghana; vgl. Fortes 1967: 102f.

noch während der Regenzeit durchschnittlich ein Mal pro
Tag von jeder Frau zurückgelegt werden. Auch das Wasser
zum Waschen und Duschen müssen die Frauen von dort be-
sorgen. Kochgeschirr und Kleidung werden meist direkt
am Brunnen oder an der Quelle gewaschen.

Eine solche ausführliche Darstellung der täglichen Hausarbeiten der afrikanischen Frau erscheint uns notwendig,
um den Arbeits- und Kräfteaufwand der in Europa wie in
Afrika (vor allem von den Männern) häufig etwas gering-
schätzig bewerteten Tätigkeit einer Haushaltsführung
deutlich zu benennen. Nach einer Untersuchung von
Guillard 1960/61 in Fanvi/Dahomey, arbeiten die Frauen
durchschnittlich 32 Stunden pro Woche allein im Haushalt (Guillard 1965: 41, zit. nach Boserup 1970: 166);
eine Zahl, die in Bensékou -entsprechend den besonders
schwierigen Bedingungen des Wasserholens sowie dem
völligen Fehlen irgendwelcher Hilfsmittel im Haushalt-
unseren Schätzungen nach sogar noch um einige Stunden
übertroffen werden dürfte.

5.2 Die Produktion

Nach Angaben von Baumann (1928: 300f) wird in weiten Teilen Westafrikas die Feldarbeit hauptsächlich von den
Frauen geleistet. Den Männern obliegt lediglich die erste Bereitstellung, d.h. die Rodung der Felder. Alle

----

Fotos S.98 und 99: Frauen bei der Herstellung von Karité-
            Butter.
            Die Nußkerne werden gestampft, in gußeiserne
            Kessel umgefüllt (Fotos links) und gekocht.
            Die abgekühlte Masse wird nun auf einem glatten
            Stein zu flüssigem Brei verrieben (Foto rechts),
            anschließend in Kalebassen oder Tontöpfen ge-
            lagert. Nach einigen Tagen setzt sich an der
            Oberfläche die noch flüssige Karité-Butter ab.

weiteren Aufgaben werden von den Frauen erledigt.
Boserup (1970: 16f, 24), die diese These genauer untersucht, kennzeichnet das 'female system of farming' als
verbunden mit der Wechselwirtschaft und der Hacke als
wichtigstem Produktionsinstrument, während sie eine
Übereinstimmung von 'male systems of farming' mit
'Dauerwirtschaft' (permanent cultivation) und Pflugwirtschaft feststellt.
Dies trifft für Bensékou nicht zu. Obgleich hier die
Subsistenzproduktion und auch die einfache Warenproduktion durch Wechselwirtschaft und Hackbau gekennzeichnet
sind, tragen nicht die Frauen, sondern die Männer die
Hauptlast der agrarischen Produktion. Dies stimmt im
übrigen auch mit den Ergebnissen der Studie von Guillard
überein. Hiernach arbeiten die von ihm befragten
Frauen im Gebiet von Ouémé/Dahomey im Durchschnitt 2
Stunden wöchentlich auf dem Feld, während die Männer im
gleichen Zeitraum durchschnittlich 24 Stunden mit der
Feldarbeit beschäftigt sind (Guillard 1965: 41; zit.
nach Boserup 1970: 21). Leider stehen uns aus Bensékou
nicht derartige konkrete Zahlen zur Verfügung, so daß
wir lediglich aus den Erzählungen der Dorfbewohner ein
ungefähres Ausmaß der in der Feldarbeit getätigten Arbeitsstunden schätzen können.[1]

----

1) Zum einen beschreiben wir in diesem Abschnitt unserer
   Arbeit eine Art der Produktion, die inzwischen teilweise der Vergangenheit angehört, d.h. nicht mehr oder
   unter anderen Bedingungen praktiziert wird.Zum anderen
   war uns eine konkrete Erhebung der durchschnittlichen
   jährlichen Arbeitsstunden auch für die Gegenwart nicht
   möglich, da eine solche Erhebung teilnehmende Beobachtung während eines ganzen Jahres, mit jeweils mehr oder
   weniger produktiven Phasen, erforderlich macht. Hinzu
   kommt, daß auch unsere diesbezüglichen Interviews nicht
   sehr fruchtbar waren, da kaum eine Frau getätigte Arbeitsleistungen in ungefähre Zeitangaben umzusetzen
   vermochte.
   Es sei an dieser Stelle noch angemerkt, daß auch das
   Material von Guillard mit Vorsicht zu genießen ist,
   da es sich bei seinen Erhebungen um eine dreimonatige
   Feldstudie handelt. Es erscheint uns nur schwer möglich
   in dieser Zeit derart konkrete Zahlen zu erheben.

Festzuhalten bleibt, daß die Frauen in Bensékou nicht
die Hauptträger landwirtschaftlicher Tätigkeiten sind.
Ihr Arbeitseinsatz ist, je nach aktuellem Stand der zu
tätigenden Feldarbeiten, unterschiedlich.
In der Trockenzeit ist die Arbeit auf den Feldern meist
gering. Die Frau wird nur selten in der Landwirtschaft
gebraucht. Sie und ihre Kinder helfen dem Mann ab und
zu aus, z.B. wenn Stürme oder Tiere einen größeren Schaden angerichtet haben oder wenn der Mann längere Zeit
abwesend ist (Jagd).
Die Regenzeit ist dagegen durch ein starkes Anwachsen
der Feldarbeit gekennzeichnet. In dieser Zeit werden
alle Frauen dringend als Hilfskräfte für Saat und Ernte
benötigt. Ohne ihre Mitarbeit wäre das Einbringen einer
ausreichenden Ernte gefährdet. In solchen Regionen, in
denen die Frauen nicht an der Feldarbeit teilnehmen,
müssen daher regelmäßig Saisonarbeiter in der Landwirtschaft engagiert werden.

5.3 Verarbeitung und Handel

Eines der bei den Boko wichtigsten, von der Frau hergestellten Produkte ist, neben der zu Fett verarbeiteten
Karité-Butter (vgl. S.97), das einheimische Hirsebier
'chapalo'. Jede Frau hat für die Zubereitung einer bestimmten Menge, welche sie ihrem Mann zur Verfügung
stellen muß, zu sorgen. Über dieses Quantum hinaus produzieren jedoch die meisten Frauen zusätzlich relativ
große Mengen dieses Getränks, die sie im Dorf oder auch
an ihren eigenen Mann verkaufen. Die zur Herstellung erforderliche Hirse erhält die Frau als Gegenleistung für
getätigte Feldarbeiten von ihrem Mann oder für einen
Teil des verarbeiteten Produkts (des chapalo). Der Verkauf des Hirsebiers war in früheren Zeiten die wichtigste,
weil nahezu alleinige, Einkommensquelle der Boko-Frauen.
        Das Spinnen der in Bensékou angebauten
Baumwolle ist traditionell Aufgabe der alten Frauen, die
nicht mehr oder nur wenig im Haus oder auf den Feldern

tätig sein können. Das Weben der Stoffe wird jedoch
nicht von den Frauen, sondern von den Fulbe für die
Boko erledigt. "Wenn die Frauen mit dem Spinnen fertig
sind, bringen ihre Söhne die Baumwolle zu den Fulbe, die
sie zu Stoffen verarbeiten" (Dyássikà, eine alte Frau
aus Bensékou).
Eine weitere, allerdings nur in früheren Zeiten übliche
Aufgabe der Frauen war die Herstellung von Seife. Dieses
Produkt war, ebenso wie die zuvor genannten, fast ausschließlich für den eigenen Verbrauch bestimmt. Lediglich geringfügige Überschüsse der 'weiblichen' Produkte,
vor allem der chapalo, konnten im Dorf verkauft werden,
während der außerdörfliche Handel den Männern vorbehalten
war. "Dans l'ancien temps les femmes de Bensékou n'ont
pas fait du commerce; même maintenant, c'est moins déve-
loppé par les femmes. Ce sont les hommes qui importent
certaines choses du Nigeria" (Biɔ Kana, ein junger Mann
aus Bensékou).
Aufgrund ihrer zweifachen Einbindung in den Reproduktionsbereich waren und sind den Frauen bis heute die Grenzen
des Dorfes nach außen weitgehend versperrt:
- Haushalt und Kindererziehung belasten ihre Arbeitszeit
in einem Ausmaß, das andere Tätigkeiten nur sehr begrenzt
ermöglicht und Warenproduktion häufig verhindert.
- Der Ausschluß der Frau aus dem Produktionssektor bedingt
ihre physische Abhängigkeit von den Produkten der Männer und verhindert so ihr Ausbrechen aus den traditionellen Normen. Die Mobilität der Frauen wird beengt, Reisen in die nahe gelegenen Städte und vor allem der Handel in Kandi oder Segbana sind nicht gerne gesehen und
von den Familien oft sanktioniert. Ziel der Händlerinnen
ist es nämlich häufig, "unabhängig von irgendjemandes
Unterstützung, der des Ehemannes, der Eltern oder von
Verwandten zu sein. ... Ihre Bindung an die Familie ihres
Ehemannes ist deshalb nicht mehr so eng, und sie muß sich
nicht mehr der Autorität des Familienoberhauptes unter-
ordnen" (Seibel 1969: 20). Dies aber kann nicht das Ziel
der dörflichen (Männer-) Gemeinschaft sein. Die Frau,
wichtigste und unersetzliche Reproduktivkraft der Fa-

milie, muß kontrollierbar und damit sozial und ökonomisch
an die Gemeinschaft gebunden bleiben.[1] So dienen dann
Sprüche vom Sittenverfall und der Unmoral in den Städten
als Legitimation einer 'Schutzherrschaft' der Gemeinschaft über die soziale und ökonomische Mobilität der
Frauen. "Zweifellos trägt die Größe und Unübersichtlich-
keit der städtischen Märkte dazu bei, daß die sozialen
Kontrollen, denen die Frauen bisher durch ihre Familien
und Nachbarn unterworfen waren, sich lockern. Die Mitglieder ihrer 'lineage' sind zerstreut und können nicht
mehr wie früher das Interesse des Mannes wahren, indem
sie die Moral der Frau überwachen" (Grohs 1967: 220)[2].
Die relativ große Entfernung Bensékous zu größeren Städten
des Landes, z.B. 30 km unwegsame Straße mit unregelmäßi-
gen Verkehrsverbindungen zum nächsten erreichbaren Markt
in Kandi, tun ein weiteres, um die ansonsten bei den
westafrikanischen Frauen weit verbreiteten Handelsakti-
vitäten zu verhindern.

----

1) Laura und Paul Bohannan (1968: 146ff, 190, 242) berichten von Tiv-Händlerinnen, die nur solche Markt-
   plätze aufsuchen (dürfen?), die durch soziale Beziehungen mit der lineage ihres Mannes in Verbindung stehen.

2) Grohs erkannt zwar richtig das Phänomen der sozialen
   Kontrolle durch die Familien- und Dorfgemeinschaft,
   bezieht sich aber im folgenden auf das Problem der
   'Moral' der Frauen in den Städten, wobei er die reale
   Funktion der Kontrollmechanismen übersieht.

6. <u>Die soziale und politische Organisation der Sub-
   sistenzökonomie</u>

In der bisherigen Darstellung haben wir uns vor allem mit der gesellschaftlichen Basiseinheit, der Hausgemeinschaft und ihren Mitglieder beschäftigt. Der Pro-
duktions- Reproduktionszyklus bindet die Hausgemeinschaft,
wie wir gesehen haben, an andere Hausgemeinschaften, was
eine übergeordnete Struktur der sozialen und politischen
Organisation erfordert. Es würde den Rahmen dieser Arbeit
sprengen, diesen Bereich in seiner Gesamtheit erfassen
zu wollen. Um die rasche Ausbreitung warenökonomischer
Beziehungen durch Ochsenpflug und Baumwollproduktion
verstehen zu können, ist es jedoch notwendig, die folgenden Fragen zu beantworten:
- Inwiefern entsprechen die Autoritätsverhältnisse innerhalb der Hausgemeinschaft denen auf gesamtgesellschaftlicher Ebene?
- Welche Machtstrukturen und Zwangsmittel beinhaltet das
  Verhältnis zwischen subsistenzökonomischer Produktionsweise und Reproduktionsweise?
- Welchen gemeinsamen Bestimmungen unterliegen die Autoritätsverhältnisse in einzelnen Sozialbereichen?
- Welcher Natur sind die Beziehungen zwischen den einzelnen gesellschaftlichen Gruppen?

6.1 <u>Gesellschaftliche Hierarchie und soziales Wissen</u>

Wie wir bereits gesehen haben, existiert im bɛ̌ innerhalb
der Gruppe der Männer eine Hierarchisierung, deren Spitze
die Alten einnehmen. Unter 'Alten' verstehen wir eine
Kategorie von Männern, die aufgrund ihrer sozialen Eigenschaften die gesellschaftlichen Entscheidungsposi-
tionen innehaben. Diese sozialen Eigenschaften bestehen
in dem <u>Besitz einer Nachkommenschaft</u>, der Basis eines
selbstständigen Agierens im Rahmen der Frauenzirkulation,
und der <u>Verfügung über soziales Wissen</u>. Dieses beinhaltet
die Kenntnis vom Wirken transzendentaler und materieller
Naturkräfte sowie soziale Erfahrung und historisches
Wissen, das institutionell umgesetzt in sozio-kulturelle

Normvorstellungen individuelles Handeln bestimmt.[1]
Erschien bisher der bèdéò als einziger Alter in der
Hausgemeinschaft, so werden wir nun sehen, daß diese
soziale Kategorie durch die genannten Zugangskriterien
eine größere Gruppe umfaßt.[2] Die Ursachen und Mechanismen zur Aufrechterhaltung dieser Vorrangstellung der
Alten sollen im folgenden untersucht werden.

Wir haben schon darauf hingewiesen, daß die Ackerbauproduktion gekennzeichnet ist durch bestimmte, sich kontinuierlich wiederholende Arbeitszyklen. Diese unterscheiden sich in solche, in denen Arbeit investiert werden muß, und andere, in denen das Arbeitsprodukt verfüg-
bar wird, 'geerntet' werden kann. Meillassoux(1976: 55)
charakterisiert dies als Perioden, in denen ein Energie-
vorschuß der Produzenten statt findet bzw. in denen die
vorgeschossene menschliche Energie in Form der geernteten Produkte zurückgezahlt wird. Ausgehend von diesen
Perioden der Vorschüsse und Rückzahlungen stellt er die
These auf über die Vorrangstellung der Alten als denje-
nigen, welche als erste das Land erschlossen, den Boden
bearbeitet und das Saatgut zur Verfügung gestellt haben.
"Unter ihnen verdankt der Älteste im Produktionszyklus
niemandem mehr etwas außer den Ahnen, während er die
Totalität dessen auf sich konzentriert, was die Jüngeren
der Gemeinschaft schulden, die er nun auf diese Weise
verkörpert"(Meillassoux 1976: 55). Danach beruhen die
Produktionsverhältnisse auf einer "auf der Anteriorität
(oder dem 'Alter') gründenden hierarchischen Struktur;
...sie definieren eine Zugehörigkeit, eine Struktur und
eine Verwaltungsmacht, die dem Ältesten im Produktionszyklus zufällt"(ebd.: 56).

----

1) Die einfachen Produktionstechniken und die kollektive
   Arbeit widersprechen der älteren These, daß die Autorität der Alten vor allem auf ihrem Produktionswissen
   beruht. Dieses besitzen alle Produzenten zwangsläufig
   nach einiger Arbeitszeit.

2) Der Begriff 'Alte' ist mißverständlich, da seine soziale Dimension in der Literatur oft mit der physischen verwechselt wird. Das soziale Alter korreliert
   zwar positiv mit dem physischen Alter, ist aber nicht
   mit ihm deckungsgleich.

Die Erklärung des 'Anterioritätsprinzips in der Produktion' als reale Basis der Produktionsverhältnisse erscheint uns problematisch. Meillassoux fragt nicht nach
seiner Wirkungsweise, setzt also anscheinend voraus,
daß das Vorschuß-Schuld-Prinzip von den Mitgliedern der
Gemeinschaft bewußt wahrgenommen und akzeptiert wird.
Dafür gibt es jedoch keinerlei Anhaltspunkte. Das Ante-
rioritätsprinzip bildet zwar zum Teil die Grundlage der
Position der Alten, aber nicht auf der ökonomischen,
sondern der ideologischen Ebene.
Die Ahnen als "Kraft ohne Anfang"(Chitepo, ohne Angabe;
zit. nach Davidson 1970: 37), als die "Gründer der Gemeinschaft"(Davidson 1970: 37) verehrt, stehen gerade
für die Aufrechterhaltung eines hierarchischen Systems,
in welchem die Alten als diejenigen, die den Ahnen am
nächsten stehen, die Gesamtheit der Würde demonstrieren,
die diesen gebührt. Die Beziehung zwischen Alten und
Ahnen wird wirksam als Bestandteil des sozialen Wissens,
d.h. des Bereichs, aus dem die Alten die Berechtigung
ihrer Sanktionsgewalt sowie ihre Sanktionsmaßnahmen
selbst ableiten.
Die Ahnen verkörpern mehr als nur den Ursprungsmythos.
Bei den Boko gehören die gyàdé (Geister der Ahnen) zu
jenen transzendentalen Wesen, die selbstständig handelnd
in die gesellschaftliche Realität eingreifen. Die Boko
scheinen drei Klassen dieser Wesen zu kennen, lúa (dieu),
den einzigen'Gott', tá (fétiches) und gyàdé (diables)[1].
Es gibt verschiedene tá, so gùsîneï, der um Regen ange-
betet wird, und wùoweï sowie màanasá, die beide Krankheiten heilen können aber auch prophylaktisch zum Erhalt der Gesundheit angerufen werden.[2] Die gyàdé können

----

1) Die in Klammern gesetzte Klassifizierung unserer Über-
   setzer deutet auf eine solche Differenzierung hin,
   wenngleich die französischen Begriffe die emischen
   Bedeutungsinhalte verfälschen.

2) Die auf S.68 angesprochene Sonderstellung der Schmiede
   drückt sich im transzendentalen Bereich dadurch aus,
   daß für sie ein besonderer tá, der gbìabà zuständig
   war.

sowohl Gutes tun als auch Unheil stiften, z.B. Krankheiten verursachen, wenn den Ahnen (d.h. meistens, den
Alten) nicht der angemessene Respekt entgegengebracht
oder Schulden nicht bezahlt werden. Die gyàdé stellen
damit in der Hand der Alten ein effektives Mittel zur
Absicherung ihrer Position dar: "Wenn die Alten nach dem
Tode noch Macht über ihre Gruppe haben, dann kann man
sie, solange sie leben, nicht ohne zukünftigen Schaden
zurücksetzen oder verhungern lassen. Die Vorstellung,
daß sie - dem Tode nahe - schon mit den Verstorbenen
Kontakt aufnehmen und diese zur Einflußnahme bereden
können, verstärkt den Effekt dieser Ideologie "(Elwert
1973: 138).
Die Alten besitzen ein gemeinsames Interesse an der Erhaltung ihres Status, der sie als hervorragende Träger
des sozialen Wissens in der Gesellschaft kennzeichnet,
da jedes Wissen dessem Besitzer eine Position der Autorität, eine Rolle als Führer über die Nicht-Wissenden verleiht. Der Absicherung dieser Autorität der Alten dient
der streng reglementierte Zugang zum Kreis der Wissen-
den. Der institutionalisierte Kontakt zu den transzendentalen Kräften liegt in den Händen der Chefs und einiger
anderer Instanzen, deren Aufgabengebiete fest umrissen
sind. Oberster Chef im Dorf ist der gbὲsὲkûkî (Dorfchef),
der zugleich auch tɛelὲkî (Erdherr) ist. Der wichtigste
Chef neben dem Dorfchef ist der tóekî (Jagdchef), ihm
folgen der ὲsὲkî (Chef der Heiler) und der gὲvînkî (Beerdigungschef). Neben den Chefs gehören zu den Vermitt-
lern zwischen materieller und transzendentaler Welt
auch die Heiler(ὲsὲdé) und die Weissager (màsókená). [1]
Die Beziehungen dieser Personen oder Instanzen untereinander zeichnen sich dadurch aus, daß bei wichtigen
Entscheidungen meistens mehrere von ihnen zusammen agieren. Für die Jagd haben wir das Zusammenspiel von ὲsὲdé
und tóekî schon beschrieben . Außerdem muß der tóekî

----

1) Wahrscheinlich sind es noch mehr, von denen wir nur
   nichts erfahren haben.

den Jagdzeitpunkt mit dem gbɛsɛ̀kũkĺ absprechen. Auch
der gbɛ̀sɛ̀kũkĺ bedarf zur Ausführung bestimmter Handlungen der Mithilfe anderer Personen. So obliegt es ihm,
zu Beginn der Trockenzeit einen 'Vertrag' mit den tã zu
machen, damit diese Krankheiten vom Dorf fernhalten.
Er muß auch die tã zu Beginn der Regenzeit , d.h. der
Produktionsperiode, in einer rituellen Handlung um Regen
und eine gute Ernte bitten. Zu beidem benötigt er den
mɔ́rànyɛ̀(responsable de la religion), der mit den tã sprechen und ihnen Tiere opfern kann. Nach Aussage des
mɔ́rànyɛ̀ können dies auch andere Alte, ihm ist es jedoch
als einzigem erlaubt bei Problemen, die das ganze Dorf
betreffen. Die Einschränkung der Handlungsbefugnisse
des einzelnen wird aus der Erzählung von Orugbɛ̀a, dem
jetzigen mɔ́rànyɛ̀, deutlich: Sein Vater war der frühere
mɔ́rànyɛ̀. Als dieser starb, war er selbst noch zu jung,
um dessen Platz zu übernehmen. Es war interessanterweise
der gbɛ̀sɛ̀kũkĺ, der ihm das dazu notwendige Wissen über
die tã beibrachte! Obwohl über das gleiche Wissen wie
der mɔ́rànyɛ̀ verfügend, darf der gbɛsɛ̀kũkĺ jedoch selbst
nicht mit den tã in Kontakt treten.
Die Verteilung der Funktionsbefugnisse auf einzelne Personen innerhalb der Gruppe der Alten schränkt die individuellen Handlungsmöglichkeiten von Entscheidungsträ-
gern ein, wie die Aussage des mɔ́rànyɛ̀ zeigt. Dies deutet
u.E. auf interdependente Kontrollstrukturen innerhalb
der Gruppe hin, die über die gesellschaftliche Entscheidungsgewalt verfügt, durch die individuellem Mißbrauch
von dieser Entscheidungsgewalt vorgebeugt werden kann.
                Wir wissen zu wenig über diesen Be-
reich, um seine innere Struktur näher darstellen zu
können. Festzuhalten bleibt, daß die Alten durch die
Kenntnis der transzendentalen Welt und ihrer Akteure
nicht allein religiöse Führungspositionen innehaben,
sondern direkt auch politische Entscheidungsgewalt besitzen und Funktionen im Produktionsprozeß einnehmen:
das Fruchtbarkeitsgebet z.B. ist, emisch gesehen, eine
notwendige Handlung im Rahmen der Produktion.

Konflikte, die die Kompetenz des bɛ überschreiten, werden auf Dorfebene im Rat der Alten geregelt. Sanktionsmaßnahmen bei Normbrüchen wie Diebstahl oder Tötungs-
delikten werden unter Berufung auf tắ und gyắdế getroffen.

Insgesamt beinhaltet das soziale Wissen ein Konglomerat
von Elementen, die hier mit den Begriffspaaren Natur-
gesetzlichkeit-Sozialgesetzlichkeit und Ideologie-mate-
rielle Erkenntnis nur umschrieben werden können. Als
soziales und politisches Regulationsinstrumentarium
verleiht es den Alten eine herausragende gesellschaftliche Position. Damit ist ihre Stellung jedoch nur zum
Teil erklärt, denn durch die Institution des Frauentauschs verfügen sie auch über eine reale ökonomische
Macht. Diese wollen wir im folgenden untersuchen.

6.2 Die Organisation der generativen Reproduktion

Es ist klar, daß das Fortbestehen der Hausgemeinschaft
abhängig ist von ihren Fähigkeiten,sich selbst, d.h.
ihre Mitglieder zu reproduzieren. Die geschieht durch
die Öffnung auf andere Hausgemeinschaften, d.h. ein
Teil der Gemeinschaft, bei den Boko die weiblichen Mitglieder, muß diese verlassen und durch Heirat in eine
andere Gemeinschaft eintreten. Mit der Errichtung einer
solchen exogamen Institution[1] werden nun aber gleichzeitig Regelungen notwendig, die die Art und Weise der
erforderlichen Transaktionen sowie deren Voraussetzungen
und Konsequenzen festlegen. In der von uns untersuchten
patrilinearen Gesellschaft bestimmen die Heiratsregeln
den Ortwechsel der Frau in die Gemeinschaft ihres Mannes,
ihre Stellung in der aufnehmenden Gemeinschaft sowie ihr
Verhältnis zu ihrer Urgemeinschaft. Weiterhin und vor
allem aber definieren die Heiratsregeln die Filiation,

---

1) Zur Begründung der Exogamie-Regel aus der Reproduktionssicherung siehe Marie 1976: 99-101

d.h. die Beziehung der Nachkommenschaft zu der Gemeinschaft des Mannes und der Frau.
Um die Bedeutung der Kontrolle des Frauentauschs für die
Position der Alten transparent zu machen, wollen wir zunächst diese Regelungen im Bereich der generativen Reproduktion näher darstellen.

6.2.1 Die Regeln des Frauentauschsystems

Die Brautgabe

Die Brautgaben bestehen aus einem Teil der von den Jungen
an die Alten abgelieferten Produkte, die weder an die
Mitglieder das bŧ redistribuiert noch in Vorräten für
Notzeiten angelegt werden. Ihre Höhe wird von den Vätern
der zu Verheiratenden festgelegt und von der Familie des
Mannes an die des Mädchens abgeleistet. Einen Teil muß
der junge Mann noch zusätzlich erwirtschaften und selbst
bereitstellen. Er kann jedoch nie über die gesamten Brautgaben verfügen, sondern bedarf immer der von den Alten
verwalteten Güter. In Bensèkou besteht die Brautgabe traditionell zu einem großen Teil aus Nahrungsmitteln. Vom
Zeitpunkt der Heiratsabsprache bis zur Heirat (einem Zeitraum von ca. 5 Jahren) entrichtet die Familie des zukünftigen Ehemannes jedes Jahr
- je eine Kalebasse Yams
- je eine Kalebasse Mais
- je ein großes Bündel Hirse.
Der Brautfamilie wird zudem häufig nach erfolgreicher
Jagd ein Teil der Beute geschenkt. Die Braut selbst erhält zur Heirat als einmaliges Geschenk die benötigten
Haushaltsgegenstände und ca. 10 pagnes[1], einen Teil
hiervon direkt von ihrem Ehemann, den größeren Teil jedoch von dessen Familie. Zu den Aufgaben des Bräutigams
selbst gehören weiterhin:
- Erntehilfe bei der Familie der Braut, vor allem während
  der Verlobungszeit, aber auch über diese hinaus bis zum
  Tod der Mutter der Frau, wie uns einige Männer sagten;
- kleinere Geschenke an die Familie der Frau nach einer

---

1) Pagne (frz.) = ursprünglich 'Lendenschurz'; heute ein
   2 X 1 m großes Stofftuch (Kleidungsstück)

guten Ernte;

- der Bau einer eigenen Hütte für die Frau und ihre zukünftigen Kinder,sowie die Anlegung eines Gemüsegartens
in der Nähe dieser Hütte.

Die Höhe des Brautgeschenks hängt dabei   nicht von
den Eigenschaften der Frau ab, sondern von der sozialen
und ökonomischen Stellung des Mannes bzw. von dessen
Familie. Lediglich starke körperliche Gebrechen, die die
Arbeitsfähigkeit der Frau beeinträchtigen oder ein schlechter Ruf der Braut (z.B. wenn ihr voreheliche sexuelle
Beziehungen nachgewiesen werden können) können sich in
einer Verminderung der Brautgaben auswirken.

Die Ehe

Ausgangspunkt einer Eheschließung ist immer die Familie
des Mädchens.[1]Wenn das Mädchen ein Alter von ca. 10 Jahren erreicht hat, wird ein Abgeordneter ihrer Familie
-meist der Vater- zu der Familie des erwünschten Ehemanns geschickt, der sie als zukünftige Schwiegertochter
anbietet. Während der junge Mann, der zu diesem Zeitpunkt ca. 20 bis 22 Jahre alt ist, von der gewünschten
Verbindung sofort informiert wird, da er mit der Ableistung der Brautgabe beginnen muß, erfährt das junge
Mädchen offiziell erst kurz vor der Heirat, wem sie
zugedacht ist. Praktisch ist es jedoch nicht möglich,
diese Geheimhaltung tatsächlich einzuhalten.[2]
Jeder der an der zukünftigen Eheschließung Beteiligten
ist praktisch gezwungen, die von der Familie des Mädchens angebotene Verbindung zu akzeptieren. Die Ablehnung eines solchen Angebots wird -auch dann, wenn sie

----

1) Vgl. hiermit die Form der 'money with woman marriage'
in Herskovits' Systematisierung der Heiratsfomen
(1938: 301f).

2) Mädchen im Dorf erzählten uns, daß es immer Mittel und
Wege gäbe, die offizielle Regelung zu umgehen. Zum
einen würden es die Mütter meist nicht an zahlreichen
Andeutungen über den zukünftigen Ehemann fehlen lassen
und außerdem brauche man schließlich nur aufzupassen,
wer der Familie die geforderten Brautgaben überbringe.

bereits vor der Ableistung der Brautgabe erfolgt- mit
harten Maßnahmen bestraft:
- lehnt die Familie des jungen Mannes ab, so bedeutet
dies eine äußerst grobe Beleidigung für die Familie des
Mädchens. Dies hat für beide Familien den Verlust ihres
guten Ansehens zur Folge;
- eine Ablehnung durch den erwünschten Bräutigam selbst
bedeutet für ihn, daß kein anderes Mädchen des Dorfes ihn
noch zum Mann nehmen würde;
- eine Ablehnung durch die zukünftige Braut zieht den Ver-
stoß aus der eigenen Familie nach sich.
In Ausnahmefällen, z.B. wenn das Mädchen von einem anderen Liebhaber schwanger ist, einigt man sich innerhalb der drei betroffenen Familien. Der Verlobte erhält
in einem solchen Fall normalerweise alle bis dahin abge-
gebenen Heiratsgüter zurück, die nun an seiner Stelle
der Liebhaber an die Familie des Mädchens zu zahlen hat.[1]
        Geheiratet wird außerhalb des Gehöfts, jedoch
vorzugsweise innerhalb des Dorfes. Eine Ehe zwischen zwei
Nachfahren des gleichen Ahnen ist offiziell nicht erlaubt,
dürfte aber aufgrund der eingeschränkten Zahl der Dorfbewohner in der Realität nicht ausgeschlossen sein.

Die Heiratszeremonie

Nach erfolgter Ableistung der Brautgabe durch den zukünftigen Ehemann und dessen Familie findet die Heirats-
zeremonie statt. An einer solchen Zeremonie nahmen wir
in Bensékou teil: Am Abend des Hochzeitstages versteckte
sich die Braut irgendwo im Dorf, und die Frauen aus dem
bę des Bräutigams begannen sie im Dunkeln zu suchen.
Er selbst wartete unterdessen vor seiner Hütte und ging
schließlich gegen Mitternacht weg, um Freunde zu besuchen.
Falls die Braut nicht mehr gefunden werden könne, so
klärte man uns auf, werde die Suche am folgenden Tag
weitergehen, so lange eben, bis man sie gefunden habe.

---

1) Vgl. die 'woman give back woman marriage' bei Herskovits (1938: 310f).

Gegen Morgen wurde die junge Frau schließlich ins bé
gebracht und der Ehemann konnte das Fest eröffnen, das
in dieser und der folgenden Nacht mit Musik und Tanz gefeiert wurde. Unsere Frage nach der Bedeutung der Zeremonie wurde von den Dorfbewohnern lediglich mit dem
Hinweis beantwortet, daß dies halt so üblich sei.
Arriens und Baege haben nun herausgefunden, daß in solchen Ethnien, in denen in früheren Zeiten der Frauenraub keine Seltenheit war, "der Raub ... zu einer Zeremonie, zu einem Begleitumstand einer Hochzeit, den die
gute Sitte erfordert" (Arriens 1929: 363) geworden ist:
"Heutzutage hat sich die Erwerbung der Mädchen durch
Raub glücklicherweise ... etwas abgeschwächt und in
eine Art S c h e i n r a u b verwandelt. Die Mädchen
werden zwar noch durch Raub erworben, aber immer schon
ist vorher alles genau mit dem Schwiegervater besprochen
und ausgemacht worden. Nur der Tradition halber wird das
Mädchen gewaltsam entführt ..." (Baege 1931: 22).
Dies ist bei den Boko als ehemaligen Protoackerbauern
wahrscheinlich, da nach Meillassoux (1976: 40ff) Gesellschaften, die dem Typ der 'Protoagrikultur' entsprechen,
die Zahl der zur Reproduktion der Gemeinschaft notwendigen Frauen ständig durch den Raub von Frauen aus anderen Gemeinschaften korrigieren.

Die Kinder
Gegen Ende einer Schwangerschaft kehrt die Frau zu ihrer
Ursprungsfamilie zurück, um dort das Kind zur Welt zu
bringen. Sind ihre Eltern geschieden, so begibt sie sich
zum derzeitigen Aufenthaltsort ihrer Mutter[1]. Alle von
ihr geborenen Kinder gehören in jedem Fall zur Familie
des Mannes. Dieses Gebot wurde durch die Brautgabe geregelt und hierzu gibt es keine uns bekannte Ausnahme.
Bei einer Scheidung verliert die Frau ihre Kinder, unabhängig davon, welcher der Ehepartner die Scheidung
wünscht und welches ihre Ursachen sind. Das gleiche gilt

----

1) D.h. zur Ursprungsfamilie der Mutter oder, falls diese
   wieder geheiratet hat, zur Familie ihres neuen Mannes.

für den Tod des Ehemannes, bei dem die Frau in den meisten Fällen zu ihrer Ursprungsfamilie zurückkehrt - jedoch
ohne ihre Kinder.
Häufig werden auch ältere, nicht mehr gebärfähige Frauen
aus dem Gehöft des Mannes 'ausquartiert'. Eine solche
Frau erhält von ihrem Mann Unterkunft und Nahrungsmittel,
hat aber ansonsten kaum noch Verpflichtungen oder Ansprüche gegenüber der Familie ihres Mannes. Sie sorgt
lediglich weiterhin für ihre unverheirateten Töchter sowie für die jüngeren Söhne, die allerdings im Alter von
etwa 10 Jahren in das Haus des Vaters ziehen und diesem
als Arbeitskräfte zur Verfügung stehen. Die Töchter leben bis zu ihrer Verheiratung bei der Mutter und helfen
ihr bei der Haus- und Gartenarbeit. Der zukünftige Ehemann der Mädchen wird indessen vom Vater ausgewählt, der
auch die Brautgaben für alle Töchter erhält.
Vorehelicher sexueller Verkehr wird bei den Boko streng
sanktioniert. Eine ledige Mutter verliert in der Regel
ihr gutes Ansehen und erhält bei ihrer Verheiratung ein
stark verringertes Brautgeschenk. Ein voreheliches Kind
gehört immer zur Familie der Mutter. Handelt es sich um
eine Tochter, so darf die Mutter sie, mit der Zustimmung
ihres Mannes, in dessen Haus aufziehen. In diesem Fall
stellt der Mann zwar die Lebensmittel für das Mädchen
zur Verfügung, für alles übrige jedoch, z.B. für Kleidung, muß die Mutter aber selber sorgen. Den Brautpreis
für dieses Mädchen erhält allerdings in jedem Fall die
Familie der Frau.
Erwartet eine verheiratete Frau ein Kind von einem Liebhaber, so wird es als dasjenige des Ehemannes betrachtet,
falls dieser es nicht vorzieht, seine Frau fortzuschicken
und die Heiratsgüter zurückzuverlangen. Im letzteren
Fall gehört das Kind wieder zur Familie der Frau, bzw.
zu der des Liebhabers, falls dieser die Brautgabe auf-
bringt und die Frau heiratet.
Die Erziehung der Kinder erfolgt vor allem durch die
Mutter. Bis zum 2. Lebensjahr werden sie fast ständig
von ihr auf dem Rücken getragen. Die 3 bis 4jährigen
werden meist schon von ihren nur wenige Jahre älteren

Geschwistern und den Großmüttern betreut. In diesem Alter werden die Kinder bereits mit den wichtigsten Regeln
und Gepflogenheiten der Gemeinschaft vertraut; sie beobachten die Mutter und die Geschwister bei ihren täglichen Aufgaben und lernen bald selbst, kleinere Arbeiten
zu erledigen. Im Alter von ca. 6 Jahren kümmern sie sich
bereits um die jüngeren Geschwister.
Bis zu diesem Zeitpunkt unterscheidet sich die Erziehung
von Jungen und Mädchen kaum. Häufig sieht man sie auch
gemeinsam spielen oder irgendwelche Arbeiten erledigen.
Im Alter von etwa 7 Jahren ändert sich jedoch das Bild:
die Jungen lösen sich von der Mutter und deren häuslichen Arbeiten und begleiten nun häufig ihren Vater auf
das Feld, wo sie langsam die dort zu verrichtenden Aufgaben kennenlernen. Zur Erntezeit bewachen sie die Felder.
Mit etwa 12 Jahren erhalten die Jungen vom Vater das erste Stück Land, welches sie von nun an selbst bearbeiten
und dessen Erträge ihnen selbst gehören.
Jungen und Mädchen sieht man in diesem Alter nur noch
selten zusammen. Gleichzeitig mit der Teilung der Arbeitsbereiche findet auch eine Trennung in der sozialen
Öffentlichkeit statt. Bei Dorffesten z.B. gesellen sich
die Jungen zu den Männern, während die Frauen, Mädchen
und Kleinkinder eine gesonderte Gruppe bilden, die immer etwas abseits vom Geschehen zu finden ist. Auch ihre
Tänze finden immer erst im Anschluß an die der Männer
statt. Ebenso werden auch die Mahlzeiten an getrennten
Orten eingenommen, wobei die Frauen stets erst dann mit
dem Essen beginnen, wenn sie die Männer versorgt haben.
      Die Mädchen lernen bis zu ihrer Verheiratung
im Alter von ca. 14 Jahren von ihrer Mutter und den älteren Schwestern alle Fähigkeiten, die sie später beherr-
schen müssen. Sie helfen der Mutter bei der Haus- und
Gartenarbeit sowie der Zubereitung von Karité-Butter und
Hirsebier. Mit etwa 12 Jahren erhalten sie einen eigenen
kleinen Gemüsegarten, den sie bald selbstständig bearbeiten.

Foto rechts: Zu den Aufgaben der Jungen zählt das Hüten
             der Ochsen beim Weiden.

Initiationsriten gibt es nach Angaben der Dorfbewohner
bei den Boko nicht. Die soziale Integration der Kinder
und Jugendlichen erfolgt durch eine schrittweise Aufnahme
der Jungen und Mädchen in die Gemeinschaft der Erwachsenen
und die damit verbundene Übernahme entsprechender Aufgaben und Verantwortung.

Die Scheidung

Die Scheidung einer Ehe ist bei den Boko sowohl auf Ver-
anlassung des Mannes wie auch der Frau möglich und wird
nach Angabe der Dorfbewohner häufig praktiziert. Die
Durchführung einer Scheidung und die Regelung von An-
sprüchen erfolgt auf Familienebene. Gelingt hier eine
Einigung nicht, so entscheidet der Dorfrat. Für eine
Scheidung müssen Gründe vorliegen; als solche wurden uns
genannt:

(1) für den Mann:
- Ehebruch der Frau; in diesem Fall muß der Liebhaber
  dem Ehemann eine Entschädigung zahlen, die heute mone-
  tarisiert ist und uns mit etwa 500.- DM angegeben
  wurde.[1] Die Summe liegt höher, wenn der Ehebruch im
  Haus des Ehemanns erfolgt ist;
- Respektlosigkeit der Frau;
- Nichteinhaltung von Pflichten durch die Frau;
- ständige Beleidigungen einer Frau gegenüber einer anderen Frau des gleichen Mannes;

(2) für die Frau:
- Mißhandlung durch ihren Mann;
- Nichteinhaltung von Pflichten durch den Mann;

(3) wenn beide Ehepartner die Ehe lösen wollen.
Jede dieser Möglichkeiten muß jedoch erst nachgewiesen
werden, um als Scheidungsgrund anerkannt zu werden. Eine
Frau, die aufgrund ihres fortgeschrittenen Alters nicht
mehr in der Lage ist, sich selbst zu versorgen, kann
gegen ihren Willen nicht geschieden werden.
Kinderlosigkeit ist nach Angaben unserer einheimischen
Informanten kein Scheidungsgrund bei den Boko. Diese

----

1) Wir haben solch eine Konfliktregelung nicht selbst beobachtet. Wir möchten daher nicht ausschließen, daß
   unsere Informanten mit dieser - uns sehr hoch erschei-
   nenden - Zahl weniger einen exakten Geldbetrag meinten
   als eine Verdeutlichung der Dimension: 500 DM=sehr hoch.

Tatsache unterscheidet sich allerdings von Beobachtungen
bei anderen afrikanischen Ethnien. So nennen z.B. Schramm
und Küper (1969, Bd.1: 287) in einer -im übrigen ober-
flächlichen und mit eurozentristischen Vorstellungen
durchsetzten- Untersuchung über Dahomey die Unfruchtbarkeit einer Ehe als den häufigsten Scheidungsgrund. Da
diese Aussage sich allerdings auf die staatliche Einheit
'Dahomey' bezieht, stellt sie eine Verallgemeinerung
dar, die angesichts der unterschiedlichen Sozialstukturen
der dort lebenden Ethnien u.E. unzulässig ist.

So bezeichnet z.B. Bohannan die Unfruchtbarkeit der
Frau bei den Fon im vorkolonialen Königreich Dahomey
nicht als Scheidungsgrund. "The ritual 'payment' merely
sealed the transfer of jural authority over her children
when and if born; it did not guarantee her fertility"
(Bohannan 1949: 276).

Beier (1955: 42) hingegen nennt sowohl Unfruchtbarkeit
der Frau als auch Impotenz des Mannes als vorwiegende
Scheidungsgründe bei den Yoruba. Dasselbe berichten
Meek (1937: 279) und Obi (1966: 366) von den Ibo in
Nordnigeria. Reuke (1969: 44) gibt für die Maguzawa in
Nordnigeria Zeugungsunfähigkeit des Mannes, nicht aber
Unfruchtbarkeit der Frau als Scheidungsgrund an.

Le Hérissé schreibt über die Fon im Süden Dahomeys, daß
zwar "la stérilité du mari peut amener le divorce, mais
dans ce cas, la femme se prête généralement à un modus
vivendi qu'un Européen ne manquera pas de trouver
bizarre, mais qui, là bas, est une chose toute naturelle:
l'épouse se lie momantanément à un frère ou à un ami de
son mari et les enfants qu'elle met au monde appar-
tiennent à ce dernier, ou plutôt à la famille de ce
dernier" (Le Hérissé 1911: 208). Das Problem der
fehlenden Nachkommenschaft ist somit auf einfache
Weise gelöst.

Die Vielzahl der Regelungen deutet auf eine größere
Flexibilität der Problemlösung je nach den gegebenen
Umständen hin. Man könnte hier vermuten, daß die Regeln z.B. in Zeiten eines Frauenüberschusses anders
interpretiert werden, als in Zeiten von Frauenmangel.

Nach Angabe unserer Informanten müssen die Heiratsgüter
im Fall einer Scheidung bei den Boko nicht an die Familie des Mannes zurückerstattet werden. Die Entschädigung für den Mann, so sagte man uns, sei dessen Recht,
alle aus der Ehe hervorgegangenen Kinder in seinem Haus
zu behalten. Die einzige zahlungspflichtige Scheidung
sei der bereits angesprochene Ehebruch durch die Frau,
bei welchem aber auch nicht sie, sondern der Liebhaber
eine Strafe zu zahlen habe.

6.2.2 Brautgabe und Kontrolle der Frauenzirkulation

Das System des Frauentauschs dient der Zirkulation der
Frauen der Dorfgemeinschaft zwischen den einzelnen Hausgemeinschaften. Dies ist notwendig, da die Hausgemeinschaft durch die begrenzte Zahl ihrer Mitglieder nicht
alleine in der Lage ist, zu jeder Zeit ein Gleichgewicht
zwischen Männern und Frauen sowie zwischen produktiven
und unproduktiven Mitgliedern herzustellen.
Das heißt gleichzeitig, daß die reproduktiven Fähigkeiten der Frau, die den Fortbestand der Gemeinschaft garantieren, letztendlich nicht durch materielle Gegengaben,
also Brautgeschenke ausgeglichen werden können. "Es
liegt klar auf der Hand, daß eine geschlechtsreife Frau
in ihren reproduktiven Fähigkeiten durch nichts anderes
aufgewogen werden kann als durch eine andere geschlechtsreife Frau"(Meillassoux 1976: 57f).[1] Jeder, der eine
Frau abgibt, erwartet folglich auf kurz oder lang auch
eine Frau zurück. Diese nach Meillassoux (ebd.: 58) auf
"bilateralen oder multilateralen Übereinkünften" be-
ruhende Organisation des Frauentauschs scheint nun zunächst die Institution der Brautgabe als unnötig heraus-
zustellen, denn wo liegt die Bedeutung eines Brautgeschenks, wenn es von vorne herein feststeht, daß dieses
früher oder später durch die Abgabe einer Frau an seinen
Besitzer zurückkehrt?

----

1) Wir beziehen uns im folgenden vor allem auf Thesen von
   Meillassoux(1960; 1964: v.a. 207-225; 1976: v.a. 56-
   64).

Seine Funktion liegt einerseits darin, eben diese
Rückgabe einer Frau als soziale Verpflichtung sichtbar
zu machen. Die Materialität der Brautgabe, "die nur die
Schuldforderung, nicht aber den Gegenstand der Schuldforderung darstellt, ist also von deren Inhalt unabhängig"(Meillassoux 1976: 79). Bei den Fon z.B. hatte
sie früher "in der Form der Kauri-Kette nur die Form
einer affirmativen Transaktion, d.h. nicht das weiter-
gegebene Gut war wichtig, sondern die Transaktion be-
stätigte eine bestimmte soziale Beziehung"(Elwert 1976:
68). Als Symbol einer sozialen Beziehung zwischen Hausgemeinschaften brauchen die Heiratsgüter auch nicht notwendigerweise Verbrauchseigenschaften zu besitzen, wie
die Nahrungsmittel bei den Boko. Bei den Gouro z.B.
gehen sie weder in der Produktionssphäre noch in der
Reproduktionssphäre in den Konsum ein (vgl. Meillassoux
1964: 202).

Dieser Erklärung der Brautgabe als soziales Symbol
scheint auf den ersten Blick die Tatsache zu widersprechen, daß sich bei den Boko das Brautgeschenk bei starken körperlichen Gebrechen oder einem schlechten Ruf
der Frau verringert. Allgemeine Kriterien einer Wert-
bemessung der Frau durch die Brautgabe gibt es bei den
Boko jedoch nicht. Die beiden Fälle der Verminderung der
Brautgabe deuten u.E. darauf hin, daß die mit dem Frauentausch verbundenen Transaktionen nicht auf eine einzige Dimension reduziert werden können. Der Symbolcha-
rakter der Brautgabe schließt nicht aus, daß auch Elemente anderer Bedeutungsdimensionen in ihr enthalten
sein können, seien es Sanktionen im Fall des schlechten
Rufs der Braut oder Wertbemessungen in Fällen einer
starken Einschränkung der Arbeitskraft durch körperliche Gebrechen.[1]

----

1) Trifft diese Hypothese zu, dann kann man auch vermuten, daß die rasche Veränderung des Frauentauschsystems
   zu einem System des Frauenkaufs, die mit der Monetarisierung in vielen Gebieten Afrikas beobachtet werden konnte, nicht allein ein Resultat der ökonomischen
   Veränderungen ist, sondern zum Teil auch in diesem
   selbst angelegt ist.

Als repräsentative Güter müssen sich die Brautgaben auf
das soziale Normensystem der Heiratsregeln beziehen, da
nur deren Einhaltung eine ausgeglichene Zirkulation der
Frauen garantiert. Die Verfügung über die gesellschaftlichen Sanktionsmittel erlaubt den Alten die Kontrolle
über die Einhaltung der Heiratsregeln. Die Monopolisierung der Heiratsgüter jedoch ermöglicht ihnen die Kontrolle über die Verteilung der Frauen und damit auch
über die Jungen. Wir haben schon darauf hingewiesen,
daß jeder Mann in der subsistenzökonomisch organisierten
Gesellschaft eine Ehefrau braucht, wenn er ökonomische
und soziale Unabhängigkeit anstrebt. Nur durch den Zugang zu einer Frau ist er in der Lage, eine Familie zu
gründen, die die Quelle seiner eigenen Autorität werden
wird. Ein Mann ohne eigene Familie wird in keinem Fall
den Status eines Alten einnehmen können, gleichgültig
welches physische Alter er erreichen mag. Die Heirat
ist folglich eine Instanz, durch die und nur durch die
der 'Junge' zu einem 'Mann' und von da zu einem 'Alten'
heranwachsen kann.
Ohne die Institution der Brautgabe wäre es jedem jungen
Mann möglich, ohne Zustimmung der Alten zu heiraten.
Erst die Monopolisierung der Heiratsgüter verleiht den
Alten also eine reale ökonomische Macht - in der Reproduktionssphäre. Monopolisiert ist die Brautgabe dadurch,
daß sie aus unterschiedlichen, von den Jungen an die
Alten abgelieferten und daher für erstere nicht mehr
verfügbaren Gütern besteht. Die Jungen - selbst zu
großen Teilen Produzenten der für die Heirat erforderlichen Güter - können nur einen Teil der Brautgaben
selbst aufbringen. Die jeweils festgelegte, quantitative
oder qualitative Zusammensetzung[1] der Brautgüter gewährleistet das Funktionieren dieses Systems. Die Monopolisierung der Brautgabe bei den Boko beruht auf der
Quantität der in ihr enthaltenen Güter. Sie umfaßt
die wichtigsten Anbauprodukte, von denen die jungen
Männer zwar eins, jedoch niemals alle auf ihrem

---

1) Zur qualitativen Monopolisierung siehe auch Terray
   (1974: 167).

individuellen Feld kultivieren können.

Die Heiratsgüter dienen lediglich der Zirkulation im Frauentauschsystem. Dadurch fallen sie aus dem Verhältnis von Abgabe-Redistribution heraus und verwandeln sich in reciprocity-Güter, d.h. sie werden nur noch innerhalb der gesellschaftlichen Gruppe der Alten getauscht (siehe hierzu auch Rey 1971: 43f; Polanyi 1968: 127ff). Die einzige Möglichkeit der jungen Männer, in den Besitz solcher Güter zu gelangen, ist die Errichtung eigener Autorität, d.h. sie müssen heiraten, was wiederum die Unterwerfung unter die Autorität der Alten bedingt.

Die Handlungsalternative der Jungen, die Hausgemeinschaft zu verlassen,ist gering, da sie sich damit zwar gegen einzelne Alte durchsetzen können aber nicht gegen die Gruppe der Alten, von der sie abhängig sind. Der Ausbruch aus der Dorfgemeinschaft verändert die Situation erst, wenn ein anders strukturiertes gesellschaftliches Umfeld erreichbar ist.[1]

Die Institution der Brautgabe bildet so die Basis des Herrschaftsverhältnisses zwischen Alten und Jungen. Sie festigt dieses Verhältnis, indem sie nach einem strukturell sich ständig wiederholenden Modell, Abhängigkeit immer nur in dem Maße auflöst, in dem sie sie neu schafft: durch die Heirat verringert sich die Abhängigkeit des jungen Mannes indem sie ihm gleichzeitig Autorität über seine Nachkommen verleiht. Die Institution der Brautgabe dient auf diese Weise der ständigen Erneuerung der hierarchischen Struktur. "Son rôle...est celui d'un instrument du conservatisme social. Produit et manifestation ostensible d'un système de dépendance de type linager, seul la dot, qui commande le mariage, permet la reconstruction d'une dépendance du même type. Elle préserve la hiérarchie sociale puisque seuls les aînés

---

1) Auf die Kontroverse zwischen Rey(1971: 48ff; 1975: 53f), Terray(1974: 172) und Meillassoux(1976: 97) zu diesem Problem sei hier nur hingewiesen.

sont susceptibles de rassembler les objets de la dot et
queson montant est toujours fixé à un niveau inaccessible
aux dépendants"(Meillassoux 1964: 219).

An dieser Stelle muß die Frage gestellt werden, welchen
Interessen die Kontrolle des Frauentauschs durch die
Alten dient. Zuerst einmal natürlich ihnen selbst, da
sie durch die Besetzung der gesellschaftlichen Entschei-
dungspositionen ihre Versorgung im (physischen) Alter
sicherstellen, wenn sie ökonomisch nicht mehr in der
Lage sind, sich selbst zu ernähren. Die Gruppeninteressen der Alten stehen aber auch in doppelter Hinsicht
im Gemeinschaftsinteresse, da durch die Institution der
Brautgabe die der Subsistenzproduktion angemessene generative Reproduktion gewährleistet wird:

1. Das geschlechtliche Gleichgewicht in einer polygynen
Gesellschaft kann nur gewährleistet werden, wenn die
Zahl der heiratsfähigen Frauen die der Männer übersteigt.
Das folgende Schema zeigt, daß bei einer gesunden Be-
völkerungsstruktur die Zahl der verheirateten Frauen
die der verheirateten Männer dadurch überwiegt, daß das
Heiratsalter der Männer höher ist als das der Frauen:

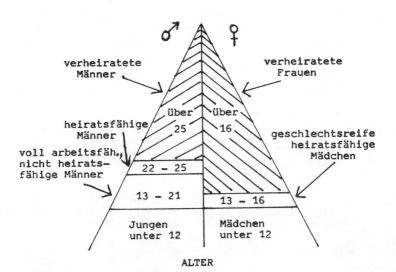

Bei den Boko heiraten die Mädchen zwischen 14 und 16
Jahren, die Männer können dies erst mit etwa 25 Jahren.

2. Diese soziale Festsetzung des Heiratsalters der
jungen Männer nach ihrer produktivsten Arbeitsphase
wird durch die von den Alten monopolisierte Brautgabe
ermöglicht. Sie bindet die jungen Männer an ihre Hausgemeinschaft, die sie als ihre leistungsfähigsten Produzenten benötigt. Diese sind also gezwungen, ihre
Arbeitskraft zur Verfügung zu stellen, um ihre abhängige
Position zu überwinden.

Die Heiratsregelung durch die Brautgabe nutzt sowohl
die Gebärfähigkeit der Frauen als auch die Arbeitskraft
der Männer für ihre Hausgemeinschaft länger aus. Dies
ist wichtig für die Subsistenzgemeinschaft, deren Zahl
an verfügbarer Arbeitskraft sich an Zeiten der Höchst-
beanspruchung, nicht der durchschnittlichen, im Jahr
erforderlichen Arbeit ausrichten muß.

6.3 Prestige und ökonomischer Ausgleich

In den Untersuchungen von subsistenzökonomisch organisierten Gesellschaften wurden oft Institutionen, vor
allem Feste, herausgestellt, durch die von der Hausgemeinschaft erarbeitete Produkte innerhalb der Dorfgemeinschaft umverteilt werden. Vor allem in der sub-
stantivistischen Anthropologie sind diese Gütertransfers
begründet worden aus einem System von sozialem Status
und sozialer Verpflichtung: Investition materieller
Güter in soziale Beziehungen, die mit Prestige vergütet
werden. Das einem bestimmten Status zugeschriebene
Prestige verpflichtet wiederum zur Bereitstellung von
Gütern, wodurch der nächsthöhere Status erreicht wird.
Die Anerkennung dieses Normsystems bildet die Grundlage
individuellen Handelns.

Die unterschiedlichen Formen solcher Gütertransfers bei
den Boko erfordern u.E. eine differenziertere Interpretation:
1. Umverteilung durch abhängige junge Männer;
2. alltägliche Umverteilung;
3. Rituelle Umverteilung durch die Alten.

ad 1: Die Art und Weise, in der junge Männer die auf
ihren individuellen Feldern erwirtschafteten Produkte
im Freundeskreis und bei Festen ausgeben, haben wir
schon beschrieben. Die Äußerungen der jungen Männer
über die verschiedenen Tänze, auf die sie sich sogar
jeweils spezialisieren ("montrer, qui est le meilleur
danceur") sowie über die Ausgaben bei Festen ("acheter
des cigarettes et du Youki, pour montrer aux jeunes
filles, qu'on est riche") weisen auf einen spezifischen
Inhalt des von ihnen angestrebten Prestige hin: die Anerkennung ihrer physischen Leistungskraft. Kraft und
Konzentration erfordern die Tänze, vollen Einsatz der
Arbeitskraft die späteren Festausgaben. Durch die Vermittlung der gesellschaftlichen Leistungsnorm stellen
die Tanzfeste einen wesentlichen Mechanismus sozialer
Integration der Jugendlichen dar. Die individuelle Motivation der jungen Männer zur Anerkennung der Leistungsnorm und damit der Versuch, Prestige zu erwerben, erklärt sich aber erst aus der ökonomischen Bedeutung des
Prestige. Nicht allein die Anerkennung der Leistung bildet den motivationalen Antrieb, sondern die damit verbundene Anerkennung als Heiratspartner. Die öffentliche
Darstellung der individuellen Leistung richtet sich sowohl an die Familien mit heiratsfähigen Mädchen, von
denen das Angebot zu einer Verbindung ausgeht, als auch
an die Alten des eigenen bè, deren Zustimmung zu einer

Heirat notwendig ist.[1]

Ein Beispiel soll dies verdeutlichen: Im Dorf gab es
einen jungen Mann, dessen musikalische Fähigkeiten
allgemein anerkannt waren. Er wurde uns von fast allen
als der beste Spieler verschiedener Instrumente genannt. Dennoch hatte er einen schlechten Ruf im Dorf,
den ein anderer junger Mann so begründete: "Von ihm
halten die Leute und ich auch nicht viel. Er sitzt
oft den ganzen Tag nur rum und hat kaum etwas anzu-
ziehen, nur eine Hose. Er arbeitet nicht, hat nur einen
halben Hektar Acker, und den hat er nicht einmal ge-
säubert und die Ernte auch nicht bewacht. So haben die
Vögel alles weggefressen. Der kriegt auch keine Frau,
keiner gibt ihm eine, weil er nicht arbeitet."

Auch die Umverteilung von Nahrungsmitteln durch die
jungen Männer ist so integriert in das System der generativen Reproduktion: durch den Einsatz ihrer Arbeitskraft erwerben sie soziales Ansehen, das sich wiederum
auswirkt auf ihre Heiratschancen.

ad 2: Unter 'alltäglicher Umverteilung' fassen wir den
Konsum eines bestimmten Guts, des Hirsebiers (chapalo)[2].

---

1) Wenngleich die Familie des jungen Mannes eine angebotene Verbindung kaum ausschlagen kann, so treffen
dennoch die Alten die Auswahl aus der Gruppe der
heiratsfähigen Jungen ihres bî.

2) Das eigentliche Boko-Wort für Hirsebier ist 'nwê'.
Das Wort 'chapalo' entstammt ursprünglich aus dem
Bambara. Es hat sich jedoch in ganz Westafrika verbreitet und ist auch als Begriff in das 'westafri-
kanische Französisch' eingegangen. Uns gegenüber
sprachen die Dorfbewohner immer von 'chapalo', wir
verwenden daher im folgenden dieses Wort.

"Beermaking played an essential part in the economies
of most of the traditional systems of food-production,
and the changes of recent years have not greatly di-
minished its importance" (Allan 1965: 94). Das fast
überall in Afrika bekannte Hirsebier wird traditionell
bei allen Gelegenheiten getrunken, bei Festen, während
der Arbeit wie nach der Arbeit. In Bensêkou wird es
heute zwar von den Moslems abgelehnt, aber die Alten
konsumieren es noch in großen Mengen, was von den ersteren auch heftig kritisiert wird ("les vieux, ils
boivent trop").

Repräsentative Daten über die Ausgaben für Hirsebier in
Bensêkou besitzen wir nicht, aber die Angaben von zwei
Alten können die Dimension in etwa aufzeigen: Der erste
gibt etwa 20.000 Franc CFA im Jahr für chapalo aus (dagegen 10.000 Franc CFA für Kleidung), was 400 Maße
(1 Maß = 1/2 bis 3/4 Liter) ausmacht. Der zweite hat im
letzten Jahr von 15.000 Franc CFA aus dem Erlös des
Baumwollverkaufs etwa 10.000 Franc CFA in Hirsebier umgesetzt.

Das Hirsebier bildet eine Extra-Kategorie der Umvertei-
lungsgüter, da es als einziges Produkt der Hausgemeinschaft alltäglich, d.h. nicht an bestimmte Rituale oder
Anlässe gebunden, auf Dorfebene verbraucht wird. Wir
haben nie einen Alten alleine Hirsebier trinken sehen.
Immer waren andere zu Trinkrunden eingeladen.

Einen wichtigen ernährungsphysiologischen Grund für den
großen Bierkonsum fand Schlippe in einer Untersuchung
über die Zande heraus. Bei ihnen finden 'beer-parties'
vor allem zwischen Mai und Juli statt, "during a period
when the nutritional stress is at its worst. That is
when they acquire a great importance in many respects.
They give impetus to the performance of an important
work at a season when normally people are inclined to
feel lazy. It should be remembered that African beer has
a low alcohol content, but contains sugar, acids and
yeast, the latter meaning proteins and vitamins ... of
the B group ... which are specifically necessary for the
output of physical energy under conditions of heat"
(Schlippe 1956: 147f).

ad 3: Das Hirsebier wird aber ebenso verwendet bei der
rituellen Umverteilung durch die Alten. Neben anderen
Opferzeremonien sind hierzu vor allem die Begräbnisfeste
zu zählen. Die Boko führen zwei Zeremonien beim Tod eines erwachsenen Menschen durch, die erste direkt nach
seinem Tod, die nächste zwei Jahre später.[1] An der
Beerdigung nehmen Mitglieder des bê des Verstorbenen
und andere Bewohner des Dorfes teil, jedoch keine außerhalb des Dorfes lebenden Familienmitglieder. Dem Toten
werden Nahrungsmittel und persönliche Gegenstände mit
ins Grab gegeben. Die wichtigerere Zeremonie ist die
zweite, zu der Angehörige der Familie (der lineage) sogar aus weit entfernten Gegenden kommen. Die Gäste werden von der Hausgemeinschaft verpflegt. Diese muß auch
alle Ausgaben für das mehrere Tage dauernde Fest be-
streiten; außer der Bereitstellung des Essens müssen die
Musikanten bezahlt werden; Frauen aus dem Dorf, die bei
den Vorbereitungen geholfen haben, erhalten Stoffe. Bei
der Begräbniszeremonie werfen die Verwandten Nahrungsmittel -heute auch oft Geldmünzen- auf das Grab, die
die Mitglieder der Hausgemeinschaft zum Teil an sich
nehmen. Auch dem gêvinkî (Begräbnischef) und seinen Ge-
hilfen steht davon eine Entschädigung für ihre Arbeit zu.

Insgesamt verlassen bei einer solchen Begräbniszeremonie, ebenso wie auch bei anderen Anlässen,
viele Güter die Hausgemeinschaft, um im größeren Rahmen
verbraucht zu werden. Meillassoux sieht darin die Verhinderung eines sich unbemerkt in die Zirkulation der
Heiratsgüter einschleichenden Tauschwerts: "Die Zerstörung von Gütern, Reichtümern erweist sich also als
die logische Auflösung eines Widerspruchs, der aus der
Zirkulation des Heiratsgutsystems erwächst, d.h. daraus,
daß sich in Gegenstände, die sonst zur ökonomischen Neu-
tralität und Passivität verurteilt sind, der Wert ein-
schleicht" (Meillassoux 1976: 89). Diese These erstaunt.

---

1) Für Kinder findet nur ein einmaliges Begräbnis statt,
bei dem auch nur die Mitglieder des bê anwesend sind.

Meillassoux schreibt hier nicht nur Gütern einen Tausch-
wert zu, die seiner eigenen Aussage nach z.B. bei den
Gouro gar keinen Gebrauchswert besitzen (vgl. Meillassoux
1964: 202); er übersieht darüber hinaus, daß auch in
Gesellschaften, in denen Heiratsgüter nicht aus Nahrungsmitteln bestehen, vor allem Nahrungsmittel als Umver-
teilungsgüter fungieren. Rey hingegen spricht von Ver-
nichtungsfesten -die Güter werden durch den Konsum ver-
nichtet- als Zeichen der Grenzen der Akkumulationsfähig-
keit der Alten (Rey 1971: 67). Ohne eine Begründung für
solch eine Grenze zu liefern, leuchtet auch seine Argu-
mentation nicht ein. Beide Erklärungen bleiben unbe-
friedigend. Die Bedeutung solcher Feste ist u.E. wesentlich vielschichtiger als beide Autoren annehmen. Sicher
spielen hier auch sozialpsychologische Phänomene eine
Rolle. Die Kohäsion der Gruppe wird durch kollektive
Handlungen verstärkt, z.B. wenn diese durch "Tod einen
Bruch in ihrer Struktur" (Elwert 1973: 140) erlitten hat.
Vor allem aber haben solche Feste einen wichtigen Einfluß auf die Produktion. Der scheinbare Widerspruch
zwischen der geringen Produktivität des Hackbaus und
den verzehrten Nahrungsmengen bei Festen ('Vernichtungs'-
feste) trügt. Wir haben schon gesehen, daß die die Hausgemeinschaft verlassenden Güter einen Überschuß über
ihren kurzfristigen Konsum darstellen. Allan (1965)
spricht in diesem Zusammenhang von 'normal surplus'.
Wir haben auch gesehen, daß die für die langfristige
Reproduktion bestimmten Güter erst bei einer Nahrungsmittelknappheit in Erscheinung treten, im Normalfall
also unsichtbar bleiben. Die Unvorhersehbarkeit des
Produktionsergebnisses erfordert einen Arbeitseinsatz,
der auch bei schlechten Bedingungen für alle ausreichen müßte. Den Anreiz hierzu bilden auch die Feste, bei
denen die Überschüsse normaler Ernten zum Teil verbraucht
werden.
Die individuelle Motivation zur Umverteilung haben wir
bei den jungen Männern auf die Umwandlung von Prestige
in Verbesserung ihrer Heiratschancen zurückgeführt. Diese These scheint auf die Alten, denen als Vorratsverwal-

ter das Prestige für die verteilten Güter zufällt, nicht
anwendbar. Wenn die Frauenzirkulation durch die Brautgabe und das Prinzip der Rückgabeverpflichtung geregelt
wird, kann in diesem Zusammenhang das Prestige der Alten
folglich keine entscheidende Bedeutung besitzen. Ihre
Position wird jedoch gestärkt, bei Begräbnisfesten z.B.
durch die Transaktion zwischen ihnen und den Ahnen.
Wir müssen hier aufgrund unserer beschränkten Kenntnis
der komplexen Sozialstruktur der Boko die Frage offen
lassen, inwieweit das Prestige sich darüber hinaus für
die Alten in der Produktions- und Reproduktionssphäre
wieder auszahlt.
In ihrer Wirkung beinhalten die aufgeführten Umverteilungsfeste einen Mechanismus des ökonomischen Ausgleichs.
Der Überschuß über die zum kurzfristigen Konsum notwendigen Güter kann nicht vollständig in die Sicherung der
langfristigen Reproduktion der Hausgemeinschaft investiert werden, es bestehen auch Ansprüche der Dorfgemeinschaft. Nur die verteilten Güter werden allen
sichtbar, die Anschaffung von Rindern entgeht der sozialen Kontrolle. Daß das Prestige-Verpflichtungssystem
nicht ein ausreichendes Regulationsinstrument für eine
ausgewogene Aufteilung zwischen beiden Verwendungs-
zwecken ist, zeigen die gesellschaftlichen Sanktionsmittel, die in diesem Zusammenhang bestehen: Vergiftungs-
drohungen gegen Reiche, d.h. diejenigen, die die Umverteilung im Dorf gegenüber der Vorratsvergrößerung
vernachlässigen, sind ein bekanntes Phänomen in subsistenzökonomisch organisierten Gesellschaften.[1] Nicht
umsonst halten die Bauern in Bensêkou die Zahl ihrer
Rinder geheim.

----

1) Dies entspricht auch den Erfahrungen zweier deutscher
   Ärzte, die in Banikoara (Nordostbénin) ein DED-Kran-
   kenhaus leiten. Sie berichteten uns, daß auch heute
   noch Vergiftungen die Ursache von zahlreichen (unge-
   klärten) Krankheits- und Todesfällen in dieser Region sind.

Der Mechanismus des ökonomischen Ausgleichs zwischen
den Hausgemeinschaften dient dem Erhalt der Dorfgemeinschaft. Nicht alle Mißernten werden durch Dürren verursacht, von denen das Dorf ja insgesamt betroffen ist.
Auch Schädlingsbefall spielt dabei eine große Rolle,
über den ein Bauer sagt: "Selbst wenn zwei Männer die
Felder nebeneinander bestellen und sich die gleiche Mühe
damit machen, kann es vorkommen, daß der eine viel und
der andere wenig erntet". Die gleiche Funktion wie die
Umverteilungsfeste besitzen hier auch die Verpflichtungen der Alten, von wirtschaftlichen Unglücksfällen
betroffenen bě mit Nahrungsmitteln zu helfen.

6.4 Exkurs: Klassengesellschaft oder nicht?

Zum Schluß dieses Kapitels wollen wir nochmals auf die
anfangs gestellte Frage nach der Art der Beziehungen
zwischen den verschiedenen gesellschaftlichen Gruppen
eingehen, die bisher in Einzelaspekten behandelt worden
ist.
Die Frage nach der Existenz ausbeuterischer Klassenverhältnisse in der subsistenzökonomisch organisierten
Gesellschaft ist bisher vor allem zwischen den französischen Vertretern des Produktionsweisenparadigmas, Rey,
Terray und Meillassoux diskutiert worden.
Bevor wir uns den inhaltlichen Argumenten des Für und
Wider zuwenden, sei auf ein empirisches Problem bei der
Theoriebildung hingewiesen. Wir behandeln hier einen
bestimmten Typ subsistenzökonomisch organisierter Gesellschaften, der durch das Vorherrschen des Ackerbaus
(im Gegensatz zur Protoagrikultur oder der Viehzucht)
gekennzeichnet ist. Die diesem Typ zugrunde liegende
Produktivkraftentwicklung impliziert jedoch nicht notwendigerweise eine bestimmte Natur der Produktionsver-.
hältnisse. Die ökonomischen Beziehungen zwischen den
gesellschaftlichen Gruppen können differieren, vergleichen wir z.B. akephale Subsistenzackerbauern mit solchen, die in ein tributäres Staatssystem eingegliedert

sind. Erst recht finden wir die Unterschiedlichkeit
sozio-ökonomischer Strukturen in der heutigen Forschung
bestätigt, die Gesellschaften behandelt, die durch den
Kolonialismus alle - mehr oder weniger - in ihrer Entwicklung beeinflußt worden sind. So wurden z.B. die
'traditionellen Chefs' vielfach von der Kolonialadmini-
stration als Transmissionsriemen ihrer Politik eingesetzt. Dadurch wurden die dörflichen Herrschaftsstruk-
turen natürlich verändert, indem den Alten eine neue
Zwangsgewalt (Polizei etc.) zur Verfügung gestellt wurde.
So basiert auch Rey's These über die Alten als ausbeutende Klasse auf der Untersuchung einer Gesellschaft,
die sowohl durch ein kommunales Bewässerungssystem als
auch durch die Anbindung an den Sklavenhandel gekennzeichnet ist (vgl. Rey 1975). Dadurch beinhaltet die
Position der Alten nicht nur ökonomische Bestimmungen
sondern auch solche herrschaftssichernde Sanktionsmöglichkeiten (Verkauf von Jungen als Sklaven), die nicht
auf andere Gesellschaften, z.B. auf die Boko, übertragen werden können.
Wir haben hier auf diese Unterschiede hingewiesen, da
sie in der Diskussion allzu oft vernachlässigt werden.
Werden sie nicht zugunsten einer kohärenten Theoriebildung unterschlagen, können sich diese Unterschiede
gerade fruchtbar für die Analyse der Durchsetzungsmög-
lichkeiten der kapitalistischen Produktionsweise - als
auch deren Verhinderung - erweisen.
Rey konstatiert ein Ausbeutungsverhältnis zwischen
Alten und Jungen, da die ersteren sich ein von den Jungen produziertes Mehrprodukt aneignen. Dieses Mehrprodukt zirkuliert in Form der Brautgabe als reciprocity-
Gut innerhalb der Gruppe der Alten, die damit die
Frauenzirkulation kontrollieren und gleichzeitig die
Reproduktionsmöglichkeiten der Jungen bestimmen (Rey
1975: 53). Dabei spielt die politische Ebene, "which
is manifested basically in the reciprocity between the
lineage groups...the dominant role in the definition
of the class of elders..."(ebd.: 61). Nach Rey liegt

dem Abgabe-Redistributionszyklus in der Hausgemeinschaft
kein Prinzip des gleichen Tauschs zugrunde (Rey 1971:
34). Aus diesem Zirkulationssystem transferieren vielmehr die Alten einen Teil der Produkte auf die recipro-
city-Ebene: der Austauschtyp 'reciprocity' dominiert
über den Austauschtyp 'Abgabe' (ebd.: 43ff). Seine wesentlichen Argumente für eine Ausbeutungsbeziehung sind
1. auf der ökonomischen Ebene, daß das von den Jungen
abgelieferte Mehrprodukt nicht vollständig z.B. in Form
von Frauen an sie zurückgeht, 2. auf der Ebene der Herr-
schaftssicherung das Sanktionsmittel der Versklavung
(ebd.: 48ff).
Terray vertritt die Gegenposition: "Alles in allem eignet sich zwar der Älteste einen Teil des durch die
Jüngeren erarbeiteten Surplusproduktes an, aber er verwendet es im wesentlichen zur Beschaffung von Frauen für
diese Jüngeren selbst, also um ihnen die Mittel zur
Emanzipation zu geben. Entzieht er sich dieser Verpflichtung, so werden die Abhängigen ihn verlassen und er
wird folglich seine Position als Ältester verlieren"
(Terray 1974: 174). Der Streitpunkt, das wird hier deutlich, betrifft weniger den Gütertransfer von Jungen zu
Alten als die Verwendung der von ihnen verwalteten
Güter durch die Alten. Zwar differenziert Terray(1974:
170f) zwischen von den Jungen erarbeiteten reciprocity-
Gütern und solchen, die von den Alten selbst hergestellt werden, aber Rey weist richtig darauf hin, daß
diese Unterscheidung keinen Einfluß auf die Aneignungsstrukturen hat, denn "the true surplus is in fact ex-
tracted by the juniors who have to work in order to
feed either the members of the caste group or the elder
who is busy weaving or iron working"(Rey 1975: 57).
Die Aneignung der produzierten Güter durch die Alten
konstituiert jedoch noch nicht in jedem Fall ein Ausbeutungsverhältnis. Auch die von Schulz(1977: 34) an-
geführten Gründe für eine Ausbeutung, "asymmetrische
Formen der Arbeitskooperation" zugunsten der Alten und
die "z.T. hohe Frauenkonzentration bei den Alten in

polygam geführten Ehen" können den Sachverhalt wenig
erhellen. In allen Gesellschaften, ob ausbeuterisch
oder nicht, ist die Produktionsleistung älterer Menschen, und das sind die (sozial) Alten ja in der Regel,
geringer als die der Jüngeren. Auch die hohe Zahl der
augenblicklichen oder früheren Frauen der Alten ist
in polygamen Gesellschaften notwendigerweise verbunden
mit einem hohen Heiratsalter der Männer. Um hier von
Ausbeutung sprechen zu können, müßte also erst einmal
der Nachweis einer, dem System der Polygamie inhärenten, Ausbeutungsbeziehung geführt werden.
Die Kernfrage bleibt, ob es den Alten möglich ist, die
jungen Männer durch die Vorenthaltung von Frauen auszubeuten, indem sie die ihnen anvertrauten Güter nicht
zur Beschaffung von Frauen benutzen. Rey hat in diesem
Zusammenhang in der Kritik an Terray(1974) und Meillas-
soux(1960) auf einen wichtigen Mangel ihrer Analysen
aufmerksam gemacht. Durch die Verengung ihrer Perspek-
tive auf die Hausgemeinschaft sehen sie die Beziehung
zwischen Alten und Jungen als ein personelles Verhältnis, nicht als ein Verhältnis zwischen sozialen Gruppen
(bei Rey 'Klassen'). Die Gruppe der Alten definiert
sich nicht allein durch ihre Stellung in der Hausgemeinschaft sondern auf gesamtgesellschaftlicher Ebene.
Sie verkörpern den Angelpunkt, durch den die Austausch-
sphären der Redistribution innerhalb der Hausgemeinschaft
und der Reziprozität zwischen den Hausgemeinschaften
verbunden sind. Die Kontrolle der Frauenzirkulation
und die Okkupation der politischen Entscheidungsfunk-
tionen sind die Mittel ihrer Herrschaft, der, wie wir
gesehen haben, sowohl Gruppeninteressen (Versorgungs-
sicherung nach dem Austreten aus dem Produktionsprozeß)
als auch Gemeinschaftsinteressen (Sicherung der Reproduktion der Gemeinschaft) zugrunde liegen. Der junge
Mann, der diesen Interessen zuwiderhandelt, kann sich
also nicht einfach der drohenden Sanktion, z.B. der
Ablehnung seiner Heirat durch die Alten seines b? im
Fall der Boko, durch den Auszug aus der Hausgemeinschaft

entziehen, wie Terray(1974: 174) dies behauptet. Denn
"...it is quite clear that the harshness of an elder
who sends his own juniors away gives rise to an analo-
gous harshness among the other elders..."(Rey 1975:53).
  In dem hier beschriebenen Fall ist der
Frauenentzug ein gelegentliches, ein Individuum betref-
fendes Sanktionsmittel, durch das dem betreffenden Jungen die Rückerstattung seines abgelieferten Mehrprodukts versagt wird. Man könnte in einem solchen Fall
also von Ausbeutung sprechen. Rey postuliert aber eine
Ausbeutungsbeziehung zwischen der <u>Klasse der Alten</u> und
der <u>Klasse der Jungen,</u> d.h. ein strukturelles Verhältnis zwischen sozialen Klassen. Aber die <u>Gruppe der Alten</u>
kann die <u>Gruppe der Jungen</u> nur ausbeuten, indem sie <u>ihr,</u>
nicht einzelnen ihrer Mitglieder, die Reproduktionsmög-
lichkeit raubt.
Würden die Alten den Prozeß der Frauenzirkulation jedoch
unterbrechen, d.h. die Möglichkeit zur Errichtung einer
Ausbeutungsbeziehung wahrnehmen, würden sie gleichzeitig nicht nur ihre eigene soziale Erscheinung, sondern
auch den Fortbestand der Gemeinschaft negieren. "Der
Älteste...muß, um die häusliche Reproduktion zu gewährleisten, dem von ihm Abhängigen eine Gattin zubilligen"
(Meillassoux 1976: 98), und hier muß man fortführen,
die Ältesten müssen, um die Reproduktion der Gemeinschaft zu gewährleisten, die Frauenzirkulation zwischen
den Hausgemeinschaften aufrecht erhalten.[1]
Die Jungen sind also "aufgrund des normalen Funktionie-
rens der Sozialstruktur stets berufen...Älteste zu werden..."(Terray 1974: 169f). Durch die Heirat verringert
sich ihre Abhängigkeit von den Alten; gleichzeitig erhalten sie die erste Voraussetzung, selbst zu Alten

----

1) Terray(1974: 172) berichtet sogar von der Absetzung
   von Alten bei den Dida,wenn sie "die Heiratsgüter,
   die man ihnen anvertraut hat, vergeudet, nämlich zu
   persönlichen Zwecken mißbraucht haben, anstatt sie
   für die Verheiratung ihrer Jüngeren zu verwenden".

emporzusteigen. Bei der Annahme eines Klassenverhält-
nisses hätten wir es hier also mit einer, nach marxi-
stischem Verständnis, eigenartiger Form sozialer Reproduktion zu tun, bei der sich die ausbeutende Klasse
stets aus der ausgebeuteten Klasse neu rekrutieren muß.
Die Notwendigkeit der Aufrechter-
haltung der Frauenzirkulation einerseits, der Aufstieg
des Jungen zum Alten andererseits widersprechen u.E.
der These eines Ausbeutungsverhältnisses zwischen der
Gruppe der Alten und der Gruppe der Jungen. Dennoch
können wir Terray nicht zustimmen, der die Position
der Alten mit dem Begriff 'Funktionsgewalt' charakterisiert: "Der Älteste spielt also beim Frauentausch dieselbe Rolle wie in der materiellen Produktion: seine
Macht ist in beiden Fällen eine einfache Funktionsgewalt"(Terray 1974: 178), Betrachtet man den Alten, wie
Terray es tut, als einen, durch eine Form 'gesellschaftlichen Konsens', eingesetzten "Operator"(ebd.: 177), als
an eng gesetzte Befugnisse gebundenen Verwalter, dann
übersieht man die ihm zur Verfügung stehende umfassende
Entscheidungsgewalt. Zwar ist diese so beschaffen, daß
in ihrer Anwendung Gruppen- und Gemeinschaftsinteresse
nur schwer voneinander zu trennen sind, aber sie beinhaltet eine strenge soziale Hierarchie, deren Regeln
den Handlungsspielraum der Jungen auf's äußerste ein-
grenzen. Die ökonomische und soziale Fremdbestimmung
der jungen Männer (strenger Gehorsam gegenüber den Wei-
sungen der Alten; Zubilligung eines nur geringen individuellen Einkommens als Hauptproduzenten; Verbot sexu-
ellen Verkehrs bis lange nach ihrer Geschlechtsreife)
läuft ihren eigenen Gruppeninteressen zuwider und birgt
ein großes soziales Konfliktpotential.

Neben der Problematik Alte-Junge werden die Frauen in
den meisten Arbeiten nur am Rande behandelt. Rey z.B.
rechnet sie zwar auch zur Klasse der Ausgebeuteten,
erwähnt dies jedoch, ohne es zu begründen, nur nebenbei
(Rey 1971: 48, 51). Meillassoux spricht von der Möglichkeit, die Arbeit der Frau auszubeuten, "insofern ihr

dem Gatten übergebenes Produkt, der es verwaltet oder
dem Ältesten überträgt, ihr nicht vollständig zufällt"
(Meillassoux 1976: 93f).[1] Den Nachweis, daß dem tatsächlich so ist, bleibt er allerdings schuldig.[2]
Gleichwohl bezeichnet er die Frau im folgenden als direkt ausgebeutet (ebd.: 94), unterscheidet sogar verschiedene "Kategorien" der Ausbeutung, je nach Alter
der Frau (ebd.: 95) und spricht schließlich im gleichen
Atemzug von ihrer Entfremdung durch ihre Instrumentalisierung im Autoritätsverhältnis zwischen Alten und
Jungen (ebd.: 95).
Meillassoux's Verweis auf die soziale Unterdrückung und
Fremdbestimmung erspart jedoch nicht die Frage, worin
das abgeschöpfte Mehrprodukt der Frau besteht. Rufen
wir uns die vielfältigen Aufgaben der Boko-Frauen in
Erinnerung, so kann man vermuten, daß ihre Arbeitsleistungen einen wesentlich größeren Anteil an der gesellschaftlichen Gesamtarbeit ausmachen als die der Männer,
berücksichtigt man auch die von ihnen im Reproduktionsbereich verausgabte Energie. Wir haben schon erklärt,
daß sich die Zahl der Arbeitskräfte in der Hausgemeinschaft an den Perioden der größten Beanspruchung im Produktionsbereich ausrichten muß, damit die zur Reproduktion notwendigen Nahrungsmittel erwirtschaftet werden
können. Das bedeutet jedoch gleichzeitig, daß zu anderen
Zeiten ein Arbeitskräfteüberschuß vorhanden ist. Dieser
Überschuß besteht aber nur im Produktionsbereich. Während die Männer, die Produzenten, also in bestimmten
Perioden Zeit zur 'Muße' haben, müssen die Frauen weiterhin saubere Hütten und saubere Kleidung 'produzieren',

---

1) Auf die Frage der Ausbeutung der Gebärfähigkeit der
   Frau durch die "Enteignung ihrer Nachkommenschaft"
   (Meillassoux 1976: 94) sind wir schon eingegangen
   (vgl. S.92-96).

2) Wie wir gesehen haben, verwalten z.B. die Boko-Frauen
   die von ihnen produzierten Nahrungsmittel selbst, d.h.
   übergeben sie nicht an ihren Ehemann oder den bedé.
   Für die Mithilfe bei der Feldarbeit erhalten sie einen Teil der Ernte zur freien Verfügung.

Foto rechts: Frauen beim täglichen Wasserholen

Yamsknollen in Yamsbrei verwandeln und Wasser holen.
Kein Wunder, daß das so schnell konstatierte 'abgeschöpfte Mehrprodukt' dann nicht dingfest gemacht werden
kann. Wir stoßen hier vielmehr auf eine zusätzliche
Arbeitsleistung der Frau im Reproduktionsbereich, die
eigentlich als 'Mehrarbeit' bezeichnet werden müßte,
wenn sie akkumulierbar wäre, d.h. wenn sie die zur
Reproduktion gesellschaftlich notwendige Arbeit über-
stiege. Dies kann der Fall sein, ist jedoch nicht notwendigerweise damit verbunden. Wir wollen daher in
diesem Zusammenhang von einer Mehrleistung der Frau
sprechen. Durch diese Mehrleistung werden die Frauen,
die Reproduzentinnen, von den Männern, den Produzenten,
ausgebeutet, nicht allein von den Alten, wie Schulz
(1977: 34) annimmt.

Diese asymmetrische Arbeitsteilung zwischen Produzenten
und Reproduzentinnen spiegelt sich in der sozialen
Asymmetrie, der untergeordneten, abhängigen Stellung
der Frau, die in jedem Fall anderer Natur ist, als die
des jungen Mannes. Mann und Frau nehmen beide im jugendlichen Alter ähnliche, von der Gemeinschaft und speziell
den Alten abhängige Positionen ein. Mit zunehmendem
Alter bzw. abnehmender Arbeitskraft verliert nun aber
die Frau in der Regel kontinuierlich an ökonomischer
Bedeutung und sozialem Prestige, während der Mann im
gleichen Fall ständig an sozialem und ökonomischem Einfluß gewinnt. Anders gesagt, jeder junge Mann wird in
der Regel auch einmal ein Alter, der eine wichtige
Position in der Gesellschaft einnimmt und über große
Entscheidungsgewalt verfügt. Jede Frau wird ebenso
zwangsläufig eine Alte - im negativen Sinn - , die,
abgesehen von ihrem Recht, von der Gemeinschaft mit
Lebensmitteln versorgt zu werden, oft keine andere
Funktion in dieser mehr hat. Ihre für die Gemeinschaft
im jugendlichen Alter verbrauchte Arbeitskraft wird
mit einer Art 'Gnadenbrot' im Alter entschädigt, während im gleichen Fall dem Mann für die früher gelei-
stete Arbeit eine ökonomische und soziale Vorrangstellung
gebührt.

Die Frauen unterliegen ebenso wie die Jungen der sozialen Fremdbestimmung, doch beruht diese bei ihnen auf
der Unterordnung der Reproduzentinnen unter die Produzenten, und kann von ihnen daher, im Gegensatz zu den
Jungen, in keiner Phase ihres Lebens überwunden werden.

Zusammenfassend können wir von einer streng hierarchi-
sierten Sozialstruktur sprechen, deren Spitze die Alten
und deren Basis die jungen Männer und Frauen einnehmen.
Das System der sozialen Reproduktion ermöglicht und erfordert die Befreiung der jungen Männer aus ihrer abhängigen Position, während es dies den Frauen verwehrt.
Die autoritäre Struktur der sozialen Ungleichheit, die
dem Individuum seinen Platz zuweist und seine Handlungsmöglichkeiten genau definiert, ist jedoch verbunden mit
einem ökonomischen Ausgleich in und zwischen den Hausgemeinschaften, ohne den die gesellschaftliche Reproduktion der subsistenzökonomisch organisierten Gesellschaft gefährdet würde.

IV Die Boko, von der subsistenzökonomisch organisierten

zur warenproduzierenden Gesellschaft

Wir wollen zu Beginn dieses Kapitels über den sozio-
ökonomischen Transformationsprozeß betonen, daß die bisher dargestellte Organisation von Produktion und Reproduktion, sozialem und politischem Bereich zu großen Teilen auch heute noch bei den Boko in Bensékou besteht.
Der im folgenden Kapitel untersuchte Prozeß der Marktintegration ist noch keinesfalls abgeschlossen. Die Produktion von Subsistenzgütern z.B. ist heute zwar rückläufig, zeichnet sich aber immer noch durch die beschriebenen Strukturen aus. Ebenso haben sich die Heiratsregeln bisher nur ansatzweise verändert, worauf wir noch
zu sprechen kommen.
Das vorliegende Kapitel beschränkt sich auf die Darstellung und Analyse der bereits stattgefundenen Veränderungen sowie die Untersuchung der zu erwartenden langfristigen Folgen dieses Prozesses. Eine besondere Bedeutung in diesem Transformationsprozeß besitzt die Einführung von Neuerungen. Es ist evident, daß die von
uns unter dem Begriff 'Innovationen' zusammengefaßten
Elemente 'Schule', 'cash-crop Anbau von Baumwolle',
'Ochsenpflug' und 'Islam' kein Innovationspaket darstellen, das einem gelenkten Entwicklungsprogramm ent-
springt. Wenngleich sie sich ihrer Natur und ihrem zeit-
lichen Auftreten nach unterscheiden, so bilden diese
Innovationen doch in ihrer spezifischen Zusammensetzung
die wichtigsten externen Faktoren im Prozeß der Verbreitung warenökonomischer Prinzipien. Die Analyse des
Transformationsprozesses muß sich auf drei Problemaspekte
konzentrieren:

1) Rolle der Innovationen: Welche Eigenschaften besitzen
   die Innovationen? Inwieweit bestimmen diese und die
   Form der Einführung die Entscheidung zwischen Annahme
   und Ablehnung durch die Dorfbewohner?

2) Interne gesellschaftliche Faktoren: Welche Bedingungen findet der Innovationsprozeß in der Gesellschafts-

struktur der Boko; inwieweit wird der Transformationsprozeß durch diese Bedingungen prädestiniert?
3) Externe gesellschaftliche Faktoren:Welche Funktionen
   besitzt der Innovationsprozeß für das gesellschaftliche Umfeld der Boko; welchen Einfluß haben externe
   Faktoren auf interne Veränderungen?

1. Vorbemerkungen zur Innovationsforschung

Mit der oben genannten Fragestellung begeben wir
uns in einen Forschungsbereich, der sich in den letzten
Jahrzehnten fest etabliert hat. Die Innovationsforschung
- vor allem in den USA entwickelt - kann auf die große
Zahl von über 1000 empirischen Studien zurückblicken.
Die aus diesen Untersuchungen hervorgegangenen Konzepte
und Modelle werden allgemein unter dem Begriff 'Innovationstheorie' gefaßt. Wir wollen im folgenden untersuchen, inwiefern diese Konzepte und Modelle in der
Lage sind, gesellschaftliche Realität zu erfassen und
daher für eine sozio-ökonomische Analyse von Innovationsprozessen ausreichen.
Der theoretische Ursprung der Innovationstheorie sind
strukturfunktionalistische Theoreme und die Grundideen
der Modernisierungstheorie (siehe Rogers/Shoemaker 1973:
32). Am deutlichsten wird dies an der Begriffsdichotomie
'traditionales System versus modernes System', die die
gesamte Innovationsliteratur durchzieht. "In summary,
a social system with modern norms is more change orien-
ted, technologically developed, scientific, rational,
cosmopolite, and empathic. A traditional system embodies
the opposite characteristics"(ebd.: 33;Hervorh. d.V.).
Das 'traditionale System' zeichnet sich also unter anderem aus durch Verschlossenheit gegen gesellschaftlichen
Wandel, Isolation, fehlende Empathie etc.(vgl. ebd.:32).
Seine Mitglieder besitzen "...short planning horizons,
low achievement motivation, high fatalism, and low
aspirations characteristics..."(ebd.: 229).
Die dieser Dichotomie zugrundeliegenden theoretischen

Implikationen (unilinearer Entwicklungsbegriff; Über-
betonung des normativen Systems; Ethnozentrismus) und
politischen Implikationen (Verwertungszusammenhang:
Wirtschaftsinteressen der kapitalistischen Industrie-
staaten) können hier nicht in allgemeiner Form diskutiert werden (vgl. dazu Hauck: 1975). In unserem Zusammenhang interessiert, in welcher Form sie Analysekon-
zepte und Interpretation der Ergebnisse bestimmen.

In der neueren Literatur wird die
Einführung und Verbreitung von Innovationen als ein
vier-phasiger Prozeß begriffen. Rogers (Rogers/Solo
1972: 90; Rogers/Shoemaker 1973: 100-117) kennzeichnet
diese Phasen als 1. "knowledge function"(Kenntnis von
der Existenz der Innovation: Informationsbeschaffung),
2. "persuasion function"(Meinungsbildung über die Innovation), 3. "decision function"(Verhaltensänderung:
Ausprobieren der Innovation) und 4. "confirmation function"(Verhaltensstabilisierung: Annahme oder Ablehnung
der Innovation). Der Ablauf dieses Prozesses wird durch
drei Faktoren bestimmt, die die Eckpfeiler des Modells
bilden:
1. Innovationsbereitschaft der Empfänger;
2. Eigenschaften der Innovationen;
3. Rolle des Innovators.[1]
Innovationsbereitschaft oder 'innovativeness' ist ein
Kernbegriff der Innovationsforschung, dessen konkrete
Ausprägung durch soziale- und Persönlichkeitsmerkmale
bestimmt ist (vgl. Rogers/Shoemaker 1973: 185-191).
Als soziale Variablen werden angegeben Bildungsgrad,
sozialer Status, soziale Mobilität etc., als Persön-
lichkeitsvariablen u.a. Empathie, Dogmatismus, Abstrak-
tionsvermögen, Intelligenz, soziale Partizipation,

---

1) Wir bezeichnen als Innovator eine Person oder Instanz, die Innovationen einführt und das Ziel hat,
sie zu verbreiten. Im englischen Sprachgebrauch entspricht er dem 'change agent', nicht dem 'innovator',
mit dem frühe Annehmer von Innovationen bezeichnet
werden.

Kosmopolitismus (ebd.: 186-189).[1] Für hohe Innovationsbereitschaft "stehen Begriffe wie...'change orien-
tation',...'modernism', 'open mindedness', 'progressive-
ness',...'venturesomeness'. Der negative Pol wird charakterisiert durch 'backwardness', 'change aversion',
'closed mindedness', 'conservatism'..."(Schneider 1969:
9). Die Übereinstimmung von Merkmalen hoher Innovationsbereitschaft mit 'modernen Normen' und von niedriger
Innovationsbereitschaft mit 'traditionellen Normen' ist
nicht zu übersehen.
Zwei Fragen stellen sich hier:
- Welche Kriterien werden zur Messung von sozialen- und
  Persönlichkeitsfaktoren herangezogen?
- Wie werden diese Faktoren inhaltlich bestimmt, um zu
  Aussagen über Ursache-Wirkungsbeziehungen zu gelangen?
Im allgemeinen ist in der Innovationsforschung nur ein
einziger Maßstab zur Messung von sozialen- und Persönlichkeitsfaktoren benutzt worden: "Die am häufigsten
verwendeten Indikatoren sind Übernahmerate und Übernah-
megeschwindigkeit"(Schneider 1969: 9). Rogers und Shoe-
maker(1973: 33) nennen drei Methoden zur Messung 'traditionaler' und 'moderner' Normen, "(1) the average
innovativeness of the system's member,(2) their attitudes toward innovators, and (3) key informants' ratings".
Berücksichtigt man die Schätzungen von Informanten, die
inhaltlich nicht präzisiert werden, nicht, dann lassen
sich alle Indikatoren auf die Dimension 'Verhalten
gegenüber Innovationen' reduzieren.
Daraus folgt: Je weniger Aufgeschlossenheit gegenüber
Innovationen, desto 'traditionaler' das Sozialsystem.
Die politischen Implikationen gehen hier direkt in das
methodische Vorgehen ein: gesellschaftliche Strukturen
werden eindimensional bestimmt nach ihrer Aufnahmekapa-

---

1) Es sei darauf hingewiesen, daß die Variablensets
   nicht von Rogers und Shoemaker entwickelt worden
   sind. Ihre generellen Aussagen (generalizations)
   über die Abhängigkeit der Innovationsbereitschaft
   von diesen Faktoren resultieren aus der Auswertung
   von etwa 1200 empirischen Studien.

zität für von außen eingeführte Neuerungen. Die direkte
Verwertung der wissenschaftlichen Ergebnisse für bestimmte 'development programs' (Kapitalintensivierung;
Marktöffnung) erfordert auch eine bestimmte Fragestellung: Wie sind Innovationen einzuführen und zu verbreiten? Man könnte es als ideologisches Syndrom der Innovationsforschung bezeichnen, daß die Sinnhaftigkeit von
Innovationen ebenso wie ihre Auswirkungen auf Wirtschafts-
und Sozialsysteme wenn überhaupt, dann nur als Randpro-
blem thematisiert werden. Gesellschaftliche Verhältnisse
interessieren nur insoweit, wie sie die Verbreitung von
Innovationen begünstigen oder hemmen. "The strategy of
introduction involves adapting to, and working through,
the local cultural patterns, particularly that of local
leadership" (Niehoff 1972: 225).
Mit diesen Anmerkungen zur Methode kann der Innovations-
gehalt innovationstheoretischer Aussagen nicht vollständig in Zweifel gezogen werden. Es bleibt zu untersuchen, welche inhaltlichen Bestimmungen innovationstheoretischer Begrifflichkeit zugrunde liegen.
Die oben zitierte Charakterisierung von 'traditionalem'
und 'modernem' Sozialsystem weist auf das theoriege-
schichtliche Erbe der Innovationsforschung hin, die
Verengung der Gesellschaftsanalyse auf eine normative
Ordnungsstruktur. Soziales Handeln wird auf das soziale
Normsystem als ultimo ratio zurückgeführt. Dies sei an
einem Beispiel verdeutlicht:
Rogers und Shoemaker (1973: 146) berichten von dem fehl-
geschlagenen Versuch, den Nahrungshaushalt bolivian-
ischer Indianer durch Lama-Milch aufzubessern. Als Erklärung für das Scheitern wird die Vorstellung der Indianer angeführt, die die Lama-Milch mit Exkrementen
gleichsetzen. Alternative Erklärungsmöglichkeiten werden nicht berücksichtigt. Das Verbot, Lama-Milch zu
trinken, könnte z.B. dazu dienen, die Milchversorgung
der Jungtiere zu sichern oder auf dem Wissen über Ge-
sundheitsgefährdung durch Milchtrinken (Bakterien) beruhen.

Die Frage nach der Rationalität sozialen Handelns in
'traditionalen' Gesellschaften wird erst gar nicht gestellt. Der Bezug zwischen Normsystem und sozio-ökonomischen Verhältnissen wird nicht untersucht. So verwundert es nicht, wenn die idealtypischen Kategorien
formalistisch definiert bleiben - "dogmatism is a
variable representing a relatively closed belief system.."
(Rogers/Shoemaker 1973: 187) - und Erklärungen für die
angeblichen Merkmale 'traditionaler' Gesellschaften
ausbleiben. Man beruft sich auf Hypothesen, die nicht
bewiesen oder auch längst widerlegt sind. Der Mythos
vom statischen Charakter subsistenzökonomisch organisierter Gesellschaften, von ihrer Resistenz gegen Wandel, gehört der Vergangenheit an. Für den afrikanischen
Raum sei nur auf die Übernahme neuer Anbaukulturen (Mais,
Tomaten, Reis etc.) in der vorkolonialen Zeit verwiesen,
die nicht nur Veränderungen im System des Wanderfeldbaus
zur Folge hatten, sondern auch durch ihren oft verbesserten Kalorienoutput direkt demographische Entwicklung
beeinflußten (vgl. Miracle 1972).
Die idealtypischen Kategorien der Innovationsforschung
können ebensowenig Innovationsbereitschaft, wie die
Sozialstruktur 'traditionaler' Gesellschaften erklären.
Wir wollen dies an einer der wichtigsten(der 'generellen')
Aussagen nachweisen: "Earlier adopters have higher
social status than later adopters" (Rogers/Shoemaker
1973: 357). Diese These ist in 402 empirischen Studien
untersucht worden (ebd.: 357). Dabei wird 'Status' als
konstitutives Element der Sozialstruktur verstanden,
allerdings ohne seine ökonomischen und sozialen Bestimmungen in die theoretischen Schlußfolgerungen aufzunehmen. Was unter 'Status' in empirischen Studien untersucht wird, ist dann oft etwas sehr verschiedenes:
"Status is indicated by such variables as income, level
of living, possession of wealth, occupational prestige,
self-perceived identification with a social class, and
that like" (ebd.: 186). Nehmen wir einen der am häufigsten benutzten Indikatoren 'Einkommen', und eine für
die 'Grüne Revolution' (ein Produkt der Innovationsfor-

schung) typische Innovation, die Einführung von Traktoren, dann läßt sich die Beziehung zwischen sozialem
Status und Innovationsbereitschaft rasch auf ihren ökonomischen Kern reduzieren: Reiche Bauern kaufen eher
Traktoren als arme Bauern. Was als vergleichende Merkmale zwischen frühen und späten Innovationsübernehmern
angeführt wird, Lebensstandard, Größe des Farmbetriebs,
Gebrauch von Krediten etc. (vgl. Herzog 1972: 120), ver-
schleiert häufig vorherrschende Klassenstrukturen oder
unterschiedliche Produktionssysteme. Daß es sich bei
reichen Bauern mit großem Farmbetrieb und häufiger Kre-
ditaufnahme oft um Agrarkapitalisten und bei den anderen
oft um Subsistenzbauern handelt, wird nicht gesagt.
Der Erklärungsgehalt der generalisierten Aussagen in
der Innovationsforschung bleibt gering. Die von Rogers
und Shoemaker vorgenommenen "generalizations" (1973:
346-385) stellen nichts anderes dar als die Korrelation
von Hypothesen mit empirischen Aussagen. Qualitative
Übereinstimmungen gehen in die Generalisierungen nicht
ein. Es verwundert daher bei der geringen Konsistenz
und Präzision der Begrifflichkeit nicht, wenn wichtigen
Generalisierungen sehr unterschiedliche empirische Be-
funde zugrunde liegen. Eine Beziehung zwischen dem Grad
der Innovationsbereitschaft und dem Grad der Schulausbildung wird nur von 74% der ausgewerteten Studien bestätigt, dem sozialen Status von 68%, der Betriebsgröße
von 67%, der Aufgeschlossenheit gegenüber Wandel von
75% und 'modernen' Normen von 70% (ebd.: 354,357,361,
365,376).
Wir glauben, wenn auch nur in Schlaglichtern, gezeigt
zu haben, daß die formalistischen Modelle der Innovationsforschung, wie das Konzept der 'Innovationsbereitschaft', Innovationsprozesse beschreiben, nicht aber
erklären können.[1] Die Gründe hierfür sind in der Ab-

---

1) Der ideologische Gehalt dieser Modelle, die die Errichtung von agrarkapitalistischen Strukturen durch
   Entwicklungsprogramme, wie die 'Grüne Revolution',
   wissenschaftlich vorbereiten und legitimieren, ist
   nur implizit angeklungen. Wir können hier darauf nicht
   näher eingehen.

straktion von ökonomischen und sozialen Grundlagen gesellschaftlichen Handelns und der Verkennung der Dynamik
sozialer Verhältnisse zu suchen.

Es ist deutlich geworden, daß wir die Konzepte der
'Innovationsbereitschaft' und des 'traditionellen Normsystems' zur Analyse von Innovationsprozessen ablehnen.
Wir gehen im Gegensatz zu den üblichen Innovationsstudien
nicht von einer prinzipiellen Sinnhaftigkeit von Innovationen aus. Unsere Fragestellung ist demnach nicht, wie
können sich Innovationen am besten durchsetzen, sondern
warum und mit welchen Konsequenzen setzen sie sich durch
oder auch nicht?
Wir haben im vorangegangenen Teil dieser Arbeit die Beziehungen zwischen Produktion und Aneignung der Produkte,
zwischen sozialer Entscheidungsgewalt und sozialen Ge-
gensätzen in der subsistenzökonomisch organisierten Gesellschaft der Boko dargestellt. Dabei ist die Sicherung
der Reproduktion als notwendiges gesellschaftliches Organisationsprinzip bei der geringen Produktivkraftentwicklung der Subsistenzproduktion herausgestellt worden.
Dieses Prinzip drückt sich zum Teil unmittelbar in ge-
sellschaftlichem Handeln aus (z.B. Entscheidungsverhalten
beim Verkauf von Nahrungsmitteln), zum Teil ist es über
die Auseinandersetzung zwischen Gruppeninteressen (Alte-
Junge; Hausgemeinschaft-Dorfgemeinschaft) und Zwangsme-
chanismen (z.B. Einschränkung der Handlungsmöglichkeiten
der jungen Männer) vermittelt. Gegenüber der, dem Tra-
ditionalismus-Begriff inhärenten Vorstellung von der
Irrationalität sozialen Handeln haben wir versucht, die
Rationalität der subsistenzökonomischen Organisation
herauszuarbeiten.
Das Konzept der Innovationsbereitschaft ist unfähig den
Zusammenhang von gesellschaftlichen Verhältnissen und
individuellem Handeln herzustellen und beschränkt sich
auf individuelle Persönlichkeitsfaktoren als Erklärungs-
variablen. Wir wollen demgegenüber in der folgenden Analyse versuchen, die Beziehung herzustellen zwischen gesellschaftlichen Voraussetzungen und Innovationsverhalten

von Gruppen oder Individuen.

Das Prinzip der Sicherung der Reproduktion drückt sich z.B.
in dem bei Subsistenzbauern weitverbreiteten Versuchsver-
halten des "low-risk experimentation" aus (vgl. Johnson
1972: 157). Sie sind gezwungen, sich daran zu orientieren,
auch unter schlechten Produktionsbedingungen eine ausreichende Ernte zu erwirtschaften. Bei Experimenten mit Neuerungen können sie daher nur ein sehr begrenztes Risiko
eingehen. Typisches Experimentierverhalten ist daher die
Probe von neuen Kulturen oder Anbauformen auf kleinen
Feldern über längere Zeit hinweg (vgl. Johnson 1972) oder
der Mischanbau von neuen und alten Kulturen, der zwar
eventuell geringere, dafür aber sicherere Erträge abwirft
als der alleinige Anbau der neuen Kulturen (vgl. Wisner
1977). Dem normalen Innovationsforscher muß dieses Ver-
suchsverhalten jedoch als fehlende Aufgeschlossenheit oder
Intelligenz vorkommen.

In einem sozio-ökonomischen Kontext interpretiert, scheinen
uns allerdings die von Rogers und Shoemaker (1973: 22f)
genannten Eigenschaften von Innovationen einige Anhaltspunkte für die Analyse zu geben. Der ökonomische oder
soziale Vorteil von Innovationen (relative advantage),
der Bezug auf bestehende Wertmuster und Interessen (com-
patibility), die Teilbarkeit der Innovation im Versuchs-
prozeß (trialability) sowie die sinnliche Erfahrbarkeit
der Innovationseffekte (observability) müssen auf ihre
Bedeutung hin untersucht werden.

Auch die Rolle des Innovators, die in der Innovationsforschung eine herausragende Stellung einnimmt, muß thematisiert werden (vgl. Herzog 1972: 117; Niehoff 1972;
Rogers/Shoemaker 1973: 227-248). Allerdings scheint uns
seine Position nicht aufgrund des sogenannten "hetero-
phily"-Problems bedeutsam. Unter diesem Begriff wird die
sozio-kulturelle Differenz zwischen 'modernem System'
(Quelle der Innovation) und 'traditionalem System'
(Empfänger der Innovation) verstanden, die durch die
Vermittlung des Innovators überbrückt werden soll. Man

kann ihn mit 'Verschiedenartigkeit' übersetzen. Im Fall
Bénin besteht diese 'Verschiedenartigkeit' in der Ausbeutung der agrarischen Produzenten durch die Bürokratie
(Projektgruppe Westafrika 1977; Wong 1977). Die daraus
resultierende Einstellung der Bauern gegenüber der Bürokratie bezieht sich natürlich auch auf Innovatoren, wenn
sie dieselbe repräsentieren. Ebenso müssen die Interessen der Innovatoren auf diesem Hintergrund interpretiert werden. Die Kategorie 'Verschiedenartigkeit' lei-
stet dies allerdings nicht.
Der Innovator spielt eine wichtige Rolle aufgrund seiner
Initiativwirkung und vor allem durch die Steuerungsmög-
lichkeit, die er im Innovationsprozeß durch die Kenntnis
der Interessen- und Bedürfnislage der sozialen Gruppen,
die Ausnützung sozialer Widersprüche etc. besitzt. Im
nachfolgenden Beispiel - dem Aufbau einer Schule in
Bensékou - wird die Rolle des Innovators von besonderer
Bedeutung sein.

2. Innovationen in Bensékou

2.1 Die Schule

Im Jahr 1965 kam ein junger Lehrer, Osséni Rouga, in das
Dorf Bensékou, der sich entschlossen hatte, Theorie in
Praxis umzusetzen. Er machte den Versuch, das Konzept der
'ruralisierten Grunderziehung' in einer kleinen ländlichen Gemeinde zu verwirklichen. Dieses Konzept wurde
Mitte der 60er Jahre in Dahomey entwickelt, um die Landflucht - Folge der neokolonialen Interessenpolitik -
einzudämmen und einer weiteren Vergrößerung des bürokra-

tischen Wasserkopfs vorzubeugen.[1] Durch die Integration
landwirtschaftlicher Projekte in die Schulausbildung
(Schulkooperativen, Vermittlung von technischem Wissen)
sollten die Landschulen in ihren sozio-ökonomischen
Kontext eingebunden, d.h. die Schulausbildung funktional
auf die landwirtschaftliche Produktion ausgerichtet
werden.[2]
Der Lehrer Rouga, ein Fulbe aus der Stadt Kandi, ist ein
außerordentlich aufgeschlossener und einsatzfreudiger
Mann. Als innovatorische Persönlichkeit ist er jedoch
ein atypischer Vertreter der Lehrer und der unteren Büro-
kratieschicht (Lekrer, Krankenpfleger, Landwirtschaftsberater) überhaupt.[3] Ausgebildet in der Provinzhaupt-
stadt Parakou, arbeitete er einige Jahre in verschiedenen
Städten und Dörfern des Landes, bis er schließlich seine
Versetzung zur Neugründung einer Dorfschule beantragte:
"On parle souvent de création,...il faut bien se décider
un jour à créer vraiment!" (Rouga). So kam er zu Beginn
des Schuljahres 1965/66 in das Dorf Bensékou, wo kaum
einer der Bewohner lesen oder schreiben konnte, und wo
- wie sich bald herausstellen sollte - auch kaum einer
ein besonderes Interesse an der Gründung einer Schule
besaß. Die Kinder werden auf den Feldern gebraucht, wo
man fest zupacken, aber nicht lesen und schreiben können
muß. Zudem existierte ein prinzipielles Mißtrauen gegen
den Lehrer, denn Vertreter des Staates hatten bislang
selten etwas gutes gebracht. Sie kamen nur, um Steuern
einzutreiben oder Vorschriften zu machen.

----

1) 'Normalerweise' ist ein erfolgreicher Schulabschluß
   mit der Integration des Absolventen in das administrative System des Landes verbunden.

2) Zu dem, vom Ziel her sinnvollen, aber bis heute nur
   in Ansätzen realisierten Konzept der 'ruralisierten
   Grundschule' siehe auch Kordes 1973 und 1975.

3) Das 'Modell' Bensékou kann daher auch nicht als Normalfall der ruralisierten Grundschule betrachtet
   werden.

Rouga begann zahlreiche Gespräche mit den Dorfbewohnern
zu führen. Er beobachtete die Bauern bei ihrer Arbeit
und bot seine Hilfe an. Schnell lernte er ihre Schwierigkeiten und Bedürfnisse kennen. Rouga lernte die Sprache
der Boko, nahm an ihren Festen teil und lud sie selbst
-obwohl strenger Moslem- zum Hirsebier ein. Er erklärte
den Dorfbewohnern seine Ziele:
"1. Nutzung des Reichtums der natürlichen Umgebung (Erträge wild wachsender Pflanzen, fruchtbare Böden);
2. Verbesserung der Arbeitsbedingungen und Produktionsmethoden;
3. Erweiterung des Horizonts der Schüler und Eltern
(Bildungsreisen);
4. Endgültige Eindämmung der Landflucht durch die Or-
ganisierung der Jugendlichen"
                                    (übersetzt nach Rouga).
Einen dieser Punkte setzte Rouga schon bald in die Tat
um. Mit Eltern und Schülern organisierte er zwei Reisen
in größere Städte des Landes (Kandi, Malanville, Parakou),
auf denen Fabriken, Krankenhäuser, ein Flugplatz und mehrere erfolgreiche Schulkooperativen besucht wurden.
Rougas Ziel, "permettre aux parents de voir des effectifs
d'autres classes et l'animation d'autres régions", ging
schließlich in Erfüllung. 27 Kinder, darunter auch einige Mädchen, besuchten die erste, noch an der freien
Luft tagende, Schulklasse des Dorfes.
Mit den ersten Regenfällen im April wurde ein 1 Hektar
großes Baumwollfeld und ein wenig Land für den Erdnußan-
bau gerodet. Bereits gegen Ende des Jahres hatte die
neugegründete 'coopérative scolaire de Bensékou' einen
ersten Verkaufserlös von 25.174 Franc CFA (ca. 250.- DM)
zu verzeichnen, der sich folgendermaßen zusammensetzte:

Produkt	kg	Erlös pro kg in CFA	Gesamterlös in Franc CFA
Baumwolle 1.Wahl	675	25	16875
Baumwolle 2.Wahl	200	20	4000
Karité-Nuß	229	7	1603
Erdnuß	104	13	1352
Kapok	96	20	1344
TOTAL	1304	85	25174

(Tabelle zusammengesetzt nach
Angaben der Schulkooperative)

Die Einnahmen der Kooperative wurden alle zum Aufbau der
Schule genutzt:
- Die Kinder erhielten erstmals Schulkleidung. Diese normalerweise in Dahomey/Bénin von den Eltern getragenen
Kosten machten den größten Teil (ca. 13.500 Franc CFA)
der Ausgaben aus.
- Arbeitsgeräte für die Schulkinder wurden angeschafft.
- Baumaterial für die Errichtung eines Klassenraums wurde gekauft. Alle Männer des Dorfes halfen Rouga und seinen Schülern beim Bau dieses ersten Schulgebäudes.
- Schließlich wurden Lebensmittel und Getränke für ein
großes Fest gekauft, auf dem die Erfolge der Schüler von
allen Dorfbewohnern gefeiert wurden.

Im folgenden Schuljahr begann die Schulkooperative mit
der Errichtung von Obst- und Gemüsegärten. In diesen
wurden neben den im Dorf angebauten Gewürzen und Gemüsen auch vitaminhaltige Apfelsinen, Guaven, Artischocken
und Tomaten gepflanzt, die die Nahrungsmittelversorgung
der Schüler qualitativ aufbessern sollten. Eine Perlhuhn-
zucht ergänzte dieses Unternehmen, da Eier und Fleisch
der Tiere die Ernährung mit wichtigen Eiweißen verbesserten.

Zu Beginn des Schuljahres 1968/69 feierte das Dorf ein
großes Ereignis, die Einführung der Pflugwirtschaft in
Bensêkou. Aus staatlichen Mitteln hatte die Schulkooperative einen Pflug erhalten; aus den Verkaufserlösen der
letzten Ernte kauften Lehrer und Schüler zwei Ochsen als
Zugtiere. Rouga zeigte seinen Schülern die Anwendung
dieses neuartigen Produktionsmittels und hielt sie an,
ihren Eltern von den neuen Erfahrungen zu berichten. Er
selbst forderte die Bauern auf, ihn und die Kinder auf
die Felder zu begleiten, das neue Gerät zu erproben.
Nach der ersten Ernte kamen die Eltern, um die Erfolge
ihrer Kinder mit eigenen Augen zu sehen: "à la vente du
coton les parents sont venus compter l'argent" (Rouga).

Auch den Frauen des Dorfes demonstrierte die Schule neue
Möglichkeiten, ihr bisher sehr geringes finanzielles
Einkommen zu verbessern, nämlich durch den Verkauf der
unverarbeiteten Karité-Nuß an die französische CFDT
(Compagnie Française pour le Développement des Fibres
et Textiles). Die Abnahmepreise für dieses Produkt waren
in den letzten Jahren ständig gestiegen, so daß der Verkauf der Nüsse schon bald neben der Baumwolle zur zweit-
wichtigsten Einnahmequelle der Schulkooperative wurde:

Jahr	v.d.Schülern ge-sammelte Karité-Nüsse in kg	Abnahmepreis pro kg in Franc CFA	Gesamt-erlös in CFA	Anzahl d. Schüler
1967	229	7	1603	27
1968			1900	24
1969	1800	15	27000	
1970			47175	48

(Tabelle zusammengestellt nach
Angaben der Schulkooperative)

Im Jahr 1976 betrug der Abnahmepreis für Karité-Nüsse
bereits 18 Franc CFA pro kg bei einer Abgabemenge von
insgesamt 60 Tonnen im ganzen Dorf - der größte Teil
hiervon von den Frauen gesammelt.

Es müßte ein falsche Bild entstehen, würde an dieser
Stelle nur von den ökonomischen Aktivitäten der Schulkooperative gesprochen. Die Einbindung von Schule und
Schülern in das soziale Leben der Boko stellt vielmehr
einen der wichtigsten Aspekte des Erfolgs der Kooperative dar.
Die Schüler organisierten Feste mit und für die Dorfbewohner; Rouga half beim Kontakt mit Behörden. Bereits
im April 1967 wurde ein 'Elternrat' gegründet, in welchem 67 Männer und Frauen des Dorfes organisiert waren.
Neue Pläne wurden hier diskutiert, Erfolge und Mißerfolge der Kooperative besprochen. Keine Entscheidung
des Lehrers wurde ohne die Beratung der Dorfbewohner
getroffen. Rouga wollte keine Experten heranziehen und
erst recht keine Bürokraten. Fortschrittliche junge
Frauen und Männer wollte er ausbilden, durch welche
die agrarische und soziale Entwicklung des Dorfes vorangetrieben werden konnte.
Neben der französischen Sprache wurde deshalb auch in
der Sprache der Boko gelehrt, ihre Geschichte nachvoll-
zogen. Unterricht in Hygiene, vor allem vorbeugende Be-
kämpfung von Krankheiten, ergänzten landwirtschaftliche
Aktivitäten von Lehrer und Schülern. Auch interessierte
Eltern nahmen zeitweilig am Unterricht teil. Die außer-
ordentlichen finanziellen Erfolge der Schulkooperative
erleichterten die Integration ins Dorf, die Anerkennung
und Nachahmung durch die Bauern.
Um die Landflucht unter den jungen Männern einzudämmen,
initiierte Rouga die Errichtung eines Jugendzentrums im
Dorf. Seine Pläne trafen genau die Interessen der Jugendlichen, die sich alle sehr engagiert am Aufbau dieses Zentrums beteiligten. Um die Kosten für Instrumente
und technische Anlagen zu decken, wandte sich Rouga an
staatliche Institutionen, mit denen er für die jungen

Männer des Dorfes zeitlich begrenzte Lohnarbeits-Kon-
trakte aushandelte:
- Instandhaltung einer 10 Haktar großen Anakardium-Pflan-
zung in der näheren Umgebung : 25.000 Franc CFA;
- Baumfällungen in Kandi   : 36.000 Franc CFA;
- Ausbesserungsarbeiten auf der Straße Kandi-Segbana :
                                  36.000 Franc CFA.
Die Frauen aus Bensékou fügten   24.000 Franc CFA aus
Karité-Nuß-Verkäufen hinzu (Angaben der Schulkooperative).

Das 'maison de la jeunesse' ist heute eine der größten
Attraktionen des Dorfes. Auf Rougas Initiative hin er-
lernten zwei junge Männer in Kandi das Gitarrenspiel und
geben heute ihre Kenntnisse an andere interessierte Jugendliche im Dorf weiter. Ausgerüstet zudem mit einem
Generator (dem einzigen des Dorfes), Verstärkern, zahlreichen Musikinstrumenten und einer sehr guten Musikgruppe, kann dieses Jugendzentrum leicht mit vergleichbaren Einrichtungen z.B. in Kandi konkurrieren. "Cette
jeunesse ainsi organisée a compris qu'il ne faut plus
partir pour l'exode rural et depuis ce temps, beaucoup
de jeunes des environs rejoignent Bensékou puisqu'il
fait bon vivre dans une telle association" (Rouga).

Vor einigen Jahren nun hat Rouga Bensékou verlassen;
abgeordnet nach Parakou, um dort eine neue Versuchsschule
der 'Ecole nouvelle'[1] zu leiten. Er hinterließ eine erfolgreich begonnene Arbeit und viele noch offen geblie-
bene Pläne und Hoffnungen.
Als wir im Sommer 1976 Bensékou besuchten, fanden wir
nicht viel mehr als die Trümmer von Rougas Bemühungen
vor. Zwar gab es inzwischen drei Schulgebäude und drei
Lehrer, aber nur noch eine sinkende Zahl unlustiger
Schüler und zum Teil brachliegender Schulfelder. Die
Schulgärten, in denen einst Obst und Gemüse kultiviert

---

1) Die 'Ecole nouvelle' ist eine Fortführung der Ideen
   der ruralisierten Grundschule. Es soll hier in den
   Städten die allgemeine Schulausbildung mit einer
   technisch-handwerklichen Ausbildung verbunden werden.

wurden, waren verwildert. Lediglich einige einsame
Apfelsinen- und Guavenbäume standen im Dorf.
Die neuen Lehrer erzählten in Gesprächen mit uns mehr
von der Attraktivität der großen Städte, die sie gesehen hatten, als von ihren Aufgaben in Bensêkou. Ihre
Lehrinhalte drehten sich vor allem um die französische
Sprache und französische Klassiker (z.B. Molière und
Hugo); die einheimische Sprache beherrschte keiner der
Lehrer. Einen Ochsenpflug besaß die Schulkooperative
nicht mehr, da einer der beiden Ochsen eingegangen und
entweder aus finanziellen Gründen oder aus Interesselo-
sigkeit nicht durch den Kauf eines neuen ersetzt worden
war.
Das Interesse der Eltern war wieder an einem Nullpunkt
angelangt. Zwar betonten uns gegenüber immer noch die
meisten Dorfbewohner die Vorteile einer Schulausbildung,
jedoch dürfte dies vor allem Resultat unserer Bekannt-
schaft mit Rouga sein, der uns im Dorf einführte. Die
Eltern wissen nicht mehr, was in der Schule gelehrt
wird ("da mußt du den Lehrer fragen"), noch fragen sie
ihre Kinder, die nicht länger zur Schule gehen wollen,
nach den Gründen hierfür. Einig sind sich die Dorfbewohner allerdings in der Meinung, daß die Schule früher
besser gewesen ist. Der junge Dorfchef fasst uns die
Lage folgendermaßen zusammen: "Nachdem Rouga weggegangen
ist, hat sich alles verändert; die Leute sind nicht
mehr zufrieden. Die Schulfelder sind nicht mehr so gut,
und der Schulgarten ist ganz verkommen. Die meisten
Lehrer haben kein Interesse an unserem Dorf. Sie wechseln auch zu oft.[1] Rouga hat immer alle eingeladen,
Musik gemacht, uns zu essen gegeben und den Alten auch
chapalo. Er hat uns allen geholfen, wenn wir Ärger mit
den Behörden hatten und er hat Bestellungen gemacht,
wenn die Leute nicht wußten, wie das geht. Rouga war
der beste Lehrer; es gibt keinen besseren."

----

1) Die Lehrer werden oft versetzt und wechseln im Schnitt
   alle ein bis zwei Jahre.

Dieser kurze Abriß der Geschichte der Schule zeigt
einige wichtige Faktoren des Innovationsprozesses.
Der Lehrer Rouga kann als die nahezu ideale Person
des 'Innovators' angesehen werden. Es gelingt ihm,
das anfängliche Mißtrauen der Dorfbewohner gegen
staatliche Repräsentanten zu überwinden und Zugang
zu den Bedürfnissen der Bauern zu finden. Beides gelingt ihm aufgrund seiner Integrationsfähigkeit, der
Respektierung bestehender Verhältnisse. Es ist nicht
sein Ziel das Dorf um jeden Preis zu'modernisieren',
traditionelle Anbaumethoden und Verhaltensweisen abzu-
qualifizieren und den Fortschritt zu predigen. Rouga
bemüht sich vielmehr die soziale und ökonomische Dynamik des Dorfes kennenzulernen und gerade aus dieser
Kenntnis Ansatzpunkte für eine behutsame Einführung von
Neuerungen zu gewinnen. Er diktiert nicht seine Vorstellungen an die Bauern, sondern entwickelt diese erst im
Gespräch mit den Dorfbewohnern; er sieht Probleme und
bietet Lösungsmöglichkeiten an:
Rouga sieht die einseitige Ernährung der Bevölkerung und
plädiert für eine bessere Nutzung der natürlichen Umgebung; das Pflanzen von Obstbäumen, das intensivierte
Sammeln von wildwachsenden Früchten.
Dem mühseligen und Kräfte fordernden Hackbau stellt er
neue Produktionsmethoden gegenüber und demonstriert die
daraus erwachsenden Möglichkeiten.
Die seit Mitte der 60er Jahre ansteigenden Migrationstendenzen bekämpft er sowohl auf dem ökonomischen Sektor (Produktionssteigerung und verbesserte finanzielle
Möglichkeiten durch die Pflugwirtschaft) als auch im
kulturellen Bereich (das Jugendzentrum).
Ein besonders wichtiger Grund für den Erfolg der Schule
liegt in ihrer Integration in das dörfliche Leben (von
den Schülern veranstaltete Feste, Behandlung der Dorfgeschichte im Schulunterricht etc.) und der Partizipation der Dorfbewohner an den Aktivitäten und Entscheidungen der Schulkooperative. Die Schule stellte dabei
sowohl selbst eine Innovation dar, ist jedoch gleichzeitig als eine Art 'Innovationsagentur' zu verstehen,

von der aus Neuerungen entwickelt, erprobt und ins Dorf
übertragen werden sollen. Die Bauern lernen am Beispiel
der Schule, sehen selbst Erfolge und Mißerfolge von
Neuerungen. Die Schule kann sich als Innovation durchsetzen, da sie sich durch die Kooperative selbst finan-
zieren kann und von den Eltern keine großen Ausgaben
verlangt. Als Innovationsagentur ist ihr Demonstrationseffekt entscheidend. Die Kooperative demonstriert die
Möglichkeiten des Ochsenpflugs und vermittelt die Technologie den Bauern. Diese lernen auch die Risiken und
Anforderungen der neuen Technologie kennen (Krankheit
der Ochsen; Haltung und Versorgung der Tiere im Dorf
etc.), bevor sie eine Entscheidung treffen.
Die Entwicklung nach dem Fortgang Rougas, die Zerstörung
seiner Arbeit und seiner Pläne, zeigt jedoch letztlich
die Grenzen seiner Erfolge. Ein großer Teil der Neuerungen
blieb personengebunden, konnte sich nicht selbständig be-
währen. Die Motivationsstruktur des Innovators Rouga
-Hoffnung auf Anerkennung eines gesellschaftlichen Ent-
wicklungsbeitrags- ist atypisch für die Interessenlage
der gesellschaftlichen Gruppe, der er angehört. So stehen
seine Bemühungen um sozialen Fortschritt einerseits im
Gegensatz zu der Arbeitsauffassung seiner Nachfolger.
Andererseits hatte die Hoffnung auf Anerkennung seiner
persönlichen Leistungen eine enge Anbindung des Innovationsprozesses an seine Person, eine starke Leiterbezo-
genheit der von ihm initiierten Projekte, zur Folge.
Eine Stabilisierung der Initiativen innerhalb des Dorfes
hat nur in den Bereichen stattgefunden, in denen diese
Lösungsmöglichkeiten für die aktuellen Bedürfnisse der
Bewohner beinhalteten, d.h. wo schon eine gewisse Eigen-
dynamik vorhanden war.
Nach dem Fortgang Rougas konnte sich folglich neben der
Musikgruppe -hier hat sich die Jugend ein Stück Stadt
auf's Land geholt- nur eine Innovation im Dorf etablie-
ren: die Pflugwirtschaft, die den Bauern eine sichere
finanzielle Einnahmequelle garantiert.

Warum nun konnten sich andere Neuerungen nicht durchsetzen? Warum haben die gleichen Personen, die elek-
trische Gitarre spielen und einen Ochsenpflug besitzen,

z.B. die Obstgärten nach Rougas Versetzung wieder aufgegeben?
Die Ursachen für dieses Phänomen liegen mit Sicherheit
nicht im 'Traditionalismus' der Dorfbewohner. Vielmehr
zeigt die Tatsache, daß die gleichen Personen einige
Innovationen annehmen, andere aber ablehnen, die Be-
schränktheit solcher innovationstheoretischer Modelle,
in denen von einem konsistenten Verhalten gegenüber
'Innovation an sich' ausgegangen wird, ohne nach den
Gründen für unterschiedliche Entscheidungen gegenüber
dem zu fragen, was im konkreten Fall nun die Innovation
darstellt. So ist z.B. die Verwilderung der Obstgärten in
Bensékou darauf zurückzuführen, daß das Pflanzen von
Apfelsinen- und Zitronenbäumen nur bei ausreichender
Bewässerung möglich ist. Angesichts der ausgedörrten
Böden im Dorf und der langen Trockenzeit bedeutet dies,
daß große Mengen Wasser von weit entfernten Quellen
regelmäßig geholt werden müssen. Die hier zu investieren-
de Arbeitszeit ist den Bauern ganz einfach zu hoch; der
Ertrag lohnt den Aufwand nicht. Aus dem gleichen Grund
konnte sich auch der Reisanbau bisher nicht durchsetzen.
Zwar kaufen fast alle Hausgemeinschaften Reis, doch zum
Eigenanbau ist der Boden zu trocken. Nur zwei Personen,
darunter eine Frau, kultivieren je 1/4 ha Reis in einer
Niederung, 3 km vom Dorf entfernt.
Der Rückgang der Schülerzahlen ist hingegen als direkte
Folge verminderter Attraktivität der Schule zu betrachten.
Neue Lehrer sind gekommen, die weder ein Interesse am
Dorf, noch an seinen Bewohnern gezeigt haben. Sie sprechen
eine andere Sprache, haben keine persönlichen Kontakte
zu Schülern und Eltern; sie sind nicht in das soziale
und wirtschaftliche Leben des Dorfes integriert. Ihre
Hoffnungen liegen im Süden, in den Städten, wo sie sich
auch bei jeder sich bietenden Gelegenheit aufhalten.
Ein Lehrer, der weder Interesse, noch größere Kenntnisse
im Agrarbereich besitzt, wird wenige wissenswerte Neuig-
keiten zu vermitteln haben. Die Rolle der Schule als
Innovationsagentur geht verloren.

2.2 Die cash-crop Produkte

Unter cash-crop Produkten verstehen wir solche Güter,
die nicht oder nur zum Teil auf dem nationalen Markt
verbleiben, also hauptsächlich exportiert werden und
auf den Weltmarkt gelangen. Sie unterscheiden sich insofern von anderen Marktprodukten, z.B. den in Bensêkou
produzierten und in Kandi verkauften Hirse- und Mais-
überschüssen. Cash-crops sind den Einflüssen des Welt-
markts direkt ausgesetzt; dies wirkt sich auf die Vermarktung (Exportmenge, Handelsgewinne etc.) und dadurch
wieder auf die Produktion dieser Güter aus (Aufkaufpreise, Rentabilität etc.).
In Bensêkou werden zwei cash-crop Produkte kultiviert,
Baumwolle und Erdnüsse.[1] Bevor wir auf die Rolle des
Ochsenpflugs in der cash-crop Produktion eingehen, sollen zunächst kurz die Kulturen selbst und ihre Bedeutung
für die nationale Wirtschaft dargestellt werden.

      Die Geschichte der französischen Kolonien
in Afrika besteht zu einem nicht geringen Teil aus der
Geschichte der Baumwolle. Neben der Errichtung anderer
Monokulturen, z.B. der Erdnuß in Senegal, war Frankreich
vor allem an der Entwicklung der Baumwollproduktion für
den Export interessiert. Im Gegensatz zum Tschad, dem
Hauptlieferanten, in dem schon seit dem Ende des Zweiten
Weltkriegs der Zwangsanbau betrieben wurde, begannen die
Franzosen in Dahomey erst nach der Entlassung in die
Unabhängigkeit mit der exportorientierten Baumwollproduktion. 1973-74 lag Dahomey mit einer Produktion von
44.750 t an 5. Stelle der Baumwollproduzenten im franko-
phonen Afrika, hinter dem Tschad, der mit 115.070 t
allein etwa 25% der Gesamtproduktion (444.880 t)[2] be-

---

1) Die Karité-Nuß, die auch exportiert wird, berücksich-
tigen wir in diesem Kapitel nicht, da sie als Sammel-
produkt von dem Produktionsmittel Ochsenpflug nicht
direkt betroffen ist.

2) Die französische Politik zur Verbreitung der Baumwollproduktion und ihre Auswirkung auf die Wirtschaftsstruktur der betroffenen Regionen im Tschad wird anschaulich beschrieben von dem französischen Agrarin-
genieur Gaide (1956).

stritt, Mali, Elfenbeinküste und der Zentralafrikani-
schen Republik (heute Kaiserreich).[1] Die im zwischen-
staatlichen Vergleich relativ gering anmutende Produktion Dahomey's erhält im Rahmen der nationalen Wirtschaft
ein anderes Gewicht. Im Land erst seit 1963 von der
französischen Baumwollgesellschaft CFDT (Compagnie
Française pour le Développement des Fibres et Textiles)
planmäßig betrieben, bildete die Baumwolle schon 1967
mit 8,8% des Gesamtexportwerts das zweitwichtigste Exportprodukt Dahomey's nach den Produkten der Ölpalme
(Clemens et al 1970: 110). Bis 1974 konnte sie ihren
Anteil auf 36% des Gesamtexportwerts steigern (berechnet
nach BCEAO 1977: 3). Die rasante Entwicklung der Baumwollproduktion wird aus der folgenden Tabelle deutlich:

Dahomey/Bénin: Baumwollproduktion und -export[2]
1966 - 1974

	66/<u>67</u>	67/<u>68</u>	68/<u>69</u>	69/<u>70</u>	70/<u>71</u>	71/<u>72</u>	72/<u>73</u>	73/<u>74</u>
Produktion in Tonnen	9827 (9288)	12783 (12572)	23070	24450 (24252)	36050	47250	50000	44750 (44573)
Export in Tonnen (ent- kernte B.)	2590	4771	6435	10758	13611	15767	14896	16833
Exportwert in Mill.CFA	331	6808	787	13994	22036	24761	28751	29576

<u>67</u>: Auf die unterstrichenen Jahreszahlen beziehen
   sich die Angaben zum Export

(): Die in Klammern gesetzten Zahlen geben wider-
   sprüchliche Angaben in den Statistiken wieder

Die Hauptanbauregionen befinden sich in den Provinzen
Zou im Zentrum Bénins, Atakora und Borgou im Norden des
Landes, aus dem schon 1966 etwa die Hälfte der Gesamtproduktion kam (Clemens et al 1970: 54). Die Savannen-
ebenen in Borgou eignen sich am besten für den Baumwoll-

---

1) Angaben aus CFDT (1974: 15429, 15432).

2) Die Statistik ist zusammengestellt aus Angaben von
   Clemens et al (1970: 54), Plan d'Urgence (1972: 13310),
   CFDT (1974: 15432), CCE (1974: 8), Aperçu (1975:
   16310f), BCEAO (1975: 6;1976: 7;1977: 3) und Consulat
   de la République du Dahomey (o.J.: 12). Vollständige
   Statistiken waren nicht erreichbar.

anbau, da durch die lange Trockenzeit der Schädlingsbefall relativ niedrig ist (Clemens et al 1970: 57). Hier
konzentrierten sich daher die Aktivitäten der CFDT. Die
Baumwollproduktion in Borgou wurde von 2759 t im Jahr
1965/66 auf 19800 t(22430 t) im Jahr 1973/74 gesteigert.[1]
       Bis zu ihrer Verstaatlichung im Jahr
1975 kontrollierte die CFDT den gesamten Baumwollsektor.
"Alle Vermarktungsstufen vom Ankauf bei den Erzeugern
bis zum Export unterliegen der direkten Kontrolle der
CFDT, insbesondere auch die Bearbeitung in den vier
Entkörnungszentren, die sich alle im Eigentum dieser
Gesellschaft befinden. Neben ihrer wirtschaftlichen Mo-
nopolstellung besitzt die CFDT als französisches Unternehmen einen starken politischen Einfluß, der sich bei
der internen Preisbildung bemerkbar macht"(Clemens et al
1970: 79). Bemerkbar machte sich der Einfluß bei der
Preisbildung vor allem dadurch, daß die Aufkaufpreise
bis 1970 bei etwa 20 FrancCFA konstant gehalten werden
konnten. Zwischen 1970 und 1973 betrug er im Norden
27,60, stieg unter dem Druck der Militärregierung 1973/74
auf 34,50 und 1974/75 auf 35 FrancCFA pro kg an.[2]
1976 wurden in Bensékou 45 FrancCFA/kg bezahlt, während
die Bauern nach den Unterlagen der Schulkooperative von
1967-70 nur 25 FrancCFA pro kg der besten Qualität erhielten.
Die genannten Zahlen zeigen die rasante Entwicklung der
Baumwollproduktion und ihre Bedeutung für die Wirtschaft
des Landes auf. Ihre Auswirkungen im Rahmen der Agrarproduktion können die folgenden Zahlen für den Sektor
Kandi nur andeuten:

----

1) Angaben für 1965/66 aus Plan d'Urgence(1972: 13310),
   für 1973/74 aus CFDT(1974: 15432) bzw. () aus Aperçu
   (1975: 16311).
2) Angaben aus IMF(1975: 5). Die Aufkaufpreise variieren
   nach Qualitäten und Anbauregionen.

Baumwollproduktion im Sektor Kandi[1]

	1961/62	62/63	65	66	76
In Tonnen	10	165	396	550	
In Hektar	(25)	(350)	899	1250	2835

Im Laufe von 15 Jahren wurden alleine im Sektor Kandi
etwa 2800 ha neue Anbaufläche für die Baumwollproduktion
angelegt. Dies konnte nur durch die Einschränkung der
Subsistenzproduktion von Nahrungsmitteln erreicht werden (vgl. IV 4.). In Bensékou, wie in vielen Gebieten
Borgou's, wurde zwar schon früher auf kleinen Flächen
Baumwolle angebaut und zur traditionellen Kleidung verarbeitet, doch die Vergrößerung des Anbaus und die
Einhaltung der Mindestanbaufläche von 1/4 ha konnten
nur durch staatliche Gewalt erzwungen werden. Die Bauern
in Bensékou erzählten uns von Polizeirazzien, bei denen
dem Zwangsanbau durch physische Gewalt (Schlagen) und
Inhaftierungen Nachdruck verliehen wurde. Der Widerstand der Produzenten hatte verschiedene Gründe:
1. Die niedrigen Aufkaufpreise: die Bauern sicherten
ihre Subsistenz durch den Nahrungsmittelanbau. Die Baum-
wollpreise konnten daher künstlich so niedrig gehalten
werden (theoretisch gleich Null), daß die Bauern aus
dem Erlös gerade die Steuern abführen konnten.
2. Der arbeitsintensive Baumwollanbau überschneidet sich
zeitlich mit der Arbeitszeit im Rahmen der Subsistenzproduktion. Der unter 1. beschriebene Ausbeutungsmecha-
nismus basiert also auf einer Abschöpfung von Arbeitskraft, die auch anderweilig produktiv - in der Produktion von Nahrungsmitteln - eingesetzt werden könnte.

---

1) Tonnen-Angaben von 1961/62 und 62/63 aus Kellermann
   (1963: 9), Angaben von 65 und 66 aus Clemens et al
   (1970: 54), von 76 aus dem Augustbericht des CARDER
   in Kandi, der von uns eingesehen wurde. Die Hektar-
   Angaben in Klammern wurden von uns errechnet. Der
   durchschnittliche Ertrag betrug 400-500 kg/ha und
   wurde erst durch die spätere Benutzung von Dünger,
   Insektiziden etc. auf etwa 1 t/ha gesteigert.

Das folgende Schema verdeutlicht diese Überschneidung
von Subsistenz- und cash-crop Produktion in Bensêkou:

Schaubild 7 : Jahreszeitliche Arbeitsverteilung in
der Ackerbauproduktion in Bensêkou

Frucht \ Monat	Baum-wolle	Erd-nuß	Yams	Hirse	Mais	Kale-basse	Manioc	Bohnen	andere Arbei-ten
Mai		pflügen		pflügen säen	pflügen säen		ernten		
Juni	roden pflügen säen	säen			jäten		pflanzen		
Juli	düngen jäten		jäten	jäten	jäten	ernten			
August	Schädl. behand.	jäten		jäten	ernten	säen		säen	
Sept.	jäten	jäten	jäten						
Oktob.	Schädl. behand. jäten	jäten	ernten	jäten					
Novemb.		ernten	roden Bäume abbrenn. Hügel aufwerf.						Hütten-bau
Dezemb.	ernten			ernten					
Januar									jagen
Febr.						ernten		ernten	jagen
März									jagen
April			Setzl. pflanz.		säen				

Die schraffierten Felder kennzeichnen die Überschneidung von Baumwollproduktion und den Arbeits-
spitzen der Subsistenzproduktion zwischen Juni und
Oktober. Außerdem hat die Baumwollernte zur zeit-
lichen Verschiebung der Yamsarbeiten in den November geführt, die nun gleichzeitig mit dem Hüttenbau stattfinden.

Es sind hierin nicht alle Arbeitsprozesse aufgeführt.
Aber die Akkumulation von Arbeitsgängen wird ersicht-
lich, die durch die Baumwollproduktion zwischen Juni
und Dezember noch verstärkt wird.
Konnten die Bauern in den 60iger Jahren nur durch Zwang
zum Anbau von 1/4 ha gebracht werden, so hat sich das
Bild heute verändert. Nach Unterlagen des örtlichen
Landwirtschaftberaters haben 1976 in Bensékou 79 Produzenten 73,75 ha Baumwolle kultiviert.[1] 1975 waren
es 96 ha, für 1977 waren 120 ha geplant. Der Durchschnitt
liegt heute also bei etwa 1 ha pro Anbauer. Für 1976
sieht die Verteilung so aus:

Zahl der Anbauer	Fläche in ha pro Anbauer	Gesamtfläche in ha
13	0,25	3,25
17	0,50	8,50
6	0,75	4,50
22	1,00	22,00
6	1,25	7,50
10	1,50	15,00
1	1,75	1,75
2	2,00	4,00
1	3,25	3,25
1	4,00	4,00
Total: 79		73,75

Aus der Verteilung ist recht deutlich eine Differenzierung zwischen den Anbauern zu erkennen. Die Mehrheit der
Bauern, die keinen Pflug besitzen, baut heute noch
1/4-1/2 ha an. Die Ochsenpflugbesitzer kultivieren in
der Mehrzahl 1-1,25 ha, während eine kleine Zahl von
ihnen sich direkt auf die Baumwollproduktion spezialisiert.
Die Baumwolle ist nicht in den 4-Felder Zyklus der
Subsistenzproduktion integriert. Sie wird auf einem
Extrafeld, abseits von den anderen, angebaut, da sie
unter Verwendung von Düngemittel mehrere Jahre hindurch

---

1) In den Unterlagen wird leider nicht zwischen individuellen Anbauern und Hausgemeinschaften differenziert.

auf dem gleichen Boden gepflanzt werden kann.

Die Erdnuß wurde ebenfalls in kleinem Umfang schon früher
angebaut. Es gibt zwei Sorten, eine die für den Verzehr
im Dorf bestimmt ist, und eine fetthaltigere zur Herstellung des Erdnußöls, die als cash-crop produziert
wird. Im Vergleich zur Baumwolle spielt sie in Bensékou
jedoch eine untergeordnete Rolle. Für 1 77 waren nur
40 ha geplant(1976: 26 ha). Dabei muß noch berücksichtigt werden, daß einige Bauern verstärkt Erdnuß anbauen
wollen, weil 1. sie viel weniger Zeit in Anspruch nimmt
als die Baumwollproduktion und 2. die Erdnußpreise im
letzten Jahr gestiegen sind. Diese Tendenz ist jedoch
im Vergleich zu anderen Gebieten der Provinz Borgou
nicht sehr ausgeprägt.

2.3 Pflugwirtschaft und Baumwollproduktion

Zusammen mit der Einführung der cash-crop Produktion ist
der Ochsenpflug in Bensékou die für den agrarischen
Bereich bedeutungsvollste Innovation. Es sollen im folgenden Durchsetzungsvermögen und Einflußbereiche, sowie
die direkten Auswirkungen der Pflugwirtschaft auf ökonomische und politisch-soziale Strukturen dargestellt
werden. Von besonderem Interesse sollen dabei sein
- der Einfluß der Pflugwirtschaft auf die Entwicklung
  von Subsistenz- und Warenproduktion
- und die hieraus zu erwartenden langfristigen Folgen
  für die ökonomische und soziale Situation der Dorfbewohner

2.3.1 Durchsetzungsvermögen der Innovation Ochsenpflug

Im Jahr 1968 besaß die Schulkooperative Bensékou den
ersten Pflug im Dorf sowie zwei Ochsen als Zugtiere,
die vor allem in der Baumwollproduktion eingesetzt wurden. Bald begannen die bereits im vorhergegangenen Jahr
erzielten Erfolge der Schulfelder und -gärten das Inter-

esse der Dorfbevölkerung auf sich zu ziehen: "de temps
en temps les gens viennent voir ce qui se fait et visi-
ter nos champs. Ils sont même surpris de la façon dont
nous semons le coton, le mais. Chez eux, le semis est
trop serré, mais avec l'expérience ils ont tenté de
nous imiter"(der Lehrer Rouga).

Die finanziellen Einahmen der Schule stiegen bereits in
den ersten Jahren gewaltig:

Während im ersten Erntejahr, dem Schuljahr 1966/67, die
27 Schüler in Bensékou mit dem Produktionsmittel Hacke
einen Verkaufserlös von umgerechnet 25o DM erzielten,
steigerte sich dieser Betrag im folgenden Jahr bei nur
24 Schülern bereits auf ca. 840 DM.

Auch wenn man die in diesem Jahr auftretende Arbeitserleichterung berücksichtigt, da einige der bearbeiteten
Felder im Gegensatz zum Vorjahr bereits gerodet waren,
läßt sich dennoch ein beachtlicher Mehrertrag registrie-
ren, der weitgehend durch den Einsatz von Düngemitteln
in diesem Jahr erzielt werden konnte.[1]

Im Schuljahr 1968/69 erbrachte der erstmalige Einsatz
des Ochsenpflugs eine deutliche Arbeitserleichterung,
sodaß zusätzliche Felder kultiviert werden konnten.
Die Produkte der Schulkooperative konnten in diesem
Jahr mehr als 110.000 FrancCFA (ca. 1100 DM) im Verkauf
erzielen:

----

1) Es sei an dieser Stelle nur erwähnt, daß der Einsatz
   von Kunstdünger umstritten ist, da langfristig schäd-
   liche Folgen zu erwarten sind(frühzeitige Bodenero-
   sion etc.).

Foto S. 170: Ein Schüler bei der Baumwollernte. Seitdem
             die Schulkooperative keine Ochsen mehr be-
             sitzt und keine Baumwolle mehr anbaut, ar-
             beiten die Schulklassen in Lohnarbeit bei
             der Ernte auf den Feldern anderer Bauern.

Jahr	Technologie	Produkt	bearb. Fl. in Hektar	Erträge in kg	in CFA	pro ha in kg
1966/67	Hacke/ohne Düngemittel	Baumwolle	1	875	20.875	875
		Erdn., Kapok, Karité-Nüsse	/	429	4.299	
1967/68	Hacke/mit Düngemitteln	Baumwolle	1 1/2	2217	56.140	1478
		Erdn., Karité, Mais, Auberg.	/	/	27.755	
1968/69	Ochsenpflug/ Düngemittel	Baumwolle	2	2960	74.000	1480
		Karité	/	1800	27.000	
		Erdn.,Mais, Sorgho	2	/	/	

Tabelle zusammengestellt aus
Angaben der Schulkooperative

Die Einführung von Düngemitteln verbesserte also zunächst deutlich sichtbar die Qualität und Quantität der
Produkte. So stiegen z.B. die Baumwollerträge von 1967
bis 1968 um 603 kg oder 69% pro Hektar an. Durch die
Einführung der Pflugwirtschaft konnten weiterhin aufgrund der Erleichterung und Verkürzung der zu tätigenden
Arbeitsgänge, Arbeitskräfte freigesetzt und für andere
Tätigkeiten (Roden und Bearbeiten neuer Felder) produktiv genutzt werden.
Die Verbindung beider Innovationen führte sehr bald zum
erwünschten Erfolg und setzte sich in kurzer Zeit auch
bei den Bauern in Bensékou durch: "c'est à partir de ce
moment qu'ils ont commencé à se lancer dans la culture
du coton correctement puisque la première année l'école
avait fait seul près de deux tonnes, alors que tout le
village avait produit quatre tonnes. La seconde année
les choses ont changé et il y a maintenant des gens qui
ont facilement deux ou trois hectares, et tout compte
fait, grâce à l'école"(Rouga).
Neben den überzeugenden Erfolgen der Schulkooperative
waren auch die überaus guten Adaptationsbedingungen des
Ochsenpflugs entscheidend für die schnelle Verbreitung

dieser Innovation im Dorf. D.h., Grundlage für die
wachsende Attraktivität des Pflugs ist dessen reibungs-
lose Integration in die ökonomischen Umweltbedingungen
in Bensékou, die sich kurz folgendermaßen charakteri-
sieren lassen:

- die Produktionsvorraussetzung 'Boden' ist zwar in
  schlechter Qualität (wenige natürliche Nährstoffe,
  zu trocken), jedoch in ausreichender Menge vorhanden;
- die verfügbaren Arbeitskräfte in Bensékou reichen nicht
  aus, um alle in erreichbarer Entfernung gelegenen potentiellen Anbauflächen zu kultivieren, d.h. ein Überschuß an Arbeitskräften existiert nicht.

Die Düngemittel ermöglichen zumindest kurzfristig eine
intensivere Nutzung des Bodens, d.h. höhere Erträge bei
kürzeren Brachezeiten. So konnte z.B. die Baumwolle
früher nur ein, heute mehrere Jahre auf dem gleichen
Boden kultiviert werden.

Die auf diese Weise zusätzlich nutzbaren Ackerböden können mit Hilfe der durch die Pflugwirtschaft freigesetzten
Arbeitskraft zusätzlich bearbeitet werden.

Die schon nach der ersten Ernte greifbaren Erfolge mo-
tivieren die Bauern zu neuen Investitionen und ermöglichen zudem einem relativ großen Teil der reicheren Bauern einen schrittweisen Einsatz der neuen Technologien,
zumeist auf der Basis von Krediten.

In der arbeitsintensiven Regenzeit gewinnt der Pflug
eine besondere Bedeutung, da nun alle verfügbaren Ar-
beitspotentiale genutzt werden müssen, um die Ernte erfolgreich abschließen zu können(vgl. Schaubild S. 162).
Heute gibt es schon 30 Pfluggespanne im Dorf.

2.3.2 Einflußbereiche des Ochsenpflugs

Durch die Einführung der Pflugwirtschaft wurden einige
früher mit der Hacke erledigte Arbeiten verkürzt und er-
leichtert. So heißt 'der Pflug' auf Boko denn auch be-
zeichnenderweise zùa/sóna (Ochse/Hacke). Die erleichterten Arbeiten sind:

- die Säuberung der Felder vor der Aussaat;
- das Anlegen der Saatreihen;
- das erste Jäten.

Die durch den Pflugeinsatz freigesetzte Arbeitskraft kann
nun prinzipiell sowohl in der Subsistenzproduktion als
auch für die Ausweitung der cash-crop-Produktion, d.h.
ertragssteigernd (Sicherung der Subsistenz) bzw. gewinnbringend (Erhöhung des monetären Einkommens) eingesetzt
werden; das bedeutet: höherer Ertrag/Gewinn bei gleichbleibender Arbeitsbelastung.
Überall im Dorf wird der Pflug jedoch vorwiegend für die
Baumwollproduktion genutzt, während die Säuberung und das
Jäten der Nahrungsmittelfelder häufig noch mit der Hacke
erledigt wird. Zusammen mit dieser Nicht-Ausnutzung der
Kapazitäten des Ochsenpflugs fällt die Tatsache, daß
letzterer zwar rasche Erfolge in der cash-crop-Produktion
zeigte, die Subsistenzproduktion hingegen zunächst ab-
fallende Tendenz aufwies und schließlich auf einem etwa
minimalen Level, welches gerade noch die Lebensmittel-
versorgung der Familie sicherte, stagnierte. Steigende
staatliche Baumwoll-Abnahmepreise seit etwa 1972 führten
zu einer gewaltigen Ausdehnung des gesamten cash-crop-
Bereichs (Baumwolle und Erdnüsse in Bensékou), der heute
auch einen großen Teil der Bauern, die keinen Pflug besitzen, aufgenommen hat. Um die langwierigen und Kräfte
zehrenden Arbeiten auf den Baumwollfeldern zu bewältigen,
sind jedoch fast alle Bauern zumindest bei einigen Arbeitsgängen auf den Pflug angewiesen. So haben sich in
den letzten Jahren verschiedene Verleih- und Kooperationsformen herausgebildet, die auch den nicht-besitzenden
Bauern eine zeitweise Anwendung des Ochsenpflugs ermöglichen. Unter Freunden erledigen sich derartige Probleme meist noch auf der Basis gegenseitiger Hilfe, d.h.
Säuberung der Felder des einen mit Hilfe des Pflugs gegen Mitarbeit auf den Feldern des anderen bei Tätigkeiten, die Handarbeit erfordern. Jedoch gibt es heute in
Bensékou auch bereits einige reichere Bauern, die ihren
Pflug auf Zeit gegen Lebensmittel oder Geld vermieten;
andere, meist junge Männer, erledigen die Pflugarbeiten
gegen ein Entgelt selbst auf den Feldern der ärmeren
Bauern und haben so erste Formen einer Mietlohnarbeit in
Bensékou eingeführt. Es entwickelte sich langsam eine

tendenzielle Polarisierung zwischen reicheren, d.h. einen Pflug besitzenden und ärmeren, mit der Hacke arbeitenden Bauern:

Schaubild 8: Von Pflug- und Hackbauern in Bensékou be-[1] arbeitete Ackerflächen im Jahr 1976

Produkt	Feldgröße pro Bauer in Hektar					
	mit Pflug			ohne Pflug		
	Bauer A	Bauer B	Bauer C	Bauer D	Bauer E	Bauer F
Baumwolle	1,0	1,25	1,0	0,5	–	0,75
Erdnüsse	0,5	0,88	0,25	0,25	0,13	–
Mais/Sorgho	1,5	0,44	0,86	1,0	0,75	0,5
Hirse	–	0,25	0,25	–	0,25	–
Yams	0,5	0,25	0,86	0,25	0,75	0,13
TOTAL	3,5	3,07	3,22	2,0	1,88	1,38
Verkaufs-produkte	1,5	2,13	1,25	0,75	0,13	0,75
Subsistenz-produkte	2,0	0,96	1,97	1,25	1,75	0,63
Anteil der Verkaufspr. a.d. Gesamt-produktion	43%	70%	39%	38%	7%	54%

Faßt man diese Angaben zusammen, so bearbeitet ein Pflugbauer durchschnittlich 1,64 Hektar subsistenzökonomisch genutztes Land und 1,63 Hektar für cash-crops reservierten Boden; ein Hackbauer 1,21 Hektar Nahrungsmittelfelder und 0,45 Hektar cash-crop-Felder.[2] Der

---

1) Die Angaben für die Bauern B,C,E und F wurden von uns selbst in Interviews erhoben. A und D sind nach Angaben des Landwirtschaftsberaters in Bensékou die 'typischen durchschnittlichen' Bauern des Dorfes (mit und ohne Pflug arbeitend). Die Angaben beziehen sich auf die Arbeitsleistung der einzelnen Bauern ohne Berücksichtigung der Zahl der von ihnen zu ernährenden Familienmitglieder.

2) Vgl. hierzu auch die Gesamtdaten für Baumwollproduktion in Bensékou für 1976 auf S. 163 dieser Arbeit.

Unterschied äußert sich demnach vor allem in der Produktion der cash-crops, während die auf dem subsistenzökonomischen Sektor angebauten Nahrungsmittel in Quantität und Qualität nur gering differieren, da auch Düngemittel ausschließlich in der cash-crop-Ökonomie eingesetzt werden.[1]

Zunächst kann also festgehalten werden, daß die Einführung der Pflugwirtschaft einen Prozeß des Abbaus der
Subsistenzökonomie zumindest beschleunigt hat, indem
der Pflug die spezifischen Arbeiten auf den Baumwollfeldern überhaupt erst in größerem Ausmaß ermöglicht
hat.

Geht man nun von der Hypothese aus, daß

1. die Pflugbauern in der Regel reicher sind als die
Hackbauern[2] und daher angenommen werden kann, daß erstere
auch früher, ohne Pflug, bereits mehr Nahrungsmittel produziert haben, da sie eine größere Familie zu versorgen
hatten und haben[3];

2. die Pflugbauern allein aufgrund des Pflugeinsatzes
in der gleichen Zeit mehr produzieren können als diejenigen Bauern, die mit der Hacke arbeiten,

so ist die Größe der von den Pflugbauern bearbeiteten
subsistenzökonomischen Anbauflächen zwar absolut gesehen
etwas größer als die der Hackbauern; relativ jedoch in
Bezug auf Arbeitseinsatz und die Zahl der zu ernährenden
Familienmitglieder um ein Wesentliches kleiner.

Das bedeutet nun wiederum, daß diejenigen Bauern, die mit

----

1) Es werden in Bensêkou ausschließlich künstliche Düngemittel verwendet. Da man durch die Nahrungsmittelproduktion in der Regel kein Geld verdient, so erzählte
man uns im Dorf, sei es auch nicht klug, Geld in dieselbe durch den Kauf von Düngemitteln hineinzustecken.

2) Der Pflug wird in Bensêkou nicht von den Bauern selbst
hergestellt, sondern muß teuer gekauft werden. Der
Preis für einen Pflug beträgt umgerechnet ca. 200,-DM,
2 Ochsen weitere 155,-DM, sodaß nur ein relativ
reicher Bauer sich einen Pflug leisten kann.

3) 'Reichtum' äußert sich wie wir gesehen haben vor allem
in sozialem Prestige, was sich wiederum auf die Anzahl der Ehefrauen auswirkt; vgl. Kapitel III 6.2
und 6.3 dieser Arbeit.

der Hacke arbeiten, zwar ebenfalls den cash-crop-Sektor
aufgrund der relativ hohen Baumwoll-Abnahmepreise in den
letzten Jahren erhöht haben, jedoch aufgrund ihrer einfachen Arbeitstechnologie den Subsistenzsektor dennoch
größtenteils aufrechterhalten haben. Ihre Nahrungsmittel-
vorräte müssen auch nach einer schlechten Ernte ausreichen, um den Lebensunterhalt der Familie voll zu gewährleisten. Die Pflugbauern fühlen sich hingegen in der
Lage, mit dem in der Baumwollproduktion verdienten Geld
eine oder mehrere Mißernten zu überbrücken (vgl. Punkt
2.3.3 dieses Abschnitts).

Wir gehen daher von der These aus, daß die Einführung
der Pflugwirtschaft einen Rückgang der Subsistenzproduktion nicht nur beschleunigt, sondern auch ursächlich
bedingt hat.[1)]

Zusammenfassend läßt sich feststellen, daß

1. die zunächst durch die Einführung von Steuern und
Zwangsabbau erzwungene, später durch steigende Abnahmepreise u.a. geförderte Zunahme der cash-crop-Produktion
bei gleichbleibender Technologie nur auf Kosten der
subsistenzökonomischen Produktion vonstatten gehen
konnte (Abzug von Arbeitskraft aus dem subsistenzökonomischen Sektor);

2. die Einführung der Pflugwirtschaft diesen Abfall in
der Nahrungsmittelproduktion ohne Verluste in der cash-
crop-Produktion und ohne zusätzlichen Arbeitsaufwand
theoretisch hätte stoppen oder sogar wieder aufstocken
können (Freisetzung von Arbeitskraft durch die Einführung des Ochsenpflugs);

3. die Einführung der Pflugwirtschaft in der Realität
nur für eine Aufstockung des cash-crop-Sektors genutzt
wurde, während die Nahrungsmittelproduktion in der Nähe
eines minimalen Levels stagnierte.

----

1) Der Kauf von Pflügen und Düngemitteln kostet zudem
   Geld, welches nur aus den Einkünften erweiterter cash-
   crop-Verkäufe erworben werden kann.

Nach unseren Angaben aus Bensêkou läßt sich diese Entwicklung am Beispiel des idealtypischen Bauern graphisch
folgendermaßen rekonstruieren:

Schaubild 9: Entwicklung der Nahrungsmittel- und cash-
              crop-Produktion am Beispiel des idealtypi-
              schen Bauern in Bensêkou

Technologie	Nahrungsmittel-Anbaufläche (ha)	cash-crop-Fläche (ha)	Gesamtanbaufläche in ha
1) früher, ohne Pflug	1 3/4	1/4	2
2) heute, ohne Pflug	1 1/4	3/4	2
3) heute, mit Pflug [1]	1 1/4	1 3/4	3
4) potentielle Nutzung des Pflugs	1 3/4	1 1/4	3

Die in Kasten 4) aufgezeigte potentielle Möglichkeit des
Pflugeinsatzes würde also den Nahrungsmittelsektor wieder
auf den früheren, zur langfristigen Sicherung der Existenz notwendigen[2] Bestand (Kasten 1)) zurückführen und
somit die Gefahren, die durch die Ausweitung des cash-

---

1) Entsprechend unserer These (vgl. S.175) haben die
   Pflugbauern eine größere Familie zu versorgen als
   die Hackbauern. Sie produzieren daher in Relation
   zur Zahl der zu versorgenden Familienmitglieder
   weniger im Nahrungsmittelsektor als die mit der
   Hacke arbeitenden Bauern; vgl. Kasten 2) und 3)
   des Schaubilds.

2) Diese Annahme ergibt sich aus der Tatsache, daß die
   früher auf ca. 2 ha produzierten Nahrungsmittel nicht
   ausreichten, um hiervon größere Verkäufe zu tätigen.
   Da sich die Qualität und Quantität der heute produzierten Nahrungsmittel kaum von der in früheren
   Zeiten unterscheiden dürfte (keine Düngemittel etc.),
   muß die Verminderung des Nahrungsmittelsektors vor
   allem auf Kosten der (notwendigen) Vorratshaltung
   gehen.

crop-Sektors auf Kosten des subsistenzökonomischen Bereichs entstehen können, beseitigen. Die Folgen, die
sich aus der in der Realität stattfindenden Nutzung der
Pflugwirtschaft (vgl. Schaubild 9, Kasten 3)) entwik-
kelt haben, sollen im folgenden näher untersucht werden.

2.3.3 Auswirkungen der Innovation Ochsenpflug

Die bisher aufgezeigte Umorientierung der Bauern von
der Subsistenz- zur cash-crop-Produktion erscheint auf
den ersten Blick durchaus in derem Interesse zu sein.
Schließlich ist es den Pflugbauern,wie die derzeitige
Situation in Bensékou zeigt,möglich, Überschüsse in
der Baumwollproduktion zu erzielen, was ihnen
früher in der Nahrungsmittelproduktion nur in äußerst
geringen Ausmaßen möglich gewesen ist.
Wenn wir nun allerdings letztere Tatsache aufgreifen,
so wird deutlich, daß durch die Verminderung des Subsistenzsektors langfristig eine Nahrungsmittelknappheit
entstehen muß, die spätestens nach einer oder mehreren
schlechten Ernten sichtbar werden wird. Da die Bauern
auch heute normalerweise keine Lebensmittel kaufen,
kann die Verminderung des Subsistenzsektors nur auf
Kosten der Vorratshaltung gehen, die aber, wie wir bereits gesehen haben, langfristig von existentieller Bedeutung für die Dorfbewohner ist.
Was also wird geschehen, wenn schlechte Ernten eine Nahrungsmittelknappheit hervorrufen und welche Möglichkeiten haben die Bauern, eine solche Situation zu überwinden? Werden sie in der Lage sein eine Nahrungsmittelknappheit durch ihre Verdienste in der cash-crop-Ökonomie
auszugleichen?
Um diese Fragen zu beantworten ist es zunächst notwendig die Auswirkungen der aktuellen ökonomischen Situation
auf Produktionsformen und die soziale Organisation der
Boko zu untersuchen.
Die fundamentale Ausweitung der cash-crop-Produktion
und die Einführung der Pflugwirtschaft hatten zunächst
einmal weitgehende Veränderungen der traditionellen

Kooperationsformen zur Folge. Der Pflug, als fortgeschrittene Technologie, ermöglicht im Gegensatz zur
Hacke eine Produktion auf individueller Basis. Der
Bauer, der in früheren Zeiten auf kooperative Produktionsformen innerhalb des bè angewiesen war, beginnt
den individuellen Anbau von cash-crop-Produkten.
Ausgangspunkt dieser Entwicklung war ein Konflikt un-
terschiedlicher Gebrauchswertmuster[1], der -sichtbar
geworden durch das erhöhte monetäre Einkommen- schon
seit einigen Jahren latent vorhanden gewesen sein
dürfte. So waren z.B. durch die 1965 errichtete Schule
engere Kontakte der Schüler mit Jugendlichen in Kandi
errichtet worden, die der Dorfjugend eine gewisse 'Freiheit' demonstrierten, die relativ weit herumgekommen
waren und die nötige Freizeit und die nötigen Trans-
portmittel (Motorräder) besaßen, um andere Städte und
andere Menschen kennenzulernen. Diese und ähnliche[2],
vor allem durch die Schule vermittelte Erfahrungen
mußten die alten Orientierungsmuster zunehmend in
Frage stellen. Die Unterdrückung von Wünschen und
Bedürfnissen der Jungen durch die Alten einerseits,
der engere Kontakt zu den Städtern andererseits, lie-
ßen gerade solche Güter in den Vordergrund rücken, die

----

1) Gebrauchswertkonflikt: Veränderung von Bedürfnissen
   und Gütern, die diese Bedürfnisse befriedigen. Nach
   Elwert unterscheiden wir:
   - neue Güter für alte Bedürfnisse (z.B. Wellblechdächer anstelle von Strohdächern, um sich gegen das
   Wetter zu schützen);
   - neue Güter für neue Bedürfnisse (z.B. Prestigeartikel, wie Radios und Motorräder, um vom Dorf aus eine
   Verbindung zu den Städten zu schaffen).
   Der Konflikt zwischen alten und neuen Gebrauchswertmustern entsteht in dem Maße, in dem neue Güter, welche jedoch nicht in der Lage sind die alten qualitativ
   vollwertig zu ersetzen, für das Individuum erreichbar
   werden. Vgl. im folgenden Text die Veränderung der
   Prestigegüter bei den Boko.

2) Vgl. z.B. die zur Propagierung des Schulbesuchs durch-
   geführten Reisen in größere Städte des Landes um
   "elargir l'horizon des enfants" und "sensibiliser les
   parents pour la transformation de leur milieu" (der
   Lehrer Rouga).

die 'Unabhängigkeit' der Jugendlichen in den Städten
repräsentierten: europäische Kleidung, Radios, Motorräder und auch die in den Städten gebräuchlichen Wellblechdächer, d.h. vorwiegend solche Artikel, welche
in der Lage sind direkte oder indirekte Verbindungen
zu den Städten herzustellen.

Die Alten hingegen sahen in den neuen Konsumgütern nur
eine wachsende Bedrohung ihrer Existenz. So wurden die
Erlöse aus verkauften Produkten traditionell in Rindern
angelegt, welche gleichzeitig als eine Art Reservefond
für Notzeiten dienten. Radios aber kann man in der Not
nicht verspeisen[1], und während die Jungen in Notzeiten
immer noch die Möglichkeit haben, zu migrieren, um als
Lohnarbeiter ihren Unterhalt zu verdienen, ist den Alten
auch dieser Ausweg versperrt. So kam es zu einem offenen
Konflikt um die Verwendung des - früher unerheblichen -
monetären Einkommens, der unterschiedliche Resultate
zur Folge hatte:

(1) Zunächst kommt es zur Spaltung einiger bè. Einige
bereits verheiratete junge Männer verlassen den Familienverband, gründen eigene bè und legen eigene Felder an.
Da dies wiederum eine existentielle Bedrohung für die
Alten bedeutet - wer versorgt sie, wenn sie hierzu nicht
mehr selbst in der Lage sind -, sehen sie sich gezwungen,
größere Autonomiezugeständnisse an die Jungen zu machen.
Dies führt zur

(2) teilweisen Aufgabe der kollektiven Familienfelder
und individualisierter Produktion innerhalb eines bè.
Dies ist die heute am weitesten verbreitete Produktions-
form in Bensèkou.

(3) In Ausnahmefällen entwickelt sich auch eine kollektive Warenproduktion auf der Basis neuer Gebrauchswertmuster. So erwarb z.B. Ende 1976 ein bè, das kollektiv

---

1) Der Verkauf von solchen 'Luxusgütern' ist in Notzeiten schwierig und zumindest immer mit großen finanziellen Verlusten verbunden. Während die Preise der
   knapp gewordenen Lebensmittel steigen, ist der Bedarf
   an Mofas und Radiogeräten erfahrungsgemäß gering und
   deren Erwerb nur noch mit geringen Kosten verbunden
   (vgl. z.B. die Schwarzmarktpreise der Nachkriegszeit
   in der BRD).

Baumwolle produziert, von dem Geldeinkommen eine Mühle[1],
die heute gewinnbringend im Dorf eingesetzt werden kann.
Der Vorsteher dieser Hausgemeinschaft war einer der ersten Migranten im Dorf.
Die Aufgabe der Familienfelder ermöglicht den Männern
die aus der cash-crop Produktion erzielten Gewinne individuell zu nutzen, d.h. sie nicht länger innerhalb der
Hausgemeinschaft zu verteilen.
Eine neue Qualität der Verflechtung von Produktionsweisen beginnt sich durchzusetzen. Nicht mehr die Dominanz
der subsistenzökonomischen Produktion (vgl. Verflechtung
mit einfacher Warenproduktion, S. 83-85), sondern deren
wchsende Unterordnung unter die cash-crop Ökonomie und
der mit ihr verbundenen Gesetzmäßigkeiten bestimmen die
soziale und ökonomische Entwicklungsdynamik im Dorf.

Eine weitere, bisher noch kaum sicht-
bar gewordene Auswirkung der Innovation Ochsenpflug ist
die wachsende Abhängigkeit der Produzenten vom Staat
und von warenökonomischen Außenbeziehungen. Da die Bauern die Pflüge nicht selbst herstellen (subsistenzöko-
nomisches Handwerk), sondern - zumeist mit Hilfe der
staatlichen Kredite des CARDER - importierte Pflüge
kaufen, zwingt ihre Verschuldung sie zur ständigen Ausweitung der cash-crop Produktion bis zur Ausgleichung
ihrer Schulden. Dies hat nicht nur die z.T. bereits genannten Folgen im ökonomischen und sozialen Bereich,
sondern führt auch zu einer einseitigen Abhängigkeit
von Weltmarktpreisen für cash-crops und, was zur Zeit
näherliegend ist, zu einer Abhängigkeit von den staatlich festgesetzten Abnahmepreisen für ihre Produkte.
Es existiert in Bénin bereits heute ein staatliches
Aufkaufmonopol für Baumwolle. Daneben besteht eine Tendenz zur Ausweitung dieses staatlichen Monopols auch
auf andere Produkte. So wurde im Süden des Landes ein

---

1) Die Mühle zerkleinert Mais, Hirse und andere Körner-
   früchte und übernimmt somit traditionelle Frauenarbeiten.

staatliches Abnahmemonopol für Mais etabliert, dem sich
ein großer Teil der Bauern jedoch widersetzen konnte,
da sie in der Lage waren, Mais zu lagern, zu tauschen
und eventuell selbst zu verzehren.

Solche Maßnahmen sind den Bauern in Bensékou zur Zeit
nicht möglich, da sie nicht in der Lage sind, ihre Baumwolle selbst zu verarbeiten. Außerdem sind sie auf ein
monetäres Einkommen angewiesen, um ihre Schulden abtragen
zu können. Eine eventuelle Dürre in den nächsten Jahren
würde diese Abhängigkeit wieter vergrößern und müßte
bei weiter stagnierenden Erträgen in der Subsistenzproduktion zu einer sehr ernsten Gefahr für die physische
Existenz der Dorfbewohner führen.

2.4 Der Islam

2.4.1 Problemstellung

Eine Untersuchung der Ursachen für die rasche Verbreitung
des Islam in Bensékou kann in dieser Arbeit nur unter
eingeschränkten Gesichtspunkten geleistet werden. Eine
weiterführende und regional weniger beschränkte Analyse
dieses Phänomens erscheint uns jedoch ausserordentlich
wichtig im Rahmen der Untersuchung des Entwicklungsprozesses des afrikanischen Kontinents.

Historisch gesehen ist die Islamisierung in vielen Gebieten Westafrikas einhergegangen mit weitreichenden
Veränderungen in der Wirtschafts- und Gesellschaftsstruk-
tur der betroffenen Regionen. Wir gehen daher von der
These aus, daß die schnelle Verbreitung des Islam in
Westafrika weniger religiöse als ökonomisch-soziale
Ursachen hat. Es soll im folgenden untersucht werden,
welche Rolle der Islam im Transformationsprozeß der
dörflichen Gemeinschaft von der subsistenzökonomischen
Organisation zur Warenproduktion einnimmt. Aufgrund
unseres geringen empirischen Materials zu diesem Thema
müssen wir auf Analysen von politisch und ökonomisch
vergleichbaren Regionen bzw. Ethnien zurückgreifen.

Wenn auch unsere Schlußfolgerungen mehr oder weniger
hypothetischen Charakters bleiben müssen, so ergeben
sich doch hieraus - vielleicht für uns selbst - Ansatzpunkte für weitergehende empirische Untersuchungen.

2.4.2 Islam in Bensékou- das Paradies?

Adam Limam war 1976 seit 5 Jahren Chef der Moslems in
Bensékou ('responsable de l'Islam'). Er ist Boko, ca.
45 Jahre alt und zählt zu den wohlhabendsten Männern des
Dorfes. Sein Vorgänger, ein Marabu (islamischer Rechts-
gelehrter) aus Kandi, siedelte sich vor ca. 50 Jahren
in Bensékou an und begann die 'Bekehrung' der Einwohner
zum Islam. Er mußte sich in Geduld üben; erst 2o Jahre
später, d.h. um 1946 konvertierten die ersten 5 Männer
des Dorfs von der traditionellen Religion und wurden
Muselmanen. Zu ihnen gehörte auch Adam, der sich nach
einiger Zeit entschloß, nach Nigeria zu gehen, um dort
den Koran lesen zu lernen. Als er 10 Jahre später zu-
rückkehrte, hatte sich die Situation weitgehend verändert. Ein großer Teil der jungen Männer des Dorfs gehörte bereits dem Islam an. Bis heute sind es nahezu
alle jungen Männer, und auch die Frauen schließen sich
allmählich dem Trend ihrer Ehemänner an, während die
Alten auch heute weiterhin die traditionelle
Religion ausüben.
Fragt man nach den Gründen für die Konversion, so hört
man, daß "ein Marabu im Dorf gewesen ist, der die Leute
überzeugt hat".[1] Näheres erfährt man nicht; es ist eben
nur "besser so" und "die Alten sind ja nur Heiden";
"man kann sie nicht zwingen, aber es ist nicht richtig,
an viele Götter zu glauben". Was denn nun eigentlich
konkret besser ist am mohamedanischen Glauben, dazu
wissen die meisten nichts zu sagen, denn sie kennen den
Koran nicht. "Alles am Koran ist gut. Gott hat das ge-
schrieben. Wenn man Moslem ist, kommt man ins Paradies.

----

1) Alle in Anführungszeichen gesetzten Angaben sind
   Aussagen der Dorfbewohner.

Näheres weiß ich nicht. Da mußt Du den Chef (der Moslems)
fragen".

Der junge Dorfchef, ebenfalls Mohamedaner, sagt uns, daß
man "5 mal am Tag beten und während des Ramadan 30 Tage
fasten muß. Außerdem darf man seine Frauen nicht mißhan-
deln, sondern soll ihnen Geschenke machen, weil sie viel
arbeiten müssen." Im übrigen glaubt er, "daß auf der Erde beide Religionen (der Islam und die traditionelle Religion) gleich sind: wenn die Alten um Regen bitten kommt
er, wenn der Islam-Chef bittet, kommt er auch. Der Vorteil ist, daß man als Moslem nach dem Tod ins Paradies
kommt."

Weiterhin erfahren wir in Bensêkou, daß die islamisierten
Männer viel auf den Feldern arbeiten müssen, "damit der
Schweiß zur Erde fällt"; jedoch sind die meisten der An-
sicht, daß das sowieso jeder tut. Einer meint, daß die
Moslems sauberer wären,und wichtig ist weiterhin, und
das wissen alle, daß man keinen chapalo trinken darf,
wie es die Alten tun.

Offen bleibt die Frage nach den Gründen für die rasche Ausbreitung des Islam. Die Hoffnung 'nach dem Tod ins Paradies zu kommen', die uns von fast allen Befragten -oft
als einzige Begründung für die Konversion- genannt wurde,
dürfte wohl kaum ein ausreichender Grund sein, vor allem
wenn man bedenkt, daß auch die traditionelle Religion
mit der bedeutungsvollen Ahnenverehrung (vgl. III 6.1)
eine Art 'Leben nach dem Tod' verspricht. Hinzu kommt,
daß eine derart religiöse Begründung der Tatsache widerspricht, daß die meisten der Bensêkouer Moslems außer
dem Fastengebot zum Ramadan und dem Alkoholverbot die
Regeln des Islam nicht kennen und daher auch nicht be-
folgen können. Ähnliche Beobachtungen solcher Unkennt-
nis machten auch Nadel (1970: 235) bei den islamisierten
Nupe und Greenberg (1947: 206) bei den Moslem-Hausa in
Nordnigeria. Rodinson kommt in seiner ausführlichen
Studie über den Islam sogar zu dem Schluß, daß die Moslems "bei den meisten ihrer Handlungen ihre Religion außer acht" lassen (Rodinson 1971: 199).

2.4.3 Moslems in Westafrika - Herrscher und Händler

Historisch wichtigstes Einflußgebiet des Islam für Westafrika war der Norden des Kontinents, in welchem sich
der Islam bereits seit der Eroberung durch die mohamedanischen Araber etwa seit dem 8. Jahrhundert n.Chr.
langsam durchzusetzen begann. Durch die im Norden und
Westen Afrikas wandernden Nomadenvölker setzte seit etwa
dem 14. Jahrhundert eine begrenzte Islamisierung vor
allem der Herrscher- und Händlerschicht im zentralen
und westlichen Sudan ein. Mit der Machtübernahme der
meisten Hausa-Staaten durch die streng mohamedanischen
Fulbe begann Anfang des 19. Jahrhunderts die zum Teil
gewaltsame Islamisierung der Stadtbevölkerung in den
Herrschaftsbereichen der Fulbe-Emire (vgl. Reuke 1969:
14f). Mit der Politik dieser herrschenden Klasse, die
den Islam als Kennzeichnung einer sozialen Elite ver-
körperte (Spittler 1977:15; Yeld 1960: 113f) begann die
fortschreitende Islamisierung großer Teile der Landbevöl-
kerung. "Even today Islam stands for some such identification, with the powers that be, with the social élite,
and implicitly with the culture that grew up in the
capital where that power is centred and the élite re-
sides" (Nadel 1970: 233).
Ende des 19. Jahrhunderts förderte sogar englische und
französische Kolonialpolitik weiterhin die Islamisierung,
indem die 'Heiden' diskreminiert, das mohamedanische Recht
aber anerkannt wurde[1] (Reuke 1969: 15; Spittler 1977: 15).
Was sind die Ursachen für die Unterstützung einer nicht-
christlichen Religion durch die Kolonialadministratoren?
Was hatten die Moslems den Kolonialherren zu bieten?

Der Islam ist eine Bewegung mit staatsbildendem Charakter.
Er bekämpft den Tribalismus und strebt die Vereinigung
der Bevölkerung an "into the intensive unit almost of a

---

1) Es gelang der britischen Kolonialregierung sogar
   "christliche Missionare von Nordnigeria fernzuhal-
   ten" (Reuke 1969: 15).

State Church" (Nadel 1942: 143).[1]

Damit jedoch zerstört der Islam gleichzeitig die sozialen und ökonomischen Grundlagen der Subsistenzgemeinschaft,
die aus ihrer Selbstständigkeit entlassen und in ein na-
tionales ökonomisches System eingegliedert werden soll.
'Kingship'-Bande werden plötzlich propagiert, 'kinship'-
Bande jedoch sanktioniert. "Collective pride, otherwise
vested in the tribe or the local community ... fuses
with and is supplanted by the sentiments of national
pride - patriotism"(Nadel 1942: 144). So beginnt unter
dem Einfluß des Islam die langsame Auflösung der Familienverbände und 'Clans'[2], während gleichzeitig die beginnende (und später fortgeschrittene) Einverleibung der
afrikanischen Gesellschaften in die kapitalistischen
Wirtschaftsinteressen neue Möglichkeiten ökonomischen
'Fortschritts' offeriert. Migration und cash-crop Produktion bieten ein wachsendes monetäres Einkommen und
verstärken den Wunsch der jungen Männer, die engen familialen Bande zu verlassen und eine eigene, unabhängige
Zukunft zu gehen. Die Autorität der Alten vermindert
sich gleichzeitig mit dem Anwachsen ökonomischer Möglichkeiten außerhalb der Gemeinschaft; Abhängigkeitsbezie-
hungen werden gelockert. Die Konversion der jungen Männer zum islamischen Glauben entläßt sie zu großen Teilen
aus den Zwangsstrukturen ihrer Gemeinschaft, deren
'Götter' und 'fétiches' nicht mehr die ihren sind. Sie
nehmen nicht mehr teil an den Festen und Zeremonien der
traditionellen religiösen Gemeinschaft und können in
ihrem Selbstverständnis als Moslems durch diese nicht

---

1) Vgl. auch Meek: "Islam...has converted isolated pagan
   groups into nations; it has made commerce with the outside world possible","...it is largely due to Islam
   that numbers of tribes are now, before our eyes for-
   mind themselves into nations"(1925, vol.II: 4, 10).

2) Gefördert wird die Auflösung der Familienverbände weiterhin durch die Veränderung des traditionellen Erbrechts und der Exogamie-Regeln durch den Islam. Wir
   gehen in dieser Arbeit nicht näher auf diese Punkte
   ein, da sie für die Boko nur sehr beschränkt zutreffen;
   vgl. Raulin(1962: 273f) und Greenberg(1947: 207ff).

länger in ihrer Entwicklung beeinflußt werden. Die neuen
Mohamedaner genießen zudem eine Art 'Patronat' der Herrschenden in den Städten, die sie nicht länger nach ihrer
Herkunft, ihrer Stellung innerhalb der Familie, sondern
nach ihren **persönlichen** Leistungen, ihrer beruflichen
Stellung beurteilen (vgl. Yeld 1960: 127f).
So unterstützt die islamische Bewegung die ökonomische
Individualisierung der jungen Männer und damit gleichzeitig auch die ökonomischen Interessen der (Neo-)Ko-
lonialmächte. Die Subsistenzgemeinschaft löst sich ten-
denziell auf; die jungen Männer stehen dem Arbeitsmarkt
zur Verfügung.[1]

2.4.4 Islam und Warenproduktion in Bensékou

Der Islam setzte sich in Bensékou gleichzeitig mit dem
Eindringen erster warenökonomischer Tendenzen durch.
Es sind nicht die religiösen Gebote dieser Religion, die
ihre Attraktivität ausmachen, denn diese sind bis heute
weitgehend unbekannt im Dorf. Es sind vielmehr die ökonomischen und sozialen Möglichkeiten, die der Islam einer ganz bestimmten Gruppe der Dorfbewohner, den jungen
Männern,bietet. Der Islam verbreitet sich im Dorf als
eine neue 'Art und Weise zu leben'.
Er unterstützt - gemeinsam mit der neuen Staatsideolo-
gie - die Auflösung des traditionellen Familienverbands
und würdigt die ökonomische Aktivität und Mobilität
der Jungen als Träger der zukünftigen Entwicklung. Er
propagiert individuelle Möglichkeiten ökonomischen und
sozialen Fortschritts; Verhaltensweisen, die im Rahmen
der alten Religion (und Lebensweise) als frevelhaft
gegen die Ahnen und die sie repräsentierenden Alten

----

1) Die Einführung des Christentums, welches sicherlich
   ähnlichen Zwecken hätte dienlich sein können, hätte
   einen langwierigen Prozeß der Missionierung hervor-
   gerufen, wohingegen der Islam bereits über sichere
   Grundfesten vor allem in der herrschenden Klasse in
   den Städten verfügte.

sanktioniert wurden.

Der Islam durchbricht auf diese Weise die Mechanismen
des ökonomischen Ausgleichs in der Subsistenzgemeinschaft
und bietet dem 'Tüchtigen' erstmals Möglichkeiten zu
individueller Akkumulation. Denn die Ablehnung der traditionellen Religion beinhaltet gleichzeitig die Infra-
gestellung der Entscheidungsgewalt der Alten (soziales
Wissen) und den Entzug aus der Verpflichtung zur Umverteilung. Dies wird deutlich am Beispiel des Hirsebiers,
dem wichtigsten Umverteilungsgut der Boko. Ein Moslem,
und dieses Gebot kennen ohne Ausnahme alle erwachsenen
Bewohner des Dorfs, darf keinen Alkohol trinken und ist
folglich auch von allen Umverteilungsfesten und auch der
Pflicht, selber chapalo zu verteilen, ausgeschlossen.
Das traditionelle Umverteilungsgut Hirsebier wurde bis
heute nicht durch ein anderes ersetzt. Zwar verteilen
die unverheirateten jungen Männer, die ihre Frau bislang
i.d.R. noch durch die Vermittlung der Alten bekommen,
Limonade statt Hirsebier auf ihren Festen (vgl. S.65),
der verheiratete Moslem jedoch verwendet die Erträge
aus der individuellen Produktion für seinen eigenen
Konsum, für ein Radio, ein Motorrad, moderne Kleidung
oder vielleicht für die Anschaffung eines Wellblech-
dachs für die neue Hütte.

So ist der Islam weit mehr als nur eine religiöse Bewegung. Mit der Übernahme der neuen Religion akzeptieren
die jungen Moslems auch und vor allem die sozio-ökonomischen Implikationen derselben, durch welche die islamische Bewegung, wie Nadel (1970: 251) es treffend ausdrückt, die Antwort auf "the demand of the situation"
zu geben vermag.

2.4.5 Frauen im Islam

Der Islam, der den jungen Männern soziale Unabhängigkeit und wirtschaftliche Selbstständigkeit verspricht,
kann gleichzeitig als ideologische und juristische
Basis für die Unterdrückung der Frauen betrachtet werden.

"In orthodox Islam the woman is man's inferior by the will of God, and made to obey him (Surah IV)" (Nadel 1970: 245). Die Frau ist folglich zwar weniger an die Hausgemeinschaft, dafür aber umso mehr an den Willen ihres Mannes gekettet. Sie hat ihm, dem guten Moslem, zu gehorchen und untertänig zu sein. Ihr Status bestimmt sich nach dem ihres Mannes. Sie selbst ist kaum in der Lage, ihren sozialen Status selbstständig zu verändern, etwa - wie es dem Mann möglich ist - durch Erreichen einer besonderen beruflichen Qualifikation. Vielmehr gehört die Frau, je höher der soziale Status ihres Mannes und damit auch ihr eigener, ins Haus und nicht etwa als Händlerin auf den Markt.[1]

So werden die Bestrebungen der Männer in Bensêkou, ihre Frauen vom Handel in den Städten abzuhalten, heute immer heftiger und auch wirksamer. Frauen des Dorfes, die kleinere Überschüsse auf dem Markt in Kandi verkaufen wollen, versuchen dieses Vorhaben so gut wie möglich zu verheimlichen. Wenn der Mann etwas merkt, wird er es verbieten und die Fahrt nach Kandi verhindern.

Man versucht, die wirtschaftliche Selbstständigkeit der Frau zu verhindern, sie von monetären Einkünften fern-zuhalten und auf diese Weise - ökonomisch abhängig - an Mann und Haus zu binden. Der Frau in Bensêkou sind in der derzeitigen Situation die Verdienstmöglichkeiten weitgehend versperrt. Weder im Handel noch in der

---

1) Yeld schreibt dazu: "Married women with lowest status are the petty market traders in fish, snacks etc... Of slightly higher status are women who prepare snacks, cure fish etc., but do not themselves trade these on the market...Of higher status again are women engaged in special crafts,...whose husbands see to the buying and selling necessary, and who can therefore remain in complete purdah(= Seklusion, Ab-geschlossenheit;d.V.). Linked to this group are... wives of minor officials, wealthy merchants or cle-rics who enjoy purdah, and the freedom from water and wood collecting that this implies, by virtue of their husband's position"(Yeld 1960: 128). Folglich ist es nicht - wie Yeld selbst aus seinen Ausführungen schließt - die berufliche Stellung der Frau, die ihren sozialen Status bedingt, sondern vielmehr die soziale Stellung des Mannes, die einen bestimmten Beruf (oder am besten gar keinen) seiner Frau zur Folge haben muß.

agrarischen Produktion, in der sie aus dem cash-crop
Bereich ausgeschlossen ist, erschließen sich ihr ver-
gleichbare Möglichkeiten wie dem Mann. Der Islam legitimiert und festigt diese Situation, indem er die Frau
dem Mann unterwirft und ökonomische Aktivität und eine
geachtete gesellschaftliche Stellung der Frau gegenseitig ausschließt.

2.5 Polygynie - Monogamie

Auffallend ist die in Bensékou rückläufige Zahl polygyner Ehen.[1] Während die alten Männer des Dorfes noch
stolz auf die meist drei oder vier (inzwischen häufig
verstorbenen) Ehefrauen verweisen, zeigen die jungen
Männer heute durchweg wenig Interesse an der polygynen
Ehe.
Für die Alten ist eine große Anzahl von Frauen noch
gleichbedeutend mit ökonomischem Wohlstand und sozialem
Prestige. Nur wer viele Frauen besitzt, so sagen sie,
wird auch viele Kinder zeugen und somit Arbeitsleistung
und wirtschaftliche Situation der Gemeinschaft verbessern.
Viele Frauen können zudem auch viel arbeiten und eine
allein ist unter den schwierigen Bedingungen im Dorf
sowieso kaum in der Lage, die gesamte Hausarbeit zu
erledigen. Frauen und Kinder werden zudem dringend bei
der Ernte benötigt. So bedeutet jede zusätzliche Frau
eine Entlastung in der Hausarbeit für die übrigen Frauen,

-----

1) Polygynie: Eheregelung, nach welcher ein Mann gleichzeitig mit mehreren Frauen verheiratet sein darf;
   i.G. zur Polyandrie (sogenannte 'Vielmännerei') und
   Monogamie (Einehe).

Foto links oben: Die einzige Händlerin in Bensékou mit
                 festem Stand und 'täglicher Öffnungszeit' ist
                 eine zugezogene Bariba-Frau aus Kandi. Ihr
                 Mann ist in das Dorf gekommen, um Baumwolle
                 zu kultivieren.
Foto links unten: Eine Boko-Frau bei der Hausarbeit.

die nun in größerem Ausmaß in der Feldarbeit eingesetzt
werden können.[1] Solche Aussagen kennzeichnen den Zusammenhang von Polygynie und ökonomischem System. Im Fall
der Boko verweisen sie auf die wichtige Bedeutung der
Frau, die durch ihren hohen Arbeitseinsatz in Produktion und Reproduktion (und nicht allein als Mutter einer
erwünschten Nachkommenschaft) in hohem Ausmaß für den
Fortbestand der Gemeinschaft mitverantwortlich ist. In
solchen Gebieten dagegen, in denen die Frau unproduktiv
ist, bedeutet jede zusätzliche Frau eine Art Luxus, die
sich nur ein Reicher aus Prestigegründen leisten kann.

Die Frauen selbst - alte und junge - be-
fürworten in Bensêkou ebenso wie die alten Männer die
polygyne Ehe. Sie nannten uns die folgenden Gründe:
1. Man kann sich die Arbeit im Haushalt teilen.
2. Man ist nicht alleine, sondern mit anderen Frauen
   zusammen, mit denen man sich unterhalten kann und
   mit denen man die meisten Arbeiten gemeinsam ver-
   richten kann.
3. Wenn der Mann oder seine Familie schlecht ist, dann
   halten alle Frauen zusammen. Wenn sich eine Frau z.B.
   scheiden lassen will, weil der Mann sie schlecht behandelt, dann kann sie das oft nur mit Hilfe der anderen Frauen beweisen, denn die Familie hält immer
   zum Mann und sagt nichts, auch wenn sie gesehen hat,
   daß der Mann die Frau geschlagen hat.[2]
Als Nachteil der Polygynie wurde uns nur der Fall genannt, daß der Mann eine Frau offen bevorteilt, oder

---

1) Als Beispiel für die zusätzliche Arbeitskapazität
   einer polygynen Ehe sei hier das Ergebnis einer Untersuchung in Uganda angesprochen. Hiernach kultiviert
   ein Mann mit zwei Frauen durchschnittlich 2.94 acres
   Land, während ein in monogamer Ehe lebender Mann nur
   durchschnittlich 1.67 acres, also gut die Hälfte, bewirtschaftet. Die polygyne Familie wird in diesem Zusammenhang als "the ideal family organization from the
   man's point of view" bezeichnet (Winter 1955: 24).

2) Für den weiblichen Kleinhandel der Haussa-Frauen nennt
   Heine den weiteren Vorteil, daß nur eine in polygyner
   Ehe lebende Frau "über mehrere Tage verfügen kann...
   um auf den umliegenden Märkten ihre Produkte und die
   ihrer Verwandten zu verkaufen"(Heine 1974: 27).

wenn eine Frau 'schlecht' ist, d.h. die anderen Frauen
aufgrund einer solchen Vorrangstellung kommandiert oder
beim Mann denunziert, weil diese schlecht über ihn gere-
det, ihn ausgelacht oder eventuell ihre Arbeit nicht
sorgfältig erledigt haben.

Die polygyne Ehe stärkt offensichtlich die Position der
Frauen. Während eine Frau allein den oft überhöhten Anforderungen einer ihr fremden Gemeinschaft und eines
ihr meist auch fremden Ehemannes häufig hilflos gegen-
übersteht, ermöglicht die polygyne Ehe eine Kooperation
und Solidarität unter den 'Zugezogenen', die deren ökonomische und soziale Situation verbessert, den Frauen
Ansprüche ermöglicht und soziale Rechte verleiht.
Eine solche Solidarität unter den Frauen eines bè ist
in Bensêkou auch für den fremden Beobachter offensichtlich und allgemein anzutreffen. Es sei an dieser Stelle
angemerkt, daß das Verhältnis zwischen Mann und Frau
nicht den bei uns üblichen Vorstellungen entspricht.
Der traditionellen Ehe liegen sozio-ökonomische Interessen zugrunde. Eine - nach unseren Vorstellungen -
emotionale Beziehung zwischen den Verheirateten ist
allenfalls ein Zufallsprodukt, da eine Heirat den Wünschen der beteiligten Familien, nicht aber unbedingt
denen der Ehepartner entspricht. 'Eifersuchtsdramen'
sind von daher selten und beschränken sich auf die
oben genannte offenkundige ökonomische Bevorteilung
einer Frau, bzw. die Benachteiligung der anderen.

    Die soziale und ökonomische Öffentlichkeit
teilt sich in einen männlichen und einen weiblichen
Bereich. Die Kommunikation zwischen beiden Gruppen ist
gering und beschränkt sich in vielen Fällen auf das
Notwendige. So haben wir während unseres Aufenthalts
in Bensêkou nicht ein einziges Mal einen Mann und eine
Frau öffentlich miteinander gehen oder sitzen sehen.
Sowohl Arbeit als auch Freizeit werden von den Männern
untereinander und von den Frauen untereinander, aber
äußerst selten gemeinsam verbracht. So kann man durchaus behaupten, daß "Männer und Frauen keine intensive

Beziehung zueinander haben und Frauen weder unbedingt
daran interessiert sind, noch es notwendig haben, einen
Mann fest an sich zu binden"(in Form einer monogamen
Ehe) (Ballot 1976: 25).
Die jungen Männer in Bensékou finden im Gegensatz zu
den Alten und den Frauen wachsendes Gefallen an der
monogamen Ehe. Und da sie es sind, denen letztlich die
Wahl bleibt, ist die Zahl der polygynen Ehen im Dorf
seit einigen Jahren stark rückläufig. Die Ursache für
dieses Phänomen ist weder im moralisch-religiösen Bereich angesiedelt (der Islam beschränkt lediglich die
Polygynie auf eine Höchstzahl von vier Frauen), noch
Resultat einer Verhaltensanpassung an etwaige europäische Vorbilder. Die Berichte der jungen Männer lassen
vielmehr auf sehr konkrete ökonomische Vorteile schliessen, die sich aus der Veränderung der ökonomischen Situation im Dorf ergeben.
Während in der traditionellen Großfamilie - verbunden
mit gemeinschaftlicher Produktion und Konsumtion - noch
jeder für jeden zu arbeiten hatte, um seine eigene Zukunft und die der Gemeinschaft zu sichern, hat der Trend
zur Kernfamilie und individueller (cash-crop) Produktion
dem Einzelnen größere ökonomische Freiheit verliehen.
Die jungen Männer haben gerechnet und festgestellt, daß
viele Frauen nicht nur viel arbeiten, sondern auch viel
Geld kosten. Das gleiche gilt für eine große Nachkommenschaft. Manch einer überlegt heute, ob er seine Söhne
in die Schule oder in die Stadt schicken soll, damit
sie einen Beruf lernen. Das alles kostet Geld, ist nur
bei einer kleinen Familie möglich und vermindert zudem
den ökonomischen Nutzen der Nachkommenschaft. Viele
Frauen und Kinder hemmen die ökonomische Mobilität der
jungen Männer, die ihre Zukunft nicht länger aus der
'Dorf- bzw. Gemeinschaftsperspektive' betrachten. Sie
wollen offen sein und bleiben für eine veränderte ökonomische und soziale Zukunft, wollen vielleicht einmal
migrieren oder aber cash-crops produzieren und Geld
verdienen. Eine große Familie steht solchen Plänen entgegen, denn viele Kinder brauchen viel Nahrung, erfordern

viel Arbeit auf großen Nahrungsmittelfeldern, die aus
der individuellen cash-crop Produktion abgezogen werden
muß. "Zwei Frauen sind zuviel. Dann muß ich mehr Lebensmittel anbauen und kann weniger Baumwolle verkaufen.
Wenn ich der einen Frau ein Geschenk mache, will die
andere auch eins. Das gibt nur Streit"(Biɔ, ein junger,
noch unverheirateter Mann aus dem Dorf; zur Zeit Schüler
in der Stadt Parakou).
Der Rückgang der Polygynie läßt auf eine deutliche
Schwächung der sozio-ökonomischen Position der Frauen
im Dorf schliessen. Die Männer zeigen bislang kein Interesse an einer Einbeziehung der Frauen in warenöko-
nomische Produktionsbereiche. Der gesamte cash-crop
Sektor wird bis heute - mit Ausnahme des Karité-Sammelns -
von Männern (einschließlich kleiner Jungen als Hilfskräfte) betrieben, was eine ökonomische Verselbstständigung der Frauen nachdrücklich verhindert. Je kleiner
die Zahl der Ehefrauen, umso geringer deren Möglichkeiten - allein im Hinblick auf ihre zeitliche Arbeitsbelastung - den aufwendigen Baumwollanbau selbstständig
zu betreiben. Während die Männer über den Anbau von
Verkaufsprodukten Geld verdienen und soziale Kontakte
außerhalb des Dorfes errichten, bleiben die Frauen von
jeglicher Art ökonomischen und technologischen Fortschritts unberührt und ihr Einflußbereich auf Hauswirt-
schaft und Subsistenzproduktion für die Familie beschränkt (vgl. Kap.IV 3.4).

3. Der sozio-ökonomische Transformationsprozeß

Die einzelnen in Bensêkou wirksam gewordenen Innovationen wurden bisher nur einzeln, in ihren spezifischen Einflußbereichen und Auswirkungen untersucht.
Jedoch sollte bis zu diesem Punkt klar geworden sein,
daß es sich keineswegs um isoliert auftretende Phänomene handelt, sondern vielmehr um einen integrierten
Prozeß sozio-ökonomischer Entwicklung. Die einzelnen
Phänomene werden dabei auf verschiedenen Ebenen wirksam (ökonomisch, politisch, kulturell), bedingen oder
unterstützen sich gegenseitig.
Wir werden versuchen, den Transformationsprozeß der
dörflichen Gemeinschaft im Zusammenhang der bisher einzeln beobachteten Phänomene darzustellen unter besonderer Berücksichtigung der Dependenz und Interdependenz
zwischen ökonomischem Sektor und Sozialstruktur.[1])

3.1 Produktivkraftentwicklung und Produktionsverhältnisse

Im Jahr 1969 führt die Schule in Bensêkou die Pflugwirtschaft ein. Folge und Bedingung der Ausweitung der neuen
Technologie ist und muß zunächst sein der verstärkte Anschluß der Gemeinschaft an ein monetäres Marktsystem;
"...machines require a cash outlay which is recouped from
the monetary sales proceeds of the goods produced with
the machines" (Dalton 1964: 159). Die neuen 'Maschinen'
werden folglich vor allem in der Produktion von cash-
crops eingesetzt und verschaffen auf diese Weise sowohl
den verstärkten Anschluß an das nationale Marktsystem
als auch das notwendige monetäre Einkommen. Die Gesellschaft entwickelt sich mit der Entfaltung ihrer Pro-
duktivkräfte.
Der technologische Fortschritt führt zu einer wachsenden
Dominanz der kleinen Warenproduktion über die früher

---

1) Im folgenden werden die Ergebnisse der Einzelunter-
suchungen zusammengefaßt. Wir wiederholen nicht noch
einmal die einzelnen Argumentationsgänge.

vorherrschende subsistenzökonomische Produktionsweise:
eine individualisierte primäre und sekundäre Aneignung
vor allem im cash-crop-Bereich setzt sich durch. Die
traditionelle Organisation von kollektiver Produktion
und Distribution verliert langsam ihre ökonomische Basis. Marktbeziehungen diktieren die Erfordernisse der
Produktion; Geld-Einkommen ersetzt Subsistenzprodukte.
"There must therefore be social disturbances when
"subsistence" production is transformed into commercial
production" (Dalton 1964: 159).
In Bensékou äußert sich der Prozeß der 'sozialen Umwälzung' anhand verschiedener Innovationen. Er erreicht
seinen sichtbaren Höhepunkt in einem Konflikt um die
Verwendung des aus der Produktivkraftentwicklung gezo-
genen zusätzlichen monetären Einkommens, innerhalb dessen schließlich eine langsame Umwälzung der sozialen
Strukturen eingeleitet wird. Verfolgen wir also den
Gang der Entwicklung in Bensékou anhand folgender Faktoren:
- der Entstehung neuer Gebrauchswertmuster;
- dem Abbau der Autorität der Alten
- und der wachsenden ökonomischen Unabhängigkeit der Jungen;
- der in Bensékou bis heute bereits wirksamen Folgen
- und der Rolle der Frauen im dargestellten Prozeß des
sozio-ökonomischen Wandels.

3.2 Produktivkraftentwicklung und die Veränderung traditioneller Gebrauchswertmuster

Gleichzeitig mit der Einführung der Pflugwirtschaft propagiert die Schule in Bensékou neue Verhaltens- und
Konsummuster und schafft durch Lehrinhalte und Reise-
veranstaltungen erste, vor allem kulturelle Verbindungen
zu den Städten des Landes.
Diese Aussagen reichen nun jedoch nicht aus, um die in
der Realität stattfindende Akzeptierung der neuen Gebrauchswertmuster, den Wunsch nach den neuen Konsumar-

tikeln, hinreichend zu erklären. Die weit verbreitete
These, daß das bloße Vorhandensein neuer Artikel ausreicht, um den Wunsch nach ihrem Besitz zu wecken, ist
unseres Erachtens unvollständig. "Eine bloße Demonstra-
tion genügt hier nicht, sondern die Basis der Subsistenz-
gesellschaft muß zerstört werden, bevor im Rahmen einer
neuen Interpretation die Überlegenheit dieser Güter (und
damit implizit die eigene Definition) anerkannt wird"
(Spittler 1977: 4).

Genau dies ist nun der Prozeß, den wir zur Zeit in
Bensékou beobachten können: die tendenzielle Umkehrung
des Verhältnisses zwischen subsistenzökonomischer Produktionsweise und einfacher Warenproduktion. Die hiermit
verbunden verstärkte Anbindung der Boko an das nationale Marktsystem
- schafft neue Bedürfnisse,
- 'demonstriert' neue Güter
- und bietet die finanzielle Grundlage zum Erwerb dieser
  Güter.

Wichtig in diesem Zusammenhang ist zudem eine qualitative
Veränderung der Stadt-Land-Beziehungen bereits seit dem
Beginn der kolonialen Unterwerfung: der Städter, einst
abhängig in seiner Existenz von den Nahrungsmitteln der
Bauern, erscheint in zunehmendem Ausmaß der Landbevöl-
kerung überlegen; wachsende Steuern, Entzug von Arbeitskräften (Zwangsarbeit, Migration), Zwangsverkauf von Lebensmittel vom Dorf in die Städte haben heute bereits
in vielen Gebieten Westafrikas für Versorgungsschwierig-
keiten gerade in ländlichen Gegenden gesorgt. Die Reproduktion der bäuerlichen Gemeinschaft erscheint zunehmend abhängiger vom politischen Geschick des einzelnen
(die Fähigkeit, mit den Bürokraten zu verhandeln, soziale
Beziehungen zu einflußreichen Personen zu knüpfen etc.),
als von der Arbeitsleistung der Gruppe. Es entwickelt
sich ein Stadt-Land-Gefälle. "Von diesem Augenblick an
kann der "Demonstrationseffekt", den man zu unrecht als
allgemeingültig ansieht, wirksam werden. Wenn einmal die
prinzipielle Überlegenheit der Stadt anerkannt wird, beginnt der Mechanismus der "Diffusion von Neuerungen" von
Stadt aufs Land wirksam zu werden" (Spittler 1977: 10f).

Es entstehen neue, den aktuellen Erfordernissen entsprechende, Konsummuster:

Produktions-weise	Prod. Mittel	Prod. Form	Konsum-tions-form	Prestige- und Vorratsgüter	langfristige Existenzsiche-rung	Ziel der Produktion
subsistenz-ökonomisch	Hacke	koope-rativ	kollek-tiv	Rinder, Hirse-bier: kollek-tiv im bß bzw. im Dorf	Umwandlung von Prestigegütern in Nahrungs-mittel	Reproduktion der Gemein-schaft
kleine Wa-renproduk-tion	Pflug	indi-vidu-ell	indivi-duell	Motorräder, Radios,Well-blechdächer, Kleidung: individuell	soziale Bezie-hungen, politi-sches Geschick; Prestigegüter sollen Zugang zur Stadt ver-schaffen	Persönliche Bereicherung (und ev. Re-produktion) des Indivi-duums

Die subsistenzökonomische Produktionsweise (vgl. Schaubild) hat das Ziel der Reproduktion der Gemeinschaft. Diese bildet ein soziales und ökonomisches Ganzes. In ihr und zum Zwecke ihrer Erhaltung bilden sich kollektive Produktions- und Konsumtionsformen. Wichtigstes Produktionsmittel ist die Hacke. Die langfristige Existenzsicherung ist durch die Umwandlung von Prestige- in Vorratsgüter gewährleistet.

Die Einführung der Pflugwirtschaft verlangt eine Ausweitung des warenproduzierenden Sektors (vgl. Schaubild) und bietet gleichzeitig die Möglichkeit zu individueller Produktion. Solange, wie die Nahrungsmittelversorgung der Gemeinschaft weiterhin durch die Aufrechterhaltung eines subsistenzökonomischen Bereichs in etwa gesichert ist, ist nicht die unmittelbare Reproduktion, sondern die persönliche Bereicherung eines oder mehrerer Gemeinschaftsmitglieder Ziel der Warenproduktion. Es haben sich somit Möglichkeiten eröffnet zu individueller Akkumulation und Investition, individueller Kontrolle über Produktionsmittel. Die nach ökonomischer Unabhängigkeit strebenden jungen Männer sehen eine Chance die Autorität der Alten zu brechen und nutzen folglich die Möglichkeiten einer individuellen Aneignung der Erträge aus dem warenproduzierenden Sektor, die ihnen die Pflugwirtschaft bietet. Die langfristige Existenzsicherung soll über den Kauf von qualitativ neuartigen Prestigegütern gesichert werden, indem diese dem Besitzer den Zugang zu den als existentiell wichtig beachteten sozialen Beziehungen in den Städten verschaffen; so z.B. das Motorrad, das seinen Besitzer in die Stadt fährt; das Haus mit Wellblechdach, in welchem ich auch einen Städter bewirten kann; die Band, mit der man einen Teil der Vergnügungsmöglichkeiten der Städte 'ins Dorf holt' oder das Radio, aus dem die Worte des Präsidenten klingen.

Foto links: Zwei moderne Wohngebäude mit Wellblechdach und Zementverputz im Gehöft des jungen Dorfchefs.

3.3 Alte - Junge; ein Konflikt und seine Folgen

Gleichzeitig mit der Ausweitung der cash-crop-Produktion
und der Anerkennung neuer Konsummuster wächst auch die
Möglichkeit der Jungen, ökonomisch von der Gemeinschaft
unabhängig zu werden.

Mitte der 60er Jahre beginnt eine starke Migrationsten-
denz in Bensékou. Die jungen Männer verlassen ihre Gehöfte, deren Reproduktionsmöglichkeiten sich mit steigen-
der Anzahl migrierter Mitglieder verschlechtern. Die
Alten beginnen Zugeständnisse zu machen, um die jungen
Männer zurückzuholen bzw. im Gehöft zu behalten.

Mit der Einführung der Pflugwirtschaft gelingt dies zunehmend besser; die meisten Migranten kehren zurück[1];
sie erhoffen eine ökonomische Entwicklung des Dorfes und
fordern zu diesem Zweck von ihren Gehöftvorstehern den
Kauf eines Ochsenpflugs.

Es spitzt sich ein Konflikt zu, dessen Grundlagen in
den sozialen Widersprüchen der Subsistenzgemeinschaft
wiederzufinden sind. Das Abhängigkeitsverhältnis zwischen Jungen und Alten beruhte auf der für die subsistenzökonomische Organisation notwendigen Einbindung der
leistungsfähigsten Produzenten in die Gemeinschaft. Es
bestand in der sozialen und ökonomischen Fremdbestimmung,
abgesichert durch die Sanktionsmöglichkeiten der Alten
(soziales Wissen, Kontrolle des Frauentauschs).

Veränderungen in der Produktion haben nun Veränderungen
in der Organisation der Reproduktion zur Folge, die
wiederum Auswirkungen zeigen auf die Beziehung zwischen
den sozialen Gruppen. Die Autorität der Alten geht mit
fortschreitender Integration der Gesellschaft in waren-
ökonomische Prinzipien verloren.

Da ist zunächst die Migrationsdrohung der Jungen, durch
welche sich die Alten gezwungen sehen, den Forderungen

----

[1] Die soziale Situation der Migranten in den Städten ist
meist sehr schlecht. Zwar verdienen sie Geld, leben
aber dafür in den Slums, sofern sie überhaupt eine
feste Unterkunft haben, und hungern oft, um das ver-
diente Geld nicht wieder vollständig für Lebensmittel auszugeben.

ihrer Söhne und Enkel nach fortschrittlichen Produktionsmethoden nachzukommen. Sind diese aber eingeführt, so
geht der in technologischer Hinsicht ohnehin schon begrenzte Wissensvorsprung der Alten vollends verloren,
kehrt sich sogar gegen sie, indem durch die Schule vor
allem die Kinder und Jugendlichen in modernen Produktionsmethoden ausgebildet werden.
Zudem verbreitet die Schule eine neue Kultur, eine neue
Erfahrung, die das traditionelle Wissen der Alten seines
Einflusses beraubt. Da ist z.B. die französische Sprache,
die nur den Jugendlichen zugänglich ist, und mit der
man sich mit allen wichtigen Leuten in allen Städten
des Landes unterhalten kann.
Der Islam, dem immer mehr junge Leute angehören, bekämpft die traditionelle Religion. Er entwertet damit
das soziale Wissen der Alten und propagiert ein anderes,
das diese nicht kennen. Die Kenntnisse der Alten sind
plötzlich nicht mehr gefragt. Sie verlieren ihre auto-
ritätsgründende Bedeutung.
Auch die neuen Konsummuster richten sich gegen die Interessen der Alten. Luxusartikel finden zwar auch sie
schön, Lebensmittel jedoch sind besser, denn sie sichern
die Reproduktion der Gemeinschaft.
Bröckelnde Autorität der Alten und wachsende Unabhängig-
keitsmöglichkeiten der Jungen führen zu einem Konflikt
um die Verwendung des monetären Einkommens, in welchem
sich, wie wir bereits gesehen haben, meist die Jungen
durchzusetzen vermögen. Der Pflug hält einen Triumphzug
im Dorf; Migrationstendenzen sind rückläufig; die cash-
crop-Produktion dehnt sich aus.
Ebenso wie das Vorhandensein von genügend kultivierbarem
Boden eine der Voraussetzungen für die Durchsetzung des
Ochsenpflugs bildete, spielt dieser Punkt auch eine wichtige Rolle bei der Emanzipation der Jungen gegenüber den
Alten. Middleton (1966: 17) schreibt über die ökonomischen Veränderungen bei der Einbindung von subsistenzökonomisch organisierten Gesellschaften in das Marktsystem, daß 'traditionelle Chefs' in dem Maße zur 'neuen
Elite' aufsteigen konnten, in dem sie die Kontrolle über

Land zu eigenen Zwecken ausnutzen konnten. Die Kontrolle
über den Boden ist dabei umso stärker ausgeprägt, je weniger davon zur Verfügung steht (z.B. bei hoher Besied-
lungsdichte). Umgekehrt bildet heute in Bensêkou das
frei verfügbare Land eine Chance für die jungen Männer,
sich aus der ökonomischen Abhängigkeit von den Alten
zu lösen. Die Folge ist eine wachsende Individualisierung,
das Auseinanderbrechen einiger Hausgemeinschaften und
eine beginnende soziale Polarisierung:

1. die tendenzielle Umkehrung des Abhängigkeitsverhält-
   nisses zwischen Alten und Jungen;
2. die soziale Polarisierung zwischen pflugbesitzenden
   und -nichtbesitzenden Hausgemeinschaften[1];
3. die soziale Polarisierung zwischen Kernfamilien innerhalb der Hausgemeinschaft.

Anhaltspunkte für den zuletzt genannten Punkt ergeben
sich unter anderem in der langsamen Durchsetzung eines
veränderten, dem islamischen angenäherten Erbrechts.
Die bisher übliche Vererbung des 'Chef'-Titels (Hausvorsteher) vom Inhaber auf das nächstälteste Mitglied
des bê (meist den Bruder) weicht langsam einer Vater-
Sohn-Erbfolge. Beide Formen des Erbrechts verfolgen bis
heute das Ziel einer optimalen Gewährleistung der physischen Reproduktion der Gemeinschaft. Während erstere,
die sogenannte 'Bruder-Bruder-Erbfolge', jedoch gleichzeitig die Vorrangstellung der <u>sozialen Gruppe der Alten</u>
reproduziert, ist die von einer Generation auf die
nächste übertragene Erbfolge[2] auf die Errichtung

---

1) So trugen sich während unseres Aufenthalts in Bensêkou
   einige junge Männer mit dem Gedanken, als Lohnarbeiter
   in die Städte zu gehen, um später von dem verdienten
   Geld einen Pflug kaufen zu können. Ein Gedanke, der
   sich bereits ein Jahr später realisiert hatte, wie wir
   von den Berichten Law Yu Fei's, der Bensêkou im Sommer
   1977 besuchte, erfahren haben.

2) Gemeint ist hier die Vererbung vom Vater auf den eigenen Sohn; nicht etwa die in anderen Ethnien übliche
   Erbfolge auf den jeweils <u>ältesten</u> Sohn des bê (also
   möglicherweise den Sohn eines Bruders des verstorbenen Chefs).

der Vorrangstellung _einer Kernfamilie_ innerhalb des bᶳ
bedacht. Sie bildet somit eine Anpassung an die aktuellen Ereignisse im Dorf: das bᶳ als Produktions- und
Konsumtionseinheit verliert die frühere existentielle
Bedeutung; die Kleinfamilie wird seine Funktionen übernehmen.
Immer mehr Familienfelder werden aufgelöst. Lediglich
kleine gemeinsame Äcker für die Nahrungsmittelversorgung
bleiben bestehen,an deren Bearbeitung allerdings keiner
ein besonderes Interesse zeigt. Man zieht es vor, seine
Zeit auf den individuellen cash-crop-Feldern zu verbrin-
gen, deren Erträge Geld zur persönlichen Verfügung versprechen.

Auch das Brautgabensystem unterliegt den veränderten
Bedingungen. Geld ersetzt zu großen Teilen die traditionellen Brautgaben. "Le mariage a changé maintenant;
c'est à la mode musulmane ce qui demande beaucoup d'argent" (Biɔ Kana, ein junger Mann aus Bensékou).
Die Jungen, die bereits über ein eigenes monetäres Einkommen verfügen, versuchen heute bereits ihre Frauen
selbst zu 'kaufen'. Das Brautgabensystem weicht langsam einer Art Kaufkontrakt, der zwar immer noch die
Zugehörigkeit der Nachkommenschaft regelt, jedoch nicht
länger zur Wiedergabe einer Frau verpflichtet. Das neue
System bedarf nicht länger der Regelung und Kontrolle
durch die Alten, da außer der Übergabe der Brautgeschenke
keine langfristigen Verpflichtungen zwischen den beteiligten Familien (Rückgabe einer Frau) zu überwachen sind.
Zudem sind die Alten nicht mehr in der Lage, die erforderlichen Brautgaben so zusammenzusetzen, daß sie für
die Jungen nicht erreichbar sind:

- die Alten verwalten nicht mehr das gesamte Einkommen
  des bᶳ (quantitativer Faktor);
- sie sind auch nicht länger die einzigen Besitzer (oder
  besser: Verwalter) der Prestigegüter; Geld ersetzt die
  früheren Brautgaben (qualitativer Faktor).

Mit der Auflösung des Frauentauschsystems dürfte die
Vorrangstellung der Alten endgültig gebrochen werden.

Der hier aufgezeigte Prozeß befindet sich in Bensékou
zur Zeit noch im Gange. Noch ist die Autorität der Alten
nicht vollends zerstört; noch werden die meisten Heiraten im Dorf nach dem traditionellen System über die Alten organisiert; noch haben sich die neuen Prestigegüter
nicht völlig gegenüber den alten behaupten können.
Jedoch gibt es überall Anzeichen des Wandels:

- diejenigen jungen Männer, die das Dorf vor der Heirat
  verlassen (Migration, Schulausbildung), sind meist
  nicht mehr in das Frauentauschsystem integrierbar.
  Sie leben oft unabhängig von ihren Familien und warten
  mit der Heirat, bis sie selbst in der Lage sind, die
  Brautgaben zu bezahlen. Dies gilt auch bei einer späteren Rückkehr ins Dorf;
- dementsprechend verstärkt sich die Tendenz, Frauen aus
  anderen Dörfern oder aus den Städten zu heiraten; auf
  diese Ehen besitzen die Alten keinerlei Einfluß mehr,
  da die monetarisierten Brautgaben von den Jungen
  selbst bestritten werden;
- Anzeichen für eine fortgeschrittene ökonomische Individualisierung ist der verstärkte Kauf der neuen Prestigegüter durch junge Männer aus Bensékou. Während
  1976 z.B. lediglich der junge Dorfchef und der Schul-
  direktor Motorräder besaßen, gab es im Sommer 1977
  bereits etwa 15 jugendliche Besitzer dieser Motorräder
  (Angaben von Law Yu Fei und aus Briefen aus Bensékou);
- ebenso ist die Frequenz der Stadtbesuche der Dorfbewohner enorm gestiegen. Selbst kleine Jungen aus Bensékou sieht man heute häufig in Kandi "spazieren gehen",
  meist nach einer anstrengenden Fahrt mit dem Fahrrad
  in die Stadt;
- auch die Alten beginnen, sich die neuen Prestigegüter
  zu kaufen und erkennen ihren 'Wert' damit implizit an;
- das Ende des traditionellen Umverteilungssystems (v.a.
  des Hirsebierkonsums) ist spätestens mit dem Aus-
  sterben der jetzigen Generation der Alten vorauszusehen,
  denn die Jungen sind fast ausschließlich Moslems und
  nehmen nicht an solchen Umverteilungsfesten teil.

- an dieser Stelle sind auch die bereits erläuterten
Veränderungen im Erbrecht zu nennen, deren Folgen
im übrigen erst in der kommenden Generation deutlich werden können. Erst dann nämlich gibt es in
größerem Ausmaß vererbbare materielle Werte (Pflug,
Prestigeartikel, Geld), während die früher vererb-
baren Ochsen vor allem repräsentativen Wert für den
'Besitzer' besaßen (langfristige Vorratsgüter für die
Gemeinschaft);
- eine staatliche Verwaltungsreform(1974) setzte die
traditionellen Chefs des Dorfes gbɛsɛ̀kṹkí (Dorfchef),
tóekí (Jagdchef), ɛsɛ̀dé (Heiler)) offiziell ab. Sie
werden heute durch junge, von der Bevölkerung gewählte
(der neue Dorfchef) oder vom Staat eingesetzte (der
Landwirtschaftsberater, der Krankenpfleger) Männer
ersetzt. Selbstverständlich sind solche tiefgreifen-
den Veränderungen nicht dermaßen abrupt durchführbar.
So ist z.B. der ɛsɛ̀dé auch heute noch durchaus gefragt,
nicht zuletzt, da der neue Krankenpfleger weder besonderes Interesse[1], noch die notwendigen Einrichtungen, Medikamente etc. besitzt, um seine Aufgabe erfolgreich zu bewältigen.
Der junge Dorfchef (délégé) bespricht sich heute noch
in den meisten seiner Entscheidungen mit dem gbɛsɛ̀kṹkí
jedoch sind beide gebunden an den aus vorwiegend jungen
Männern gebildeten Dorfrat CRL (conseil révolutionaire
local), der den traditionellen 'Ältestenrat' nach der
Verwaltungsreform ersetzt hat. Der Dorfrat wiederum ist
abhängig von den Beschlüssen des überlokalen Distrikt-
rats CRD (conseil révolutionaire du district) und so

----

1) Wie viele der von der Regierung eingesetzten Staats-
angestellten (Lehrer, Landwirtschaftsberater etc.) ist
auch der Krankenpfleger ein aus dem Süden des Landes
stammender Mann. Viele von ihnen sind oder empfinden
sich als in den Norden 'strafversetzt' und haben häufig ein größeres Interesse an ihrer Rückkehr nach Süd-
bénin als an einer beruflichen Anerkennung durch die
Dorfbewohner.

weiter bis auf höchste staatliche Ebenen (vgl. Projektgruppe Westafrika 1977: 27-34). Über diese staatlichen Verwaltungsinstanzen werden schließlich auch
die Entscheidungen über Produktion und Vermarktung der
cash-crop Produkte getroffen, sodaß die Alten auf diese
Weise aus der heute so wichtigen Verbindung zum Markt
ausgeschlossen sind.

3.4 Die Auswirkungen des Transformationsprozesses auf die Situation der Frauen

In der bisherigen Darstellung der aktuellen Entwicklung
in Bensékou ist bisher nur wenig über die
Rolle der Frauen im Transformationsprozeß ausgesagt worden. Dies hat seine Gründe. Wie wir gesehen haben, hat
mit der Einführung des Ochsenpflugs eine Produktivkraftentwicklung stattgefunden. Diese betraf jedoch nur den
Bereich der 'männlichen' Ökonomie. Der Reproduktionssektor, die Domäne der Frauen, wurde von den aktuellen
Veränderungen 'nur' insofern berührt, als er die Folgen
derselben zu spüren bekam.
Die Unterordnung des Reproduktions- unter den Produktionsbereich hatte eine Anpassung des ersteren an die
veränderten Verhältnisse des letzteren zur Folge. Die
Frauen, die früher wie heute von entscheidender Bedeutung für die Existenzfähigkeit einer Gemeinschaft sind,
waren nicht in der Lage, eine aktive Rolle im Veränd-
rungsprozeß einzunehmen. Sie wurden lediglich von den
daraus erwachsenden, mehr oder weniger zwangsläufigen
Folgen getroffen.
Die landwirtschaftlichen Innovationen, Pflug, Düngemittel, Insektizide, können von der Frau nicht genutzt werden, vor allem, da deren gewinnbringende Nutzung (v.a.
im cash-crop Bereich) mehr Zeit erfordert, als der Frau
neben ihren Pflichten im Reproduktionssektor zur Verfügung steht.
So wirken sich die Tendenzen zu einer Individualisierung
im cash-crop Bereich ausnahmslos negativ auf die ökonomi-

sche Situation der Frauen aus:

1. Im Reproduktionssektor hat keine Produktivkraftentwicklung stattgefunden. Folglich ist die Frau aufgrund
der individualisierten sekundären Aneignung vom Zugang
zu dem aus der Produktivkraftentwicklung im Produktionsbereich gewonnenen zusätzlichen Produkt ausgeschlossen.
Die zusätzlichen Einnahmen werden nicht auf die Gemeinschaft verteilt, sondern verbleiben als individuelle
Guthaben in den Händen der unmittelbaren Produzenten,
welche sie für individuelle Konsum- und Investitions-
zwecke verbrauchen. Der Frau bleiben auf diese Weise
auch die neuen Prestigegüter, die Verbindung zwischen
Dorf- und Stadtbevölkerung, versperrt.

2. Die Möglichkeiten der Frau zu einer individuellen
Akkumulation der 'weiblichen' Produkte werden gleichzeitig gedrosselt. Die in Kapitel IV 2.3 dargestellte
Verminderung der Subsistenzproduktion auf etwa ein mi-
nimales Level zeigt bereits heute ihre, - langfristig
vielleicht existenzgefährdenden -, Auswirkungen: da die
Kalkulation der lebensnotwendigen Subsistenzgüter durch
die Männer zwar in etwa für einen durchschnittlichen
Ernteertrag, nicht aber für eine schlechte Ernte gültig
ist, entstehen regelmäßig Versorgungslücken, welche
nicht etwa über das monetäre Einkommen der Männer, sondern durch von der Frau produzierte Produkte gedeckt
werden. D.h., derjenige Teil der Nahrungsmittelproduktion, der früher nach einer guten Ernte verkauft oder
getauscht, nach einer schlechten Ernte jedoch in die
Versorgung der Hausgemeinschaft einging, wird heute von
den Frauen der Gemeinschaft zur Verfügung gestellt.
Dieses überschüssige Produkt der Frau stand ihr in früheren Zeiten zur freien Verfügung. Es waren vielmehr
die Männer, die für die gesamte Nahrungsmittelversorgung
der Gemeinschaft mit Feldfrüchten zu sorgen hatten.
Auch die traditionell der Frau zustehende 2. Yamsreihe
aus dem Feld ihres Mannes (vgl. S.56) ist der aktuellen
Entwicklung in Bensêkou zum Opfer gefallen. Die Männer
produzieren heute, angeblich weil "der Yams nicht mehr
so gut wächst", weniger Yams als früher und 'verteilen'

die ökonomische Belastung, indem sie den Frauen ihren
Anteil nicht mehr geben.

Das 'kostenlose' Einbringen zusätzlicher Lebensmittel
in die Hausgemeinschaft durch die Frau setzt nun jedoch
bestimmte, und zwar veränderte Herrschaftsverhältnisse
voraus, die es den Männern ermöglichen, die Frauen auf
diese Weise auszubeuten.

Der Produktionssektor hat sich in seinen Strukturen grund-
legend verändert. Nicht mehr das bě, sondern das Individuum, der Mann, ist der Produzent der Feldprodukte.
Nicht mehr das bě, sondern die Kernfamilie konsumiert
diese Produkte. Die Frau ist folglich nicht mehr vorwiegend von der Gemeinschaft, sondern von ihrem Mann ökonomisch abhängig. Es nehmen somit zwar einerseits ihre
Pflichten gegenüber der Gemeinschaft, aber auch ihre
Rechte gegenüber derselben ab. Sie verliert die Beziehungen zu einer sozialen Einheit, durch welche früher
ihr ökonomischer und sozialer Status definiert gewesen
ist. Das bě stellte dabei ein Gebilde dar, in dem nicht
der eine von dem anderen, sondern mehr oder weniger alle
von allen ökonomisch abhängig gewesen sind. Gerade der
existentielle Zwang zu kollektiven Arbeitsformen im
Produktions- und Reproduktionsbereich stellte ja ein
charakteristisches Merkmal der Subsistenzgemeinschaft
dar.

Die neue Situation mit ihren individualisierten Produktionsformen und der einseitigen Entwicklung der Produktionssphäre läßt heute nun ebenso einseitige Abhängig-
keitsbeziehungen erwachsen. Zwar ist der Mann prinzipiell auch heute noch auf die Nahrungsmittelzubereitung
und die 'Produktion' und Reproduktion einer Nachkommenschaft durch die Frau angewiesen, jedoch ergeben sich
einige Gesichtspunkte, die eine solche wechselseitige
Abhängigkeit zwischen Mann und Frau unter den gegebenen
ökonomischen Bedingungen verblassen lassen:

Bedingt durch wachsendes monetäres Einkommen im Rahmen
der (männlichen) cash-crop Ökonomie sowie wachsender
Bedeutung des Geldeinkommens (z.B. Monetarisierung der
Brautgaben) ist der Mann nicht unbedingt auf die Reproduktionsleistungen einer bestimmten Frau angewiesen.
So kann er sich z.B. eine andere Frau 'kaufen', die
seine Produkte zubereitet. Die Frau, die nur ein geringes monetäres Einkommen besitzt, kann sich aber keine
ausreichenden Nahrungsmittel kaufen, wenn der Mann ihr
keine gibt. Dem Mann bieten sich zudem ökonomische Al-
ternativen außerhalb der Dorfgemeinschaft, er kann migrieren, sich als Lohnarbeiter sein Einkommen verdienen.
Die beruflichen Chancen für Frauen in den Städten sind
hingegen - abgesehen von der Prostitution - gering.

Der wachsende Anteil individueller cash-
crop Produktion im agrarischen Bereich bedeutet weiterhin eine Abwertung der Fähigkeiten der Frau, sowohl in
produktiver als auch in reproduktiver Hinsicht. Die
Bedeutung der Frau als Produzentin/Mitarbeiterin im
Ackerbau sinkt gleichzeitig mit ihrer Verdrängung aus
den dominanten Produktionsbereichen. Zwar spielte sie
auch im Rahmen der Subsistenzproduktion keine dominie-
rende Rolle, doch war ihr Einsatz in bestimmten Arbeitsperioden - vor allem bei der Ernte - von größter Bedeutung, d.h. nahezu unerläßlich für das Einbringen einer
für die Gemeinschaft ausreichenden Ernte. Aus der cash-
crop Produktion ist sie heute gänzlich ausgeschlossen
und besitzt daher auch kein nennenswertes monetäres
Einkommen. Da die Männer es vorziehen, ihr Einkommen
individuell zu nutzen, haben sie folglich auch kein
Interesse an einer Einbeziehung der Frau in die cash-
crop Ökonomie. Der Islam legitimiert diesen Ausschluß
ebenso wie das Handelsverbot und unterstützt so auf
ideologischer Ebene die Unterwerfung der Frau unter die
Männergesellschaft.

Die Ausweitung der individuellen cash-crop Ökonomie
hatte ebenso einen Rückgang der ökonomischen Bedeutung
der Nachkommenschaft zur Folge (vgl. Kap.IV 2.5). Für
die Frauen muß dies zwangsläufig einen sozialen Abstieg
bedeuten, da ihr wichtigstes 'Produkt', die Nachkommenschaft, an Wert für die Gemeinschaft verliert. Mit dem
ökonomischen Nutzen der Kinder sinkt selbstverständlich
auch der der Frau, diesmal nicht in ihrer Eigenschaft
als Produzentin, sondern als Reproduzentin.
Der damit verbundene Rückgang der Polygynie, welche ja
die 'reproduktiven' Arbeiten der einzelnen Frau vermin-
derte, verschlechtert weiterhin ihre Position durch
zusätzliche Belastungen in der Hausarbeit.

4. Einfache Warenproduktion und die Interessen der Bürokratie

Wir haben den Transformationsprozeß der Boko von der subsistenzökonomisch organisierten zur warenproduzierenden Gesellschaft bisher vor allem aus den inneren Widersprüchen der subsistenzökonomischen Produktionsweise heraus erklärt. Dabei ist bereits angesprochen worden, daß die momentanen Veränderungen nicht hätten stattfinden können ohne die schon seit der Kolonialisierung andauernde Aushöhlung dieses Gesellschaftssystems von außen:

- Die rasche Verbreitung neuer Konsummuster aus dem urbanen in den ländlichen Bereich ist nur ein Ausdruck der Abhängigkeitsbeziehung zwischen Stadt und Land, Bürokratie und agrarischen Produzenten. Die Bauern liefern Lebensmittel, zahlen Steuern, sind jedoch ihrer politischen Artikulationsmöglichkeiten beraubt. Sie sehen sich mit einer Bürokratie konfrontiert, die über die Zwangsmittel verfügt (Polizei, Militär), um ihren ökonomischen Interessen Ausdruck zu verleihen.

- Die Migrationsdrohung, wichtige Waffe der sich emanzipierenden jungen Männer in Bensékou gegenüber den Interessen der Alten, beruht auf der Rolle des subsistenzökonomischen Sektors als Lieferant billiger Arbeitskräfte für die industrie- oder agrarkapitalistischen Sektoren[1); aber

- Migration ebenso wie die Etablierung der Warenproduktion neben der Subsistenzproduktion, d.h. der Verkauf von Arbeitskraft oder Agrarprodukten, kann nur verstanden werden auf dem Hintergrund der Abpressung von Steuern seit Beginn der Kolonialisierung.

- Historisch zurückliegende oder langandauernde Prozesse,

----

1) Der Norden Bénins dient vor allem den Nachbarländern als Arbeitskräftereservoir, da Bénin selbst nur eine unbedeutende Industrie besitzt und den im Süden liegenden Plantagen genügend Arbeiter (oft enteignete Bauern) zur Verfügung stehen. Alle von uns gesprochenen Migranten in Bensékou haben in Nigeria oder Ghana, einige auch in Togo gearbeitet.

wie die Zerstörung einheimischer Produktionszweige -in
Bensêkou der Eisenverarbeitung durch Import französischen
Stahls- konnten die subsistenzökonomische Organisation
nicht zerstören, aber schwächen. Zusammen mit oft langwierigen sozialen Veränderungen, wie der Monetarisierung
der Brautgaben, der Islamisierung u.ä., bilden diese
Prozesse die Grundlage für die Ausbreitung warenökonomischer Prinzipien, nicht nur im ökonomischen, sondern
auch im sozialen Bereich.

Die ganze Bedeutung dieser externen Faktoren kann in
einer Dorfstudie nicht erfaßt werden. Es bleibt jedoch
noch zu fragen, welchen aktuellen Einfluß das gesellschaftliche Umfeld des Dorfes Bensêkou, die politische
und wirtschaftliche Einheit des Staates Bênin, auf den
dargestellten Prozeß besitzt.

Die Errichtung einer Schule, die Einführung des Ochsenpflugs und die Propaganda für den Baumwollanbau ent-
springen im Gegensatz zur Islamisierung staatlichen
Entwicklungsprogrammen und werden von staatlichen Institutionen durchgeführt. Welche Interessen liegen diesen Programmen zugrunde?

Die Projektgruppe Westafrika (1977: 32) sieht zwei Haupt-
elemente in der Politik der seit 1972 bestehenden Militärregierung in Bênin: "1. Die militär-bürokratische
Klasse eignet sich selbst auch den Teil des Mehrprodukts
aus der agrarischen Produktion an, den sich bishet die
privatkapitalistischen Agrar-Exporteure reservieren
konnten. 2. Die landwirtschaftliche Produktion - genauer gesagt: die landwirtschaftliche Warenproduktion -
wird gefördert und entwickelt" (ebd.: 32).[1] Im Norden
Bênins entspricht einer solchen Politik die Verstaat-
lichung der französischen Baumwollgesellschaft CFDT und
die Intensivierung der Baumwollproduktion. Die Baumwolle als wertmäßig zweitwichtigstes Exportprodukt be-

---

1) Unter militär-bürokratischer Klasse wird die über den
   Staatsapparat verfügende Bürokratie verstanden, die
   ihre administrative Funktion vor allem an der eigenen
   ökonomischen Sicherung ausrichtet.

deutet für die Bürokratie eine der wichtigsten Einkom-
mensquellen im Außenhandel. Durch den staatlich monopolisierten Baumwollaufkauf kann sie den gesamten Handels-
profit einstecken.

Die Rentabilität der 5 Baumwollentkernungsanlagen der
SONAGRI (Société Nationale pour la production agricole)
und die Textilfabriken der IBETEX (Industrie Béninoise
des Textiles) in Parakou (Stoffabrik; seit 1975) und
der SOBETEX (Société Béninoise des Textiles) in Cotonou
(Färberei) erfordert nicht nur eine Erhöhung, sondern
auch Stabilisierung der Baumwollproduktion. Beides wird
erreicht durch Subventionen und die Einführung des
Ochsenpflugs. Zwar wurde der Ochsenpflug in Bensékou
schon 1968 durch den Lehrer eingeführt -eine Ausnahme-,
aber in den letzten Jahren führte der CARDER (Centres
d'action régionale pour le développement rural) im gesamten Norden verstärkt diesbezügliche Innovationspro-
gramme durch (vgl. SONACO 1975: 12). In der Provinz Borgou erhöhte sich die Zahl der Ochsenpflüge von 2515 im
Jahr 1973 auf 4602 1974. Für 1975 lautete die Planzahl
6092. Im Sektor Kandi gab es 1973 597, 1974 schon 947
Ochsenpflüge (ebd.: 12). Es wäre jedoch falsch, die
Politik der Militärregierung einfach mit der ihrer neokolonialen Vorgänger gleichzusetzen. Die Nationalisierung
des Baumwollsektors dürfte zwar in erster Linie der Bürokratie dienen, doch brachte sie auch den Bauern einige
Verbesserungen. Der Staat verstärkte Enrwicklungspro-
gramme, unter anderem die Einführung des Ochsenpflugs,
und erhöhte die Aufkaufpreise für Baumwolle. Dadurch
wurden jedoch weder die Ausbeutung der Bauern aufgeho-
ben, noch strukturelle Veränderungen eingeleitet, die
zu einer eigenständigen und ausreichenden nationalen
Nahrungsmittelproduktion führen könnten. Die Nutzungs-
kapazitäten des Ochsenpflugs und die durch ihn erhöhten
Produktionskapazitäten werden vielmehr einseitig auf
die Baumwollproduktion ausgerichtet. Die Landwirtschaftsberater beschränken ihre Arbeit auf die Propagierung der
cash-crop-Produktion. Eine solche Nutzung des Ochsenpflugs für die Baumwollproduktion steuert der Staat durch

die Festsetzung der Aufkaufpreise, die höher liegen als
die von Nahrungsmitteln und die kostenlose Bereitstellung
von Kunstdünger und Insektiziden. Letzteres wird, wie
uns Landwirtschaftsberater sagten, aber nur in der An-
fangsphase gemacht, bis sich die Produktion stabilisiert
hat. Die Vernachlässigung der Subsistenzproduktion wird
dabei in Kauf genommen, wie wir im Fall Bensêkou gesehen
haben. Dabei könnten durch Subventionen der Aufkaufpreise
von Nahrungsmitteln und begleitende Programme nicht
nur die Kapazitäten des Ochsenpflugs zur Verbesserung der
Subsistenzproduktion genutzt werden, sondern diese auch
erweitert und zur Verbesserung der nationalen Nahrungsmittelversorgung eingesetzt werden.
Unsere Untersuchungsergebnisse aus Bensêkou können nicht
ohne weiteres verallgemeinert werden. Ohne statistische
Repräsentativität zu beanspruchen, können jedoch die zufällig gefundenen Vergleichszahlen von 1961 und 1976
-zusätzliche, veröffentlichte Statistiken über den Ver-
gleichszeitraum gibt es unseres Wissens nicht- für den
Sektor Kandi die Tendenz verdeutlichen:

Tabelle   10: Anbaufläche für Nahrungsmittel im[1]
               Sektor Kandi (Angaben in ha)

Produkt	1961	1976
Yams	2250	1411
Sorgho/Mais	8300	5869
Reis	363	474
Bohnen	940	1467
TOTAL	11853	9221

Dieser Verminderung der Nahrungsmittelproduktion um
2632 ha von 1961 bis 1976 entspricht eine Steigerung
der Baumwollproduktion um 2800 ha im gleichen Zeit-

---

1) Die Zahlen von 1961 stammen aus Kellerman (1963: 10).
   Die Zahlen von 1976 sind Planzahlen der SONACO (1975:
   25) und liegen wahrscheinlich noch über der tatsächlichen Anbaufläche.

raum (vgl. S.165).

Das Geldeinkommen der Bensékouer Bauern, der 'plötzliche
Reichtum' (Motorräder, Radios etc.) läßt unsere Kritik
auf den ersten Blick als unbegründet erscheinen. Doch
haben wir bereits auf die Gefahren nach eventuellen
schlechten Ernten hingewiesen. Das Beispiel aus einer
Region Mali's, in der von der CFDT ebenfalls die Baumwollproduktion forciert wurde, verdeutlicht die prekäre
Situation der Bauern, wenn bei unzureichender Subsistenzproduktion klimatische Schwankungen auch nur zu einer
Mißernte führen: "As a result of cotton promotion, the
ratio of food crop area to cotton area was less than
2:1 in 1971. With the failure in rainfall during the
1971/72 season, food crop production declined considera-
bly. Farmers discovered that they did not have enough
food to carry their families and the migrant seasonal
labor through the off season. In the 1972/73 period
the ratio of the food crop area to the cotton area
increased 3:1" (Lele 1975: 31).
Der Entscheidungsspielraum der Bauern zwischen Subsistenzproduktion von Nahrungsmitteln und cash-crop-Produktion
von Baumwolle wird jedoch eingeschränkt durch die Verschuldung. Die Aufnahme von Krediten zur Anschaffung
des Ochsenpflugs zwingt sie, auch unter schlechteren
Bedingungen für den Markt zu produzieren. Nach Aussage
des örtlichen Landwirtschaftsberaters werden in Bensékou
heute 40% der Ernteerträge aus der Baumwollproduktion
zur Schuldentilgung gebraucht. Dies liegt im Interesse
der Bürokratie, die um die Stabilisierung ihrer ökonomischen Basis bemüht sein muß. Andere politische Maßnahmen ergänzen die mit der Baumwollpropaganda verbundene Strategie: Wir haben gesehen, daß in Bensékou nicht
nur die Subsistenzproduktion in den Hintergrund gedrängt
worden ist. Der Transformationsprozeß hat auch Kräfte
freigesetzt, die direkt die soziale Organisation des
subsistenzökonomischen Produktions- und Reproduktions-
systems bedrohen (individuelle Akkumulation; Ablehnung
des wichtigsten Umverteilungsguts Hirsebier; Autoritäts-
verlust der Alten). Mit der Vernachlässigung der Sub-

sistenzproduktion geht also einher die langsame Zerstörung der subsistenzökonomischen Produktionsweise.
In Bensékou haben wir bisher nur erste Veränderungen
der traditionellen gesellschaftlichen Organisation
beobachten können. Der mit der Warenproduktion verbundene Prozeß der sozialen Polarisierung ist in anderen Dörfern in der Region Kandi jedoch schon weiter fortge-
schritten. In Gogonu z.B., einem ökonomisch ähnlich
strukturierten Dorf wie Bensékou, läuft seit einigen
Jahren ein Entwicklungshilfe-Projekt des amerikanischen
'Peace Corps' zur Förderung des Reisanbaus. Das zur
Reiskultivation begrenzte, frei verfügbare Areal war
schon nach kurzer Zeit unter einigen reicheren Familien des Dorfes und einigen zugezogenen Warenproduzen-
ten, die bereits Erfahrungen im Reisanbau hatten, verteilt. Nachdem der Reisverkauf die ersten hohen Erträge
abgeworfen hatte, begannen die Landbesitzer junge Männer und Frauen im Lohnarbeitssystem zu beschäftigen.
Die relativ hohen Löhne bewirkten, daß bis heute schon
viele Bauern die Subsistenzproduktion zugunsten der
Lohnarbeit auf den Reisfeldern aufgegeben haben.
Der Staat trägt zu solchen Prozessen auf verschiedene
Weise bei:
- Die Verwaltungsreform (vgl.S.207f)implantiert eine
  neue Entscheidungsstruktur im Dorf, die dem Sektor
  der Warenproduktion zuzuordnen ist und in der die
  jungen Männer ihre Interessen durchsetzen können, da
  die Alten ausgeschlossen sind.
- Die Kontrolle und Einschränkung des lokalen Güterkreis-
  laufs ist ein zusätzliches Mittel, um Umverteilungsme-
  chanismen außer Kraft zu setzen. Immer öfter werden
  Feste durch die Verwaltung untersagt mit der Begründung, es werde zuviel Geld ausgegeben. Während unseres
  Aufenthalts in Bensékou fand z.B. im Nachbardorf ein
  Beerdigungsfest statt, auf dem Musik und Tanz vom
  Bürgermeister verboten wurde, da die jungen Männer den
  Musikanten und den Mädchen dabei öfters Geldstücke ge-
  ben.

Zusammenfassend kann man sagen: Dem von uns in Bensêkou
untersuchten Innovationsprozeß liegt ein spezifisches
Interesse der bürokratischen Klasse an der Transformation
der subsistenzökonomisch organisierten zur warenproduzierenden Gesellschaft zugrunde. Einerseits kann sich
dieses Interesse nur in dem Maße durchsetzen, in dem es
sich die Widersprüche der subsistenzökonomischen Produktionsweise zu Nutze macht. Andererseits zeichnen die
Strukturen des gesellschaftlichen Umfelds den aus der
Produktivkraftentwicklung entstandenen sozialen Kon-
flikten bestimmte Lösungsmöglichkeiten vor.

5. Entwicklungstendenzen und Entwicklungsmöglichkeiten

Wir haben versucht, den Prozeß einer dörflichen Entwicklung nachzuvollziehen und dabei auch die Gefahren aufzu-
zeigen, die der ökonomische Aufschwung gerade in einer
abgelegenen und nicht entwickelten bäuerlichen Gemeinschaft nur allzu oft schon mit sich gebracht hat.
Es wäre sicherlich zu einfach, es bei den Warnungen zu
belassen oder die Subsistenzgemeinschaft ins Leben zu-
rückrufen zu wollen. Auch diese birgt zahlreiche Gefahren - Hungersnöte durch Dürren oder Überschwemmungen,
Kindersterblichkeit durch mangelhafte Ernährung. Um die
Gemeinschaft zu erhalten wurde der einzelne in seiner
ökonomischen und sozialen Mobilität eng begrenzt, durch
strenge Regelungen kontrolliert.
Die Frage erscheint uns weniger, ob und wann man zu
neuen ökonomischen Strukturen wechselt, sondern _wie_ man
dies tut. Auf welche Weise man die neuen Produktionsmethoden einsetzt, die neuen Produkte verwaltet, die Gefahren der Abhängigkeit vermindert, die Lebensqualität
der Menschen vergrößert.
Am Beispiel unserer Untersuchung in Bensêkou werden wir
daher im folgenden die positiven Aspekte der aktuellen
Entwicklung aufgreifen und (mögliche) Maßnahmen der
Männer und Frauen des Dorfes gegen eine 'Entwicklung
zur Unterentwicklung' darstellen. Wir werden versuchen

einige Vorschläge hinzuzufügen, die auf eine Integration
neuer Technologien in die Strukturen dieser Gesellschaften abzielen.

Beginnen wir mit der Pflugwirtschaft. Sie bietet, wie
wir gesehen haben, vor allem aufgrund ihres guten Adap-
tationsvermögens in Bensékou, viele Möglichkeiten für
eine Intensivierung der Agrarproduktion.

Die gesteigerte Produktion erlaubt eine Verbesserung der
Lebenssituation ohne Mehraufwand.

Dem Einsatz des Pfluges und der damit verbundenen finanziellen Möglichkeiten ist zu einem großen Anteil der
Rückgang der Migrationsquote in Bensékou zu verdanken.

So bietet sich die Pflugwirtschaft an, die tendenzielle
Zerstörung subsistenzökonomisch organisierter Gesellschaften zu verhindern, ohne dabei den betroffenen Personen den Zugang zu ökonomischem Wachstum zu verbauen.

Jedoch werden die Möglichkeiten des Ochsenpflugs bis
heute in Bensékou nicht voll genutzt. Nach dem Grund-
satz, daß man dort kein Geld hereinsteckt, wo keines
wieder rauskommt, bleiben die Nahrungsmittelfelder
des Dorfes von neuen Technologien weitgehend verschont.
Ähnliches gilt für die Felder der Frauen. Auch hier ist
der Anblick eines Pfluges eine Rarität. Besser, der
Pflug des Mannes steht im Haus, als daß die Frau ihn
zeitweilig ausleiht, um so ihre Arbeit schneller verrich-
ten zu können. Aber auch die Ausbeutung der Arbeitskraft
der Frau hat, wie wir am Beispiel anderer Ethnien recht
deutlich verfolgen können, eine Grenze. Frauen, die nicht
an den neuen Verdiensten ihrer Männer beteiligt werden,
verlassen ihre Familien, gehen als Kleinhändlerinnen
oder auch als Prostituierte in die Stadt; andere fordern
in gemeinsamen Aktionen und regelrechten Streiks (Ver-
weigerung der Hausarbeit oder der Mithilfe auf den Feldern zur Erntezeit) eine monetäre Entlohnung ihrer Hausarbeiten.[1] Die Frauen in Bensékou, die ja ebenfalls aus

---

1) Vgl. z.B. Frauenunruhen in Nigeria: Leith-Ross (1939:
   23-29) und Ritzenthaler (1960: 151-156); in Sierra
   Leone: Little (1948: 11ff); in der Elfenbeinküste:
   Clignet (1964: 210ff) und in Uganda: Winter (1955: 15).

den Verdiensten ihrer Männer ausgeschlossen sind, versuchen bis heute noch diese Benachteiligung durch eigene ökonomische Aktivitäten innerhalb des Dorfes auszugleichen: Zubereitung und lokaler Verkauf von Hirse- und Maisbrei, chapalo und Karité-Butter verschaffen ihnen monetäre Einnahmen, die für Kleidung, Kosmetika, Fahrten nach Kandi und kleine Geschenke für ihre Kinder genutzt werden. Eine zunehmend wichtigere Rolle spielt dabei seit einigen Jahren das Sammeln und die Verarbeitung der Karité-Nuß, die heute auch als Exportprodukt von der staatlichen SONACEB (Société Nationale de Commercialisation et d'Exportation du Bénin) aufgekauft wird. Nach Unterlagen des örtlichen Landwirtschaftsberaters verarbeitet eine Frau in Bensékou heute etwa 65% der von ihr gesammelten Nüsse zu Butter, wovon sie 80% dem Haushalt zur Verfügung stellt und 20% verkauft, meist an Händlerinnen, die ins Dorf kommen. Die unverarbeiteten Nüsse werden von der SONACEB für den Export gekauft. Nach den gleichen Unterlagen wurden 1975 in Bensékou insgesamt 60 Tonnen unverarbeiteter Karité-Nüsse für umgerechnet 10.600 DM verkauft, was einem Aufkaufpreis von ca. 0,18 DM pro Kilo entspricht.[1] Die Nüsse werden zu etwa 90% von den Frauen und Mädchen des Dorfes gesammelt, der Rest von den Schulkindern. Pro Frau bedeutet das cash-crop-Sammeln einen Verdienst von ca. 60.- bis 80.- DM jährlich und damit eine relativ große Einkommensquelle.
Selbst bei etwas niedriger angesetzten Zahlen[2] ist die Karité-Nuß hinter der Baumwolle das heute wertmäßig zweitwichtigste Verkaufsprodukt in Bensékou. Erdnüsse wurden im gleichen Jahr nur für 530.000 Franc CFA (ca. 5.300 DM)

----

1) Die Angaben von 1976 konnten wir nicht ermitteln, da der Verkauf erst im Oktober/November stattfindet.

2) Die Mengenangaben des Landwirtschaftsberaters erscheinen uns etwas überhöht angesichts der darüber hinaus noch zu Butter verarbeiteten Menge. Wir verfügen jedoch leider über keine Kontrolldaten.

verkauft.

Das cash-crop-Sammeln stellt somit eine interessante
Verflechtung der entwicklungsgeschichtlich vor dem Ackerbau liegenden Sammel-Ökonomie mit der Warenökonomie dar.
Die Frauen werden auf diesem Gebiet in Zukunft gute Möglichkeiten finden, der ökonomischen Abhängigkeit von
ihren Männern entgegenzutreten.

Doch sollte dies eigentlich nicht das Ziel der 'neuen'
Gesellschaft sein. Wichtig erscheint uns vielmehr, daß
der Übergang zu neuen ökonomischen und sozialen Strukturen nicht durch Individualismus, sondern gerade durch
kooperatives Verhalten auch zwischen den Geschlechtern
gekennzeichnet ist. Eine kleine bäuerliche Gemeinschaft,
wie die in Bensékou, wird auch ohne interne Auseinandersetzungen und Konkurrenzkämpfe auf genügend Schwierigkeiten stoßen (Verschuldung, Abhängigkeit von cash-crop-
Preisen etc.), gegen welche es sich zuerst zu behaupten
gilt.

Kehren wir jedoch zunächst wieder zurück zum landwirtschaftlichen Bereich, zu den neuen agrarischen Technolo-
gien.Es wäre hier die Möglichkeit zu prüfen, die Pflüge
nicht länger zu kaufen, sondern im Dorf (oder der Umgebung) selbst herzustellen.Die meisten der Bauern besitzen
gute handwerkliche Kenntnisse; es gibt zudem auch in
Bensékou einen Schmied, der neben Hacken auch Pflüge herstellen könnte, wenn seine Produktionsinstrumente tech-
nisch verbessert würden. Es wäre zu überlegen, ob sich
mit einer verbesserten Technik nicht auch eine Neube-
lebung des Eisenabbaus lohnen würde; das erforderliche
Rohmaterial ist ja vorhanden. Vielleicht wäre das An-
lernen der Bauern in der Herstellung moderner agrari-
scher Produktionsmittel auch eine von Entwicklungshilfe-
projekten anzugehende Aufgabe, die dann weniger der
einheimischen Bürokratie und deren ökonomischen Interessen als den Bauern selbst zu Gute käme. Da die Ochsen größtenteils vorhanden sind und gleichzeitig als
'Reservefonds' für Notzeiten dienen können, würde mit
der Eigenherstellung des Pfluges die gefährliche Ab-

hängigkeit der Bauern von staatlichen Krediten entfallen
und ihnen somit mehr Spielraum für eine Eigengestaltung
der Produktionssphäre überlassen sein. Die Nahrungsmittelproduktion -denn auch hier kann der Pflug ja ertragssteigernd eingesetzt werden- könnte wieder intensiviert
werden, zumindest im Falle eines Absinkens das Abnahmepreise für Baumwolle. Es sollte nicht vergessen werden,
daß auch Nahrungsmittel Marktprodukte sein können und
zwar solche, die in Notzeiten in Subsistenzgüter zurück-
verwandelt werden können. Zusätzlicher Gemüse- und Obst-
anbau zumindest für den Eigengebrauch würde die Qualität
und Zusammensetzung der täglichen Nahrung um ein Wesentliches verbessern und die Widerstandsfähigkeit der Menschen gegen Krankheiten erhöhen.
Eine Entlastung der Frauen in der Reproduktionssphäre
und deren Integration in den Produktionsbereich würde
nicht nur die Situation der Frauen verbessern, sondern
könnte zu neuen Gemeinschaftsstrukturen führen, die
z.B. den Baumwollanbau und dessen Verarbeitung auf lokaler Ebene ermöglichen könnten. Die Verarbeitung von
Baumwolle ist im Dorf schon seit langem bekannt, jedoch
durch die auf dem Markt erhältlichen (zum Teil importierten) buntbedruckten Stoffe weitgehend verdrängt.
Nur wenige alte Männer und Frauen in Bensékou stellen
heute noch ihre Kleider selbst her. Eine Verbindung von
Baumwollproduktion und -verarbeitung auf lokaler Ebene
würde jedoch heute eine Unabhängigkeit von staatlichen
und internationalen Abnahmepreisen für Rohbaumwolle bedeuten und der Bevölkerung auch nach schlechten Ernten
eine einigermaßen gesicherte Existenz gewährleisten.
Dabei ist das langfristige Ziel solcher Unternehmungen
nicht eine isolierte Produktverarbeitung in jedem Dorf
-dies müßte unrentabel bleiben-, sondern vielleicht der
Zusammenschluß mehrerer Orte und die Errichtung von
kleinen halbindustriellen Zentren in ländlichen Gebieten. Dies würde z.B. dem besonders stark unterent-
wickelten Norden Bénins (im Vergleich zum Süden des
Landes) eine gesteigerte ökonomische Bedeutung zukom-
men lassen, welche sich auch günstig auf eine Verbesserung seiner Infrastruktur auswirken könnte.

Um jedoch die Frauen auch im Produktionssektor einsetzen
zu können ist zunächst deren Entlastung im reproduktiven
Bereich erforderlich und weiterhin deren Zugang zu den
die Arbeit erleichternden Produktionsmitteln. Der Zeitgewinn durch den Pflugeinsatz ist enorm hoch. Wir haben
bereits gesehen, daß durch ihn jeder Bauer bei ungefähr
gleichbleibender Arbeitszeit sein Feld um etwa die
Hälfte der ursprünglichen Anbaufläche vergrößern kann
(vgl. Schaubild 9, S. 177).Zudem wäre der Einsatz von
Ochsenkarren für die Wasser- und Holzbeschaffung eine
sehr große Arbeitserleichterung für die Frauen. Doch
wird der Ochsenkarren bis heute lediglich von den Männern zum Wasserholen beim Hausbau verwendet.
Einen vielleicht vielversprechenden Anfang für eine
Entlastung hat im Herbst 1976 eine Hausgemeinschaft
gemacht, die von dem aus dem Baumwollverkauf erzielten Einkommen eine Mühle kaufte. Diese zerkleinert
Mais, Hirse und andere Kornfrüchte und übernimmt auf
diese Weise einen wesentlichen Teil der traditionellen
Frauenarbeiten. Sie ist allen Frauen des Dorfes gegen
ein geringes Entgelt zugänglich und bildet so auch eine
wahrscheinlich gewinnbringende Investition für ihre
Besitzer.[1] [2]
Es erscheint uns wichtig, solche nicht im agrarischen
bzw. cash-crop-Bereich angesiedelten Investitionen in
Zukunft verstärkt zu fördern. Einmal, weil hier vor allem
im Bereich der Frauenarbeiten geringfügige finanzielle
Einsätze einen hohen Zeitgewinn versprechen; zweitens,
weil der ausschließliche Geldeinsatz in der Baumwoll-

----

1) Es ist selbstverständlich, daß bei einer gemeinschaft-
   lichen Produktion im cash-crop- oder Verarbeitungsbe-
   reich auch die Kosten für derartige Arbeitserleichte-
   rungen von der Gemeinschaft und nicht etwa allein von
   den Frauen getragen werden müßten.

2) Die Reaktion der Dorfbewohner auf die Mühle, deren Erfolge oder Mißerfolge, konnten wir leider nicht mehr
   feststellen, da wir kurz vor dem 'öffentlichen' Einsatz dieser neuen Einrichtung Bensékou verlassen mußten.

Foto links: Der Ochsenkarren wird von den Männern beim
            Hausbau zum Wasserholen eingesetzt.

produktion die Abhängigkeit der Bauern von Weltmarkt-
bzw. staatlichen Abnahmepreisen für ihre Monokulturen
verstärkt und ihre Flexibilität bezüglich der vielfältigen Anbaumöglichkeiten immer stärker behindert.

Mit unseren obigen Vorschlägen für eine zukünftige Entwicklung haben wir nur vereinzelte Aspekte aufgegriffen
und weitergeführt, ohne ihre Realisationsmöglichkeiten
in Bezug setzen zu können zu den staatlichen Interessen
und ihren Auswirkungen auf die lokale Wirtschaftsent-
wicklung. Die beninsche Bürokratie benötigt eine export-
orientierte Produktion, braucht Devisen und Steuern, um
sich selbst zu erhalten. Die Bauern wollen bessere Hütten,
höhere Lebensqualität, mehr Geld; sie brauchen Nahrungsmittel. Um dies zu erreichen scheint es uns notwendig,
daß sie miteinander kooperieren, sich zusammenschließen,
wenn nötig, auch gegen die Interessen der Bürokratie.
Die Erfolgsmöglichkeiten von solchen lokalen und regiona-
len Zusammenschlüssen konnten wir am Beispiel zweier,
auf privater Basis gegründeten Kooperativen kennenlernen,
die wir während unseres Aufenthalts in Bénin besuchten.
In der Kooperative 'M'Bari-M'Bayo' in Dassa Zoumé haben
sich einige Bauern der umliegenden Dörfer zur gemeinsamen
Nutzung technologischer Innovationen zusammengeschlossen.
Pflugwirtschaft auf Gemeinschaftsfeldern, sowohl zum
Anbau von cash-crops als auch von Lebensmitteln, kennzeichnen den agrarischen Tätigkeitsbereich. Mit dem
Erlös versuchen sie die Landwirtschaft ergänzende Pro-
duktionsmöglichkeiten zu erschließen, wie die Verarbeitung von selbstgepflanzten Tomaten, die Herstellung von
Sonnenblumenöl, Ziegelbrennerei und Stofffärberei (durch
die Frauen des Projekts).
In Djidja bei Abomey zeigt ein erfolgreiches Fischzucht-
projekt weitere Möglichkeiten sozio-ökonomischen Fortschritts. Groß angelegte Fischteiche und Bassins sorgen
für eine regelmäßige Ergänzung der Nahrung mit tierischen Eiweißen. Die Zahl der Malaria-Kranken in diesem
Gebiet sinkt beständig, da die Fische die von den Mos-

kitos im Wasser abgelegte Brut fressen. Durch die gleich-
mäßige Bewässerung aus den Fischzuchtanlagen sind auch
der Anbau von Reis, Gemüsen und Früchten sehr erfolgreich.
Kooperative Pflugwirtschaft, eine Geflügelzucht und
kunsthandwerkliche Tätigkeiten ergänzen dieses Projekt.
Es sind dies nur zwei Beispiele für eine u.E. zukunfts-
weisende Entwicklung in ländlichen Regionen. Sie sollen
als Anregungen verstanden sein, wie verbesserte Produktionsmethoden von den Bauern genutzt und entwickelt
werden können.

V Zusammenfassung

Am Beispiel der Boko in Bensékou/Nordbénin wurde der
Übergang einer subsistenzökonomisch organisierten zur
warenproduzierenden Gesellschaft untersucht. Um den
Prozeß der Marktintegration nachvollziehen zu können,
wurde zunächst die ökonomische und soziale Organisation der Subsistenzproduktion betreibenden Gesellschaft
dargestellt, aus welcher sich die Dynamik des Transformationsprozesses erklärt.

Wichtigster Produktionsbereich der Boko ist der Ackerbau. Mit der Hacke als vorherrschendem Produktionsmittel
werden vor allem Hirse, Yams und Mais kultiviert. Die
geringe Produktivkraftentwicklung ermöglicht dabei nur
geringe Überschüsse über die zur Nahrungsmittelversorgung der Bevölkerung erforderlichen Produkte. <u>Ziel der
Produktion ist dementsprechend die Eigenversorgung, d.h.
Gewährleistung der Reproduktion der Gemeinschaft.</u> Eventuelle Überschüsse sind abhängig von unbeeinflußbaren
Umweltfaktoren (vor allem klimatischen Bedingungen) und
werden nur teilweise verkauft. Langfristig ist der größte
Teil der Überschußprodukte als Vorratsgüter zu betrach-
ten, da auch der Verkaufserlös größtenteils in Rindern
angelegt wird, die der Existenzsicherung in Notzeiten
dienen. Alle den Ackerbau ergänzenden wirtschaftlichen
Tätigkeiten der Dorfbewohner —Jagd, Sammeln, Tierzucht,
Handwerk— dienen ebenfalls vorwiegend der Eigenversorgung.
<u>Wir sprechen daher von der Subsistenzproduktion als dem
dominierenden Produktionsbereich der Boko.</u>
Die Erfordernisse der Subsistenzproduktion bilden die
Voraussetzung für das gesellschaftliche Produktions- und
Reproduktionssystem: das Produktionsmittel Hacke erfordert einen hohen Einsatz menschlicher Arbeitskraft; eventuelle Ausfälle, z.B. durch Krankheit, müssen ausgeglichen werden, um den Fortbestand der Gemeinschaft zu gewährleisten. Ebenso erfordern der Schutz der Felder

- 229 -

(plündernde Tiere) und in früheren Zeiten auch der Schutz
gegen Überfälle durch Menschen oder Tiere ein gemein-
schaftliches Agieren. Wir können daher von einer Notwendigkeit zu kollektiver Produktion und Reproduktion
sprechen.

Produktions- und Konsumtionseinheit der Boko sind die
einzelnen Hausgemeinschaften (bɛ̰) als voneinander abhängige Teile eines in seiner Gesamtheit weitgehend autonomen Systems, der dörflichen Subsistenzgemeinschaft.
Innerhalb des bɛ̰ ist eine Großfamilie (lineage segment)
organisiert. Sie bildet die gesellschaftliche Basiseinheit, in der alle zur Reproduktion der Hausgemeinschaft
notwendigen Güter kollektiv produziert und konsumiert
werden. Aufgabe der Männer ist dabei die Produktion der
erforderlichen Subsistenzgüter, Aufgabe der Frauen die
Sicherstellung der Reproduktion aller Gemeinschaftsmitglieder. Hierzu gehört einerseits die Verarbeitung und
Zubereitung der Feldprodukte für den Konsum zum Zwecke
der Reproduktion vorhandener Arbeitskraft: regenerative
Reproduktion; andererseits das Aufziehen von Kindern zur
Sicherung der Versorgung mit neuer Arbeitskraft: generative Reproduktion.

Kontroll- und Leitungsinstanz innerhalb der Hausgemeinschaft ist der Hausvorsteher, der bɛ̰dḛ́ɜ̰. Er ist verantwortlich für die Organisation der Feldarbeit und die
Verwaltung und Verteilung der vom bɛ̰ erwirtschafteten
Produkte, deren Bestimmung wie folgt aufgegliedert ist:

- der größte Teil der Güter wird innerhalb der Hausgemeinschaft redistribuiert: kurzfristiger Konsum;
- der Überschuß über das zum kurzfristigen Konsum notwendige Produkt wird zum Teil in Rindern -als Reservefond für Notzeiten- angelegt (langfristige Reproduktion der Hausgemeinschaft), zum Teil wird er innerhalb des Dorfes konsumiert: Umverteilungsfeste (Reproduktion der Dorfgemeinschaft);
- ein dritter Teil wird bei Heiraten durch den bɛ̰dḛ́ɜ̰ von
  einer Hausgemeinschaft auf eine andere übertragen: die
  Brautgabe.

Neben seiner Leitungsfunktion im Bereich der Produktion
kontrolliert der Hausvorsteher also sowohl die regenerative Reproduktion (Verteilung von Nahrungsmitteln) als
auch die generative Reproduktion: er besitzt aufgrund
seiner Verfügungsgewalt über die Brautgabe die Möglichkeit, die Frauenzirkulation zwischen den Hausgemeinschaften zu kontrollieren. Seine Autorität (Kontroll-
und Entscheidungsbefugnis) innerhalb des bé beruht auf
dieser Doppelfunktion, ist nicht vorwiegend in seiner
Stellung als Leiter der regenerativen Reproduktion begründet. Als solcher verkörpert der bédé vielmehr eine
Verteilungsinstanz, die den notwendigen Ausgleich zwischen produktiven (arbeitsfähigen) und unproduktiven
(noch nicht oder nicht mehr arbeitsfähigen) Mitgliedern
herstellt, indem er die vom bé erwirtschafteten Produkte sowohl an die unmittelbaren Produzenten als auch
an Kinder, Alte und Kranke (re-)distribuiert. Seine Aufgabe liegt somit im Gemeinschaftsinteresse. Eine Sanktionsgewalt -etwa durch den Entzug von Nahrungsmitteln- hat
der Hausvorsteher als Leiter der regenerativen Reproduktion nicht.

Im Bereich der generativen Reproduktion untersteht dem
bédé die Entscheidungsbefugnis über die Abgabe und Aufnahme von Frauen aus oder in die Hausgemeinschaft. Er
ist somit Mitglied der 'Alten', welche wir als eine soziale Gruppe definieren (soziales im Gegensatz zu phy-
sischem Alter), die aufgrund bestimmter sozialer Eigenschaften die Entscheidungsgewalt innerhalb der Subsistenzgemeinschaft innehaben. Die sozialen Eigenschaften der
Alten bestehen aus:

- der Verfügung über soziales Wissen, welches in der
  Form gesellschaftlicher Normvorstellungen individuelles Handeln bestimmt; wichtigstes Element des sozialen
  Wissens ist die Kenntnis und Interpretation der transzendentalen Welt und ihrer Kräfte, aus der die Legitimation der Entscheidungsgewalt bezogen wird und Sanktionsmöglichkeiten abgeleitet werden;

- dem Besitz einer Nachkommenschaft, der sie das Leben
  geschenkt und die sie mit Hilfe ihrer Arbeitskraft
  großgezogen haben.

Dieser 'Besitz einer Nachkommenschaft' bildet eine wichtige Grundlage der Autorität der Alten. Er verleiht ihnen
die Möglichkeit die Verteilung der (weiblichen) Nachkommenschaft über die Institution der Brautgabe, deren formelle 'Besitzer' die Alten sind, zu kontrollieren.
Jede Gemeinschaft ist abhängig von der Fähigkeit sich
selbst zu reproduzieren, Ehen zu schließen und Kinder zu
zeugen. Um dies langfristig zu gewährleisten öffnet sich
die Hausgemeinschaft, in unserem Fall, um Frauen durch
Heirat abzugeben oder aufzunehmen. Die Aufnahme einer
Frau ist dabei immer von einem Geschenk, der Brautgabe,
von der aufnehmenden an die abgebende Gemeinschaft be-
gleitet. Die konkrete Zusammensetzung der Brautgaben
ist gesellschaftlich definiert und besteht aus solchen
Gütern, die nicht von den Jungen, sondern nur von den
Alten gehortet werden können.
Ein junger Mann ist folglich in seinem Wunsch, eine Familie zu gründen, abhängig von seinem Hausvorsteher, der
die Brautgaben verwaltet. Da der Besitz einer Nachkommenschaft Basis der Autorität der Alten ist, ist der junge
Mann nur durch den Zugang zu einer Frau in der Lage,sei-
ner eigenen Abhängigkeit zu entkommen, d.h. selbst Kinder zu zeugen, die die Quelle seiner eigenen Autorität
werden.
Die Alten haben durch ihre Kontrollfunktion über die
innerhalb der Hausgemeinschaft erwirtschafteten Produkte die Möglichkeit über die zwischen den Hausgemeinschaften zirkulierenden Brautgüter zu verfügen. Die
Monopolisierung der Brautgüter ermöglicht ihnen somit
die Kontrolle über die Zirkulation der Frauen und damit
auch die Kontrolle über die jungen Männer. Die Fremdbestimmung und Unterdrückung der Bedürfnisse der Jungen
durch die Alten birgt ein soziales Konfliktpotential,
das sich mit wachsender Integration der Jungen in die
Gruppe der Alten auflöst und gleichzeitig immer wieder
von neuem reproduziert, indem wachsende Unabhängigkeit
(durch die Heirat) immer mit neuer Abhängigkeit (der der
Nachkommen) verbunden ist.
Dieses Abhängigkeitsverhältnis dient in mehrfacher Hin-

sicht dem Forbestand der <u>Gemeinschaft</u>. Zu nennen ist
hier vor allem die Anbindung der jungen Männer an ihre
Ursprungsgemeinschaft, das Verhindern einer frühzeitigen
Verselbstständigung der leistungsfähigsten Produzenten.
Die Arbeitskraft der jungen Männer wird benötigt, denn
sie sind es vor allem, die in der Lage sind <u>mehr zu</u>
<u>produzieren als sie konsumieren</u>, d.h. auch unproduktive
Mitglieder des bᶔ mit Nahrung zu versorgen.
Einzige Handlungsstrategie der Jungen, Abhängigkeits-
verhältnisse zu lockern ist -diesem Gemeinschaftsinteresse entsprechend- der größtmöglichste Einsatz ihrer
Arbeitskraft: Je größer ihre Arbeitskraft -die Ergebnisse öffentlich im Dorf demonstriert- um so höher ihr
Prestige, um so besser ihre Heiratschancen. Derjenige,
der am besten arbeitet, erhält als erster eine Frau,
verliert an Abhängigkeit und gewinnt eigene Autorität.

Im Gegensatz zu der der Männer erscheint die Rolle der
Frauen in der subsistenzökonomisch organisierten Gemeinschaft statisch und durch ihr eigenes Handeln wenig beeinflußbar. Ihre Position beruht auf der Einbindung
im Reproduktionssektor und spiegelt dessen Unterordnung
unter den Produktionsbereich wieder. Die Frau veraus-
gabt ihre Energie im wesentlichen bei Hausarbeiten, Kindererziehung u.ä., d.h. Tätigkeiten, die <u>ständig</u> den
größtmöglichen Einsatz ihrer Arbeitskraft erfordern im
Gegensatz zu den Feldarbeiten, die durch periodisch
schwankende Leistungsanforderungen gekennzeichnet sind:
es besteht eine <u>asymmetrische Arbeitsteilung zwischen</u>
<u>Produzenten und Reproduzentinnen</u>.
Verdinglicht im System der Frauenzirkulation, dient die
Frau der Perpetuierung eines hierarchischen Systems, in
dem sie selber nur als 'Mittel zum Zweck' erscheint, ohne
die Möglichkeit zu einer eigenständigen sozialen Entwicklung. Zeit ihres Lebens unterliegt sie einer sozialen
Fremdbestimmung, genutzt von den Alten, Abhängigkeit zu
stabilisieren, genutzt von den Jungen, Abhängigkeit zu
verlieren und neu zu begründen. Eine Nachkommenschaft,
die ihr eigene Autorität und soziales Ansehen verleihen

müßte, 'besitzt' die Frau im juristischen und sozialen
Sinne nicht, da mit der Übergabe des Brautgeschenks die
Zugehörigkeit der von ihr geborenen Kinder zu der Fa-
milie ihres Mannes geregelt ist.

Die seit der Kolonialzeit eingeführte Erhebung von Kopfsteuern und der Zwangsanbau von cash-crop-Produkten haben in Bensékou auch die Warenproduktion etabliert. Es
werden vor allem agrarische Produkte verkauft, die -neben
geringen Überschüssen von den Gemeinschaftsfeldern- in
der Regel auf kleinen individuellen Feldern angebaut
werden. Die einfache Warenproduktion, ebenso wie die Auswirkungen der Monetarisierung und dem in den 60er Jahren
verstärkten Abzug von Arbeitskräften in kapitalistische
Produktionssektoren (Migration), konnten die subsistenzökonomische Produktionsweise verwässern, jedoch nicht
zerstören. Wir sprechen daher von einer Verflechtung
zweier Produktionssektoren, gekennzeichnet durch die
Unterordnung der kleinen Warenproduktion unter das
subsistenzökonomische Produktions- und Reproduktionssystem.

Im IV. Kapitel wurde der Transformationsprozeß untersucht, der aus der Einführung von Innovationen (v.a.
Schule, Ochsenpflug und Islam) resultierte. Die Durchsetzung bzw. Nichtdurchsetzung von Innovationen und ihre
Auswirkungen wurden aus den Voraussetzungen erklärt,
die sie in den sozio-ökonomischen Verhältnissen der subsistenzökonomisch organisierten Gesellschaft finden.

Die 1965 errichtete Schule, selbst eine Innovation, kann
sich im Dorf durchsetzen aufgrund ihrer Rolle als Innovationsagentur. Auf den von der Schulkooperative kulti-
vierten Feldern werden neue Produktionsmethoden eingeführt, ihre Vor- und Nachteile den Bauern demonstriert.
Der Demonstrationseffekt bewirkt jedoch nicht von selbst
die Übernahme der Neuerungen durch die Bauern; durchsetzen können sich nur solche Innovationen, die in bestehende Bedürfnisstrukturen einzugliedern sind. Dies
ist vor allem der Ochsenpflug, der eine bedeutende

Produktivkraftentwicklung für den Ackerbau bedeutet.
Seine guten Adaptationsfähigkeiten beruhen auf der Tatsache, daß das Produktionsmittel Boden in ausreichender
Menge vorhanden ist, d.h. daß mit den vorhandenen Arbeitskräften nicht alle potentiellen Anbauflächen genutzt werden können.
Die durch die Pflugwirtschaft freigesetzte Arbeitskraft
wird einseitig für die Vergrößerung der cash-crop Produktion von Baumwolle genutzt. Treibende Kraft dieser
Entwicklung sind die jungen Männer, die in dem wachsenden
monetären Einkommen aus der Baumwollproduktion die Möglichkeit sehen, aus der Abhängigkeit von den Alten aus-
zubrechen. Ein erstes Zwangsmittel, um ihre Gruppeninteressen gegen die Alten durchzusetzen, haben sie durch
die Verbindung von subsistenzökonomischen und kapitalistischem Sektor erhalten: die Migrationsdrohung. Als
Folge des veränderten Kräfteverhältnisses sind die Alten
gezwungen, den Jungen Ochsen und Pflüge bereitzustellen,
mit denen diese die Baumwollproduktion intensivieren.

          In der Frage der Verwendung des gestie-
genen Geldeinkommens wird ein Gebrauchswertkonflikt manifest. Der ökonomischen Rationalität der Subsistenzproduktion entsprach die Verwendung von Überschüssen in
Vorratsanlagen für Notzeiten, d.h. der Kauf von Rindern
durch die Alten. Die Jungen dagegen handeln heute nach
einer warenökonomischen Rationalität. Sie wollen neue
Prestigegüter (Motorräder, Radios etc.), Symbole für
städtische Werte und gleichzeitig Mittel, um die Städte
besser zu erreichen, in denen sie der Kontrolle und Be-
dürfniseinschränkung durch die Alten entzogen sind.
Folge des Gebrauchswertkonflikts ist die Ausnutzung der
neuen Technologie für eine erweiterte Baumwollproduktion auf individuellen Feldern: individuelle Produktion
ermöglicht individuelle Konsumtion.
Die individuelle cash-crop Produktion verdrängt immer
mehr die kollektive Subsistenzproduktion. Die soziale
Organisation der Subsistenzgemeinschaft beginnt ihre
ökonomische Basis zu verlieren.

Ausdruck dieses Transformationsprozesses ist auch die
Konversion der jungen Männer des Dorfs zur islamischen
Religion, die eine Verselbstständigung der Jungen propagiert und gleichzeitig Mittel für einen solchen Prozeß bereitstellt. Die islamische Rechtslehre ersetzt zu
einem großen Teil die Grundlage des sozialen Wissens
der Alten, die Vermittlung zwischen materieller und
transzendentaler Welt. Der Islam stellt damit die Legitimation der Entscheidungsgewalt der Alten infrage; er
ermöglicht den Jungen den Ausbruch aus der sozialen Verpflichtung zur Umverteilung von Überschußprodukten (Ablehnung des Hirsebiers als wichtigstem Umverteilungsgut)
und gibt ihnen die Möglichkeit zu individueller Akkumulation und Investition.

Die Teilmonetarisierung der Brautgaben untergräbt die
zweite Stütze der Autorität der Alten, die Kontrolle
über die Zirkulation der Frauen. Die Jungen sind durch
ihr Geldeinkommen in die Lage gesetzt, immer größere
Anteile der Brautgaben selbst bereitzustellen. Sie
drängen auf freie Wahl des Heiratspartners und des Hei-
ratszeitpunkts.

Die Rolle der Frauen in diesem Transformationsprozeß ist
gekennzeichnet durch weitgehende Passivität. Die Unterordnung des Reproduktions- unter den Produktionsbereich
bedingt die Anpassung des ersteren an die veränderten
Verhältnisse des letzteren. Die landwirtschaftlichen
Innovationen Ochsenpflug, Düngemittel und Insektizide
können von der Frau aufgrund ihrer Einbindung in den
Reproduktionsbereich nicht genutzt werden. Sie ist ausgeschlossen aus dem Prozeß der ökonomischen Entwicklung
(Produktion), ausgeschlossen auch von den erhöhten monetären Einnahmen (Distribution). Vielmehr wird sie
gezwungen, die von den Männern vernachlässigte Subsistenzproduktion durch zusätzliche Bereitstellung eigener
Produkte auszugleichen: die asymmetrische Arbeitsteilung
zwischen Produzenten und Reproduzentinnen wird weiter
verschärft.

Der untersuchte Prozeß ist in Bensékou bis heute nicht
abgeschlossen. Doch ist vor allem die ökonomische Individualisierung schon weit vorangeschritten. Gemein-
schaftsfelder, auf denen eine Hausgemeinschaft kollektiv ihre Nahrungsmittel produziert, verringern sich mehr
und mehr. Die Produktion von Subsistenzgütern ist im
ganzen Dorf zurückgegangen und wird häufig nur noch im
Rahmen der Kleinfamilie betrieben. Individuelle cash-
crop Produktion von Baumwolle bei individueller Akkumulation der Erträge in den Händen der unmittelbaren Produzenten, d.h. der arbeitsfähigen Männer, kennzeichnen
die aktuelle ökonomische Situation. Der Ochsenpflug ist
das wichtigste Produktionsmittel, der Besitz oder Nicht-
besitz dieses Arbeitsmittels bestimmt die ökonomische
Position der Bauern. Bereits heute sind starke Tendenzen
zur ökonomischen Polarisierung erkennbar, sowohl zwischen
verschiedenen Hausgemeinschaften als auch zwischen einzelnen Kernfamilien innerhalb einer Hausgemeinschaft.
        Die konkrete Form des Transforma-
tionsprozesses in Bensékou ist das Ergebnis der inneren
Widersprüche der subsistenzökonomischen Organisation.
Die Entwicklung der subsistenzökonomisch organisierten
zur warenproduzierenden Gesellschaft wird jedoch mit-
bestimmt und vorangetrieben von den sozio-ökonomischen
Verhältnissen des gesellschaftlichen Umfelds, der staatlichen und wirtschaftlichen Einheit Bénin. Die Bürokratie des Landes hat ein Interesse an der Verbreitung der
Warenproduktion von Baumwolle, um ihre ökonomische Basis
zu sichern. Der dörfliche Transformationsprozeß wird
durch solche Interessen mitstrukturiert, da diese der
staatlichen Agrarpolitik zugrunde liegen (Festsetzung
der Aufkaufpreise, Promotion der Baumwollkultivation,
Kredite).
Für die dörfliche Gemeinschaft kann die Vernachlässigung der Subsistenzproduktion langfristig jedoch exi-
stenzgefährdende Folgen zeigen. Schon heute reichen
die in Bensékou produzierten Nahrungsmittel nur knapp
für eine ausreichende Versorgung der Bevölkerung aus.

Gefährliche Auswirkungen kann vor allem der starke
Rückgang der Vorratshaltung mit sich bringen, da Versorgungslücken nach einer eventuellen Mißernte nicht
mehr geschlossen werden können.
Aus der Analyse folgt, daß es unerläßlich ist, bei der
Einführung von Neuerungen ihre Integration in die bestehende Wirtschafts- und Sozialstruktur zu gewährleisten. Dienen sie einer eigenständigen ökonomischen Entwicklung, dann können sie auch die Grundlage bilden für
den Abbau der, der subsistenzökonomischen Organisation
inhärenten, sozialen Ungleichheit.

VI **Anhang**

1. Verzeichnis der benutzten Abkürzungen

CARDER	Centres d'action régionale pour le développement rural
CFDT	Compagnie Française pour le Développement des Fibres et Textiles
CRD	Conseil révolutionnaire du district
CRL	Conseil révolutionnaire local
IBETEX	Industrie Béninoise des Textiles
SOBETEX	Société Béninoise des Textiles
SONACEB	Société Nationale de Commercialisation et d'Exportation du Bénin
SONACO	Société Nationale pour le Développement du Coton
SONAFOR	Société Nationale du Forêt
SONAGRI	Société Nationale pour la production agricole

2. Verzeichnis der verwendeten Boko-Vokabeln[1]

A

à̀   Yams

à̀gbὲ   Manioc

B

bὲ   Haus, Hausgemeinschaft

bὲdέɔ   Bewohner einer Hausgemeinschaft / Vorsteher der Hausgemeinschaft

blà   Bohnen

bù   Yamshügel

bùdɔ   Yamsreihe

C

chapalo   Hirsebier

D

dέlέgέ(dέlέguέ)   (franz.) heutiger, von der Regierung anerkannter 'junger' Dorfchef Bensέkou's; Vorsitzender des CRL

E

έsέ   kleine Hirse

Ɛ

ὲsὲ   Medizin

ὲsὲdέ   Heiler

ὲsὲkí   Chef der Heiler

G

gando   (Bariba) Sklave

ganí   (Bariba) Festveranstaltung im ehemaligen Königreich der Bariba

gὲvínkí   Beerdigungschef

---

1) Transskription nach Alphabet 'Africa'; vgl. **Elwert** 1973: 188f.

guɛ̀	Name des 2. Feldes
gùsínèi̯	Regen-Fetisch der Boko
gyǎdɛ́	Geister der Ahnen

Gb

gbǎ	Bambusbank; früher: Wachturm
gbágbɛ̀	Name des 4. Feldes
gbɛ́	Stein
gbɛ́abǎ	Fetisch der Schmiede
gbɛ́sɛ̀kù	Boko-Wort für Bensɛ́kou
gbɛ́sɛ̀kùkí	Chef von Bensɛ́kou
gbɛ́sɛ̀nǎ	einer der drei ursprünglichen Teile Bensɛ́kou's

K

kǎkɛ̀	zerschneiden
kǎkpó	Name des 3. Feldes
kɛ̀	tun, machen
kí	Chef
Kítaídì	erster Dorfchef in Bensɛ́kou
Kízǎkí	zweiter Dorfchef in Bensɛ́kou
kű	es gibt

Kp

kpɛ̀ oder kpó	Hütte
kpɛ̀a	nachfolgen
kpɛ́nǎ	Kalebasse
kpó	siehe kpɛ̀

L

lɛ̀	der Mund
lűa	'Gott' in der traditionellen Religion der Boko

M

mǎrigó (marigot)	(aus dem franz.) Brunnen
mǎsókenǎ	Weissager
masɛ́	Mais
mɔ̀anasá	Fetisch, der Krankheiten heilen kann
mɔ́rànyɛ̀	Verantwortlicher für die Religion

N

. nàsí	Bohnenart
nõmin-áðndé	dritte Frau eines Mannes
nõminyádè	zweite Frau eines Mannes
nõsinyan	erste Frau eines Mannes; oft: weiblicher Vorstand einer Hausgemeinschaft
nwὲ	Hirsebier

Ny

nyõkpὲ	einer der drei ursprünglichen Teile Bensékou's

P

pate	(aus dem franz.) Hirse-, Mais- oder Yamsbrei
pὲlu	(vom franz. 'pelle') Schaufel

S

sa	männlich
sabukὲ	danke
Saka	ehemaliger Bariba-König in Kandi
sazí	brachliegender, schon einmal bebauter Boden
scórí	Kauri (Muschelgeld)
sὲ	Eisen
sῖ	Natur, Gras
síakí	Chef der Schmiede
sóna	Hacke
sóù	Busch

T

tã	'Fetisch' in der traditionellen Religion der Boko
tóekí	Jagdchef
tóe	Erde
tóelὲkí	Erdherr

U

ûàdà oder ûàlὲdà	Gehöft
ûàdéó	Bewohner eines Gehöfts / Vorsteher des Gehöfts
ûàlὲdà	siehe: ûàdà

<u>V</u>

vulɛ̀   Name des 1. Feldes

<u>W</u>

wá   wir

Wasangari   (Bariba) Adeliger; Krieger im ehema-
                   ligen Königreich der Bariba

wɛ̂a   Sorgho/Sorghum

wɛ̂lɛ̀   Dorf

wɛ̂lɛ̀kî   Dorfchef

wɛna   Schritt (Maß zur Feldabmessung)

wulɛ̂   ausgraben

wùoweî   Fetisch, der Krankheiten heilen kann

<u>Y</u>

yaigbɛ̂   Dorfchefin

<u>Z</u>

Zánừ   einer der drei ursprünglichen Teile
                   Bensêkou's

Zarɛ   heutiger 'traditioneller' Dorfchef
                   in Bensêkou (der Bensêkoukî)

zùa   Ochse

zùasƴna   Ochsenpflug (Ochse/Hacke)

3. Verzeichnis der verwendeten Literatur

Abkürzung:

ZIF-Papier = Papier, vorgelegt auf der Konferenz
"Underdevelopment and Subsistence Repro-
duction in Black Africa", stattgefunden im
Zentrum für Interdisziplinäre Forschung,
Bielefeld, 26.-29. Mai 1977

Adrian, Hannelore 1975: Ethnologische Fragen der Entwicklungsplanung. Meisenheim

Ahlers; Donner; Kreuzer; Orbon; Westhoff 1973: Die vorkapitalistischen Produktionsweisen. Erlangen

Allan, W. 1965: The Normal Surplus of Subsistence Agri-
culture.In: Dalton 1971: 88-98

Aperçu sur l'agriculture dahoméenne en 1975.In: Bulletin
de l'Afrique Noire, Nr. 837, Oktober 1975: 16307-
16311; Paris; zit. als: Aperçu

Arriens, C. 1929: Die soziale Stellung der Frau in West-
afrika.In: Der Erdball, III/10, Berlin 1929: 361-
366

Baege, B. 1931: Die Frau im Leben der Naturvölker. Jena

Ballot, Julia 1976: Frauen in traditionellen Gesellschaf-
ten.In: Blätter des iz3w, Nr. 57, Freiburg 1976:
24-28

Baumann, H. 1928: The Division of Work according to Sex
in African Hoe Culture. In: Africa, vol.I, London
1928: 289-319

BCEAO (Banque Centrale des Etats de l'Afrique de l'Ouest)
1975: Indicateurs économiques dahoméens. In der
Reihe: Indicateurs économiques, Nr. 227, Paris

BCEAO 1976: Indicateurs économiques béninois. In der
Reihe: Indicateurs économiques, Nr. 239

BCEAO 1977: Indicateurs économiques béninois. In der
Reihe: Indicateurs économiques, Nr. 251

Beier, H.U. 1955: The Position of Yoruba Women. In:
Présence Africaine, Nr.1, Paris 1955: 39-46

Bertho, R.P.J. 1947: Note concernant les rois de Nikki.
In: Notes Africaines, Nr.35, Dakar 1947: 8-10

Bertho, R.P.J. 1951: Quatre dialectes mandé du Nord-
Dahomey et de la Nigéria anglaise. In: Bulletin
de l'I.F.A.N., XIII/4, Paris 1951: 1265-1280

BMZ (Bundesministerium für wirtschaftliche Zusammenar-
beit) 1975: Bericht zur Entwicklungspolitik (2.
Bericht) - Entwicklungspolitische Konzeption der
Bundesrepublik Deutschland (Neufassung 1975). Bonn

Bogner; Elwert; Fett; Franke; Heller; Hirtz; Krämer; Wong
1977: Lehrforschungsprojekt: Verflechtung von
Produktionsweisen in Westafrika - Sachlicher Ab-
schlußbericht. Bielefeld

Bohannan, Laura 1949: Dahomean Marriage: A Revaluation.
In: Africa, 19/4, London 1949: 273-287

Bohannan, Paul 1955: Some principles of exchange and
investment among the Tiv. In: LeClair/Schneider
1968: 300-311

Bohannan, P. und L. 1968: Tiv Economy. London

Boserup, Ester 1970: Women's Role in the Economic Development. London

Boukary Mory, Issa 1971: L'occupation du Haut-Dahomey
par la France de 1894 à 1917. Diss; Dakar

Brandes, V.; Tibi, B.(Hrsg.) 1975: Handbuch 2: Unterentwicklung. Frankfurt

Brousseau, G. 1904: Un pays d'avenir: Le Borgou. In:
La Géographie, Bd.10, Paris 1904: 145-160

CCE (Commission des Communautés Européennes) 1974: Les
Conditions d'Installation d'Entreprises Indu-
strielles - dans les Etats africains et malgache
associés; vol. 1: Dahomey. Brüssel

CFDT 1974: Bilan de la production cotonnière en 1973-1974
(Rapport de la CFDT). In: Bulletin de l'Afrique
Noire, Nr. 790, Paris 1974: 15429-433; und Nr. 791,
Paris 1974: 15450-453

Chombart de Lauwe, Paul-Henri (Hrsg.) 1964: Images de la
Femme dans la Société. Paris

CIS (Comité d'information Sahel) 1975: Qui se nourrit
de la famine en Afrique? Paris

Clemens, U.; Hillebrand, W.; Kessler, T. 1970: Dahomey
und seine wirtschaftsräumliche Gliederung. Hamburg

Clément, Pierre 1948: Le forgeron en Afrique Noire. In:
Revue de géographie humaine et d'ethnologie,
Nr. 2, Paris 1948: 35-58

Clignet, R. 1964: Les attitudes de la Société à l'égard
des Femmes en Côte-D'Ivoire. In: Chombart de Lauwe
1964: 204-221

Consulat de la République du Dahomey o.J.: Dahomey. Genf

Coquery-Vidrovitch, Cathérine 1969: Recherches sur un
mode de production africain. In: La Pensée,
Nr. 144, Paris 1969: 61-78

Dalton, George 1964: The Development of Subsistence
        and Peasant Economies in Africa. In: Dalton 1967:
        155-168

Dalton, George (Hrsg.) 1967: Tribal and Peasant Econo-
        mies. Garden City/New York

Dalton, George (Hrsg.) 1971: Economic Development and
        Social Change - The Modernization of Village
        Communities. New York

Davidson, Basil 1970: Die Afrikaner. Bergisch-Gladbach

Deutscher Frauenrat (Hrsg.) 1977: Frauen in Afrika. Bonn

Drot 1904: Notes sur le Haut-Dahomey. In: La Géographie,
        Nr. 10, Paris 1904: 267-286

Eder, Klaus (Hrsg.) 1973: Seminar: Die Entstehung von
        Klassengesellschaften. Frankfurt/Main

Elwert, Georg 1973: Wirtschaft und Herrschaft von Dãxome
        (Dahomey) im 18.Jahrhundert. München

Elwert, Georg 1976: Verflechtung von Produktionsweisen.
        Unveröffentl. Manuskript. Bielefeld

Elwert, Georg 1977: Subsistence Reproduction and the
        Articulation of Modes of Production. ZIF-Papier.
        Bielefeld

Fett, R.; Heller, E. 1977: From Subsistence Production
        to Market Production - with Special Reference to
        Technological Innovation - a Case Study in Bensé-
        kou/North Bénin. ZIF-Papier. Bielefeld

Fortes, M. 1967: The Web of Kinship among the Tallensi.
        London

Franke, Michael 1977: Migration in Ghana. ZIF-Papier.
        Bielefeld

Gaide, M. 1956: Au Tchad, les transformations subies par
        l'agriculture traditionelle sous l'influence de
        la culture cotonnière. In: L'Agriculture tropi-
        cale, vol. XI/5, Paris 1956: 597-623; und XI/6,
        Paris 1956: 707-731

Greenberg, J.H. 1947: Islam and Clan Organisation among
        the Hausa. In: Southwestern Journal of Anthropo-
        logy, Nr.3, 1947: 193-211

Grohs, Gerhard 1967: Stufen afrikanischer Emanzipation.
        Stuttgart/Berlin

Guillard, M.J. 1965: Techniques Rurales en Afrique. In:
        21 les Temps de Travaux, Bureau pour le Déve-
        loppement de la Production Agricole. Paris

Habermeier, Kurt 1977: Self-sustaining Agricultural
        Communities and Capitalist Domination - the Case
        of Labour Migrations between the Volta-Niger
        Region and Southern Ghana. ZIF-Papier. Bielefeld

Hauck, Gerhard 1975: Das Elend der bürgerlichen Ent-
wicklungstheorie. In: Brandes/Tibi 1975: 36-63

Hazoumé, Guy Landry 1972: Idéologies tribalistes et
nation en Afrique - le cas dahoméen. Paris

Heine, Irmgard 1974: Die Stellung der Frauen in der
Wirtschaft Westafrikas. Dargestellt an einigen
thnischen Gruppen in Nigeria und Ghana. Diss.;
Münster

Herskovits, M.J. 1938: Dahomey. An Ancient West African
Kingdom. 2vols; New York

Herzog, W.A. 1972: Diffusion of Innovations to Peasants
in Brazil, Nigeria and India. In: Rogers/Solo
1972: 102-124

Hirtz, Frank 1977: Something New: The Rich should become
Richer - Some Thoughts on the Change from Animism
to Islam. ZIF-Papier. Bielefeld

IMF (International Monetary Fund) 1975: Dahomey - Recent
Economic Developments. Unveröffentl. Bericht

Jacolliot, L. 1879: Voyages en Guinée, au Niger, au
Bénin et dans le Borgou. Paris

Johnson, A. 1972: Individuality and Experimentation in
Traditional Agriculture. In: Human Ecology, 1(2),
1972: 149-159

Karl, Emmanuel 1974: Traditions orales au Dahomey-Bénin.
Niamey

Kellermann, J. 1963: Développement de la production agricole dans la zone cotonnière du Nord-Dahomey.
Unveröffentl. Bericht des Ministère de la Coopé-
ration/République du Dahomey

Kordes, Hagen 1973: Bildungsreform im Umfeld abhängiger
Gesellschaften - Ex post-facto Zielkontextevalu-
ation am Beispiel einer quasi-experimentellen
Untersuchung des Schulversuchs der ruralisierten
Grunderziehung in Dahomé(Westafrika). Diss.;
Münster

Kordes, Hagen 1975: Zur Ruralisierung der Grunderziehung
in Westafrika. In: Vierteljahresberichte - Problem der Entwicklungsländer, Nr.60, Bonn 1975:
129-160

Lander, R. und J. 1832: Journal d'une expédition du
Niger. 3 vols.; Paris

LeClair, E.; Schneider, H. (Hrsg.) 1968: Economic
Anthropology. New York

LeGarreres 1908: Le cercle du Borgou. In: Revue Coloni-
ale, Bd. VIII, 1908: 513-530

Le Hérissé, A. 1911: L'Ancien Royaume du Dahomey. Paris

Leith-Ross, Sylvia 1939: African Women. London

Lele, Uma 1975: The Design of Rural Development -
    Lessons from Africa. Baltimore/London

Lewis, T.M. 1966: Islam in Tropical Africa. Oxford

Leymarie, Philippe 1976: Bénin, An 2. In: Afrique-Asie,
    Sondernummer, Nov. 1976: 3-34

Little, K.L. 1948: The Changing Position of Women in the
    Siera Leone Protectorate. In: Africa, vol. XVIII,
    London 1948

Lombard, Jacques 1954: L'Intronisation d'un roi bariba.
    In: Notes Africaines, Nr.62, Dakar 1954: 45-47

Lombard, J. 1965: Structures de type "féodal" en Afrique
    Noire. Etude des dynamismes internes et des re-
    lations sociales chez les Bariba du Dahomey. Paris

Marie, Alain 1976: Rapports de parenté et rapports de
    production dans les sociétés lignagères. In:
    Pouillon 1976: 86-116

Marty, P. 1926: Etudes sur l'Islam au Dahomey. Paris

Marx, Karl 1969: Resultate des unmittelbaren Produktions-
    prozesses. Frankfurt

Marx, K. 1972: Das Kapital, Bd.1. MEW 23; Berlin

Marx, K. 1973: Das Kapital, Bd.3. MEW 25; Berlin

Marx, K. 1975: Zur Kritik der Politischen Ökonomie. Vor-
    wort. In: Marx-Engels Ausgewählte Schriften in
    zwei Bänden, Bd.1; Berlin

Marx, K. 1976: MEW 19. Berlin

Marx, K. o.J.: Grundrisse der Kritik der politischen
    Ökonomie - Rohentwurf 1857-1859. Frankfurt. zit.
    als: Grundrisse

Meek, C.K. 1925: The Tribes of Northern Nigeria. 2 vols.;
    London

Meek, C.K. 1937: Law and Authority in a Nigerian Tribe.
    Oxford

Meillassoux, Claude 1960: Versuch einer Interpretation
    des Ökonomischen in den archaischen Subsistenz-
    gesellschaften. In: Eder 1973: 31-68

Meillassoux, C. 1964: Anthropologie économique des Gouro
    de Côte-d'Ivoire. Paris

Meillassoux, C. 1972: Imperialism as a mode of reproduc-
    tion of labor-power. Manuskript

Meillassoux, C. 1976: Die wilden Früchte der Frau.
    Frankfurt

Meillassoux, C. 1977: Modalités historique de l'exploi-
    tation et de la surexploitation du travail.
    ZIF-Papier. Bielefeld

Middleton, John 1966: The Effects of Economic Development on Traditional Political Systems in Africa
South of the Sahara. London

Miracle, Marvin P. 1972: The Elasticity of Food Supply
in Tropical Africa during the Pre-Colonial Period.
In: Ghana Social Science Journal, 2/2, 1972: 1-9

Müller, J.O. 1967: Probleme der Auftragsrinderhaltung
durch Fulbe-Hirten (Peul) in Westafrika. München

Murdock, G.P. 1967: Ethnographic Atlas: A Summary. In:
Ethnology, VI/2, 1967

Nadel, S.F. 1942: A Black Byzantinium. London

Nadel, S.F. 1970: Nupe Religion - Traditional Beliefs
and the influence of Islam in a West African
Chiefdom. London

Niehoff, Arthur 1972: The Change Agent in the Village
Community. In: Rogers/Solo 1972: 192-228

Obi, S.N.C. 1966: Modern Family Law in Southern Nigeria.
London

Peterli, Rita 1971: Die Kultur eines Bariba-Dorfes im
Norden von Dahomé. Basel

Pike, Kenneth L. 1971: Language in relation to a unified
theory of the structure of human behaviour. 2.Aufl;
Den Haag

Plan d'urgence 1971-1972 du Dahomey: Le développement
rural. In: Bulletin de l'Afrique Noire, 16/682,
Paris 1972: 13308-320. zit. als: Plan d'urgence

Polanyi, Karl 1968: The Economy as instituted Process.
In: LeClair/Schneider 1968: 122-143

Pouillon, François (Hrsg.) 1976: L'Anthropologie économique - courants et problèmes. Paris

Projektgruppe Westafrika 1977: VR Bénin - Zur Einschätzung des "revolutionären" Regimes seit 1972. In:
Blätter des iz3w, Nr. 63, Freiburg 1977: 27-34

Prost, R.P.A. 1945: Notes sur les Boussancé. In: Bulletin
de l'I.F.A.N., Bd. VII, Paris 1945

Raulin, H. 1962: Un aspect historique des rapports de
l'Animisme et de l'Islam au Niger. In: Journal
de la Société des Africanistes, 22/2, Paris 1962:
249-274

Reuke, L. 1969: Die Maguzawa in Nordnigeria. Bielefeld

Rey, Pierre-Philippe 1971: Colonialisme, néo-colonialisme
et transition au capitalisme - exemple de la
"Comilog" au Congo-Brazzaville. Paris

Rey, P.-P. 1973: Les alliances de classes - "sur l'arti-
culation des modes de production" suivi de
"matérialisme historique et luttes de classes".
Paris

Rey, P.-P. 1975: The lineage mode of production. In:
    Critique of Anthropology, Nr.3, 1975: 27-79

Rigby, P.J.A. 1966: Sociological Factors in the contact
    of the Gogo of Central Tanzania. In: Lewis 1966:
    268-295

Ritzenthaler, Robert E. 1960: Anlu: A Women's Uprising
    in the British Cameroons. In: African Studies,
    Nr. 1, 1960

Rodinson, Maxime 1971: Islam und Kapitalismus. Frankfurt

Rogers, Everett M.; Solo, Robert A. (Hrsg.) 1972: Indu-
    cing technological change for economic growth and
    development. Michigan

Rogers, E.M.; Shoemaker, F. 1973: Communications of
    Innovations. New York

Schiel, Tilman 1976: Reproduktion und soziale Asymmetrie.
    Unveröffentl. Manuskript

Schlippe, Pierre de 1956: Shifting cultivation in Africa.
    The zande system of agriculture. London

Schneider, Johann 1969: Landwirtschaftliche Innovations-
    bereitschaft in Westkamerun. Saarbrücken

Schramm, J.; Küper, W. 1969: Die sozio-ökonomische
    Stellung der Frau in Elfenbeinküste, Ghana, Daho-
    me. 2 Bde.; Freiburg

Schulz, Manfred 1977: Zur Sozialstrukturanalyse afrika-
    nischer Gesellschaften. Unveröffentl. Manuskript;
    Berlin

Seibel, Helga Renate 1969: Die Afrikanerin in Beruf und
    Familie. Freiburg

SONACO 1975: Opération de développement intégré de la
    province du Borgou - Plan de campagne 1975-76.
    Unveröffentl. Bericht des Ministère du Développe-
    ment Rurale; Parakou

Spittler, Gerd 1977: Kleidung statt Essen. ZIF-Papier.
    Bielefeld

Terray, Emmanuel 1974: Zur politischen Ökonomie der
    "primitiven" Gesellschaften - Zwei Studien.
    Frankfurt

Thanh-Hung, Nguyen 1975: Zur Theorie der vorkapitalisti-
    schen Produktionsweisen bei K.Marx und F.Engels.
    Erlangen

Toutée, Cdt. 1899: Du Dahomé au Sahara, la nature et
    l'homme. Paris

UN Economic Commission for Africa 1963: Women in the
    Traditional African Societies. Workshop on Urban
    Problems; Addis Abeba

Vermeersch, Cpt. 1898: Au pays des Baribas. In: Bulletin
        de la société de géographie commerciale, Bd.XX,
        Paris 1898: 147-153

Volprecht, K. 1977: Die Frau in der traditionellen
        Gesellschaft Afrikas. In: Deutscher Frauenrat
        1977: 8-11

Winter, E.H. 1955: Bwamba Economy, the Development of a
        Primitive Subsistence Economy in Uganda. In:
        East African Studies, Nr.5, Kampala 1955

Wisner, Ben 1977: Geographical Perspectives on the
        Articulation of Modes of Production. ZIF-Papier.
        Bielefeld

Wong, Diana 1977: State and Peasants in Bénin. Dipl.-
        Arbeit; Bielefeld

Yeld, E.R. 1960: Islam and Social Stratification in
        Northern Nigeria. In: The British Journal of
        Sociology, vol. 11, London 1960: 112-128

Yérima, P. 1959: Conflit du commandement africain dans
        le Borgou, royaume des Saka de Kandi. In: Notes
        Africaines, Nr.83, Dakar 1959: 91-94